# 非金融企业债务融资工具

## 尽职调查

主　编　时文朝

副主编　刘　珺

中国金融出版社

责任编辑：马　杰
责任校对：刘　明
责任印制：陈晓川

**图书在版编目（CIP）数据**

非金融企业债务融资工具尽职调查/时文朝主编．—北京：中国金融出版社，2012.1
（中国银行间市场交易商协会系列培训教材）
ISBN 978 - 7 - 5049 - 6152 - 5

Ⅰ．①非…　Ⅱ．①时…　Ⅲ．①企业债务—企业融资—调查—培训—教材　Ⅳ．①F275.1

中国版本图书馆 CIP 数据核字（2011）第 225623 号

非金融企业债务融资工具尽职调查
Feijinrong Qiye Zhaiwu Rongzi Gongju Jinzhi Diaocha
出版
发行　中国金融出版社
社址　北京市丰台区益泽路 2 号
市场开发部　（010）63266347，63805472，63439533（传真）
网上书店　http://www.chinafph.com
　　　　　（010）63286832，63365686（传真）
读者服务部　（010）66070833，62568380
邮编　100071
经销　新华书店
印刷　保利达印务有限公司
尺寸　169 毫米×239 毫米
印张　13.25
字数　252 千
版次　2012 年 1 月第 1 版
印次　2019 年 3 月第 6 次印刷
定价　33.00 元
ISBN 978 - 7 - 5049 - 6152 - 5/F.5712
如出现印装错误本社负责调换　联系电话（010）63263947

# "中国银行间市场交易商协会系列培训教材"总序

　　金融是现代经济的核心。债券市场作为资本市场的重要组成部分，是衡量金融市场发达程度的重要标志，在一国（地区）经济发展中发挥着至关重要的作用。一个具有深度和广度的债券市场，既可以为政府、金融机构、非金融企业等提供快速便捷、合乎规范的融资渠道，又可以为各类投资者提供信息公开、灵活多样的投资渠道；既有助于基准利率的形成，为金融资产定价提供依据，又可以改变社会融资结构，提高储蓄向投资转化的效率，降低银行体系的潜在风险。同时，债券市场也是政府宏观调控的重要平台，可以为财政政策、货币政策、产业政策的实施提供有效支持。正因如此，世界各国均十分重视债券市场的发展，其市场规模、产品创新、交易方式的创新，风险分担、分散机制创新日新月异。

　　近年来，党中央、国务院高度重视金融市场发展，出台了一系列政策措施，在"十二五"规划纲要中更是明确提出"要加快多层次资本市场体系建设，显著提高直接融资比重，积极发展债券市场"。2005 年以来，我国债券市场取得了长足发展，在国债、金融债、企业债的基础上，外币债、资产支持证券、短期融资券、中期票据、集合票据、信用风险缓释工具等品种相继引入，现券、回购、远期、互换等交易方式有序推出，现已形成以场外市场（银行间债券市场）为主，场内市场（交易所债券市场）为辅，分工合作、相互补充、互联互通的市场体系，在改善社会融资结构、支持国民经济发展中发挥着越来越重要的作用。我们很高兴有机会见证并亲身参与这一过程。

　　中国银行间市场交易商协会自 2007 年 9 月成立以来，集市场成员之智慧，在推动银行间市场自律、创新、服务方面进行了大胆探索，也取得了一些成效。在市场管理方式变革探索方面，协会在央行及监管部门的支持、指导下，落实中央关于改变政府管理经济的方式，充分发挥市场在资源配置中的基础性作用的要求，推出实施了注册制；在自律管理方面，协会在央行和外管局的支持指导下，发布了中国版场外金融衍生产品交易主协议、贷款转让交易主协议及一系列规则指引；在产品创新方面，推出了中期票据及其结构化产品、以外币计价的中期票据、超短期融资券及中小企业集合票据等；在服务方面，协会立足会员实需，组织市场成员跟踪分析国际国内经济金融运行，为市场成员进行业务决策提供依据。积极开展多层次、有针对性的培训，从业务与市场道德方面，提升从业人员综合素质。经过四年发展，协会已拥有会员单位2 000多家，到2011年11月末经协会注册发行的非金融企业债务融资工具金额达5万多亿元人民币，非金融企业债务融资工具的余额、累计发行额、当年发行额分别占全部的60%、70%和80%，为我国债券市场的发展作出了贡献。

　　然而，我们也应该看到，银行间债券市场的发展也面临着一些制约因素，市场快速扩张、产品与制度创新对从业人员提出了更高的要求，从业人员的知识水平、职业操守和操作规范需要进一步提升。建立并完善符合银行间市场需求的从业者资质认证体系因而成为题中之义，而教材编写正是构建这一体系的基础和重要环节。遗憾的是，目前市面上还没有一套权威的、规范的、与银行间市场发展需求相适应的教材。为填补这一空白，我们组织市场成员、高等院校、研究机构的专家学者编撰了此套"中国银行间市场交易商协会系列培训教材"丛书。"中国银行间市场交易商协会系列培训教材"丛书（第一辑）共七本：《银行间市场综合知识读本》、《非金融企业债务融资工具实用手册》、《非金融企业债务融资工具规则解析》、《非金融企业债务融资工具尽职调查》、《银行间市场固定收益产品交易》、《信用增进》、《信用评级》，基本涵盖银行间市场业务的全貌。这套丛书，我认为有以下三个特点：第一，实用性。丛书立足银行间市场实践，从实务中来，到实务中去，既有原理阐释，又有案例分析；既可以做教材使用，完整阅读，也可以根据工作需要，选择阅读；还可以作为工具书置于案头，备不时之需。第二，通俗性。丛书追根溯源，还理论以本来面目，以平实的语言和实例深入浅出地阐释银行间市场的抽象理论和复杂产品，使银行间市场以外的人也能学习、理解并掌握。第三，创新性。丛书既融合了债券市场的经典理论，又与银行间市场的飞速发展紧密结合，如包含信用增进行业、投资人付费评级等创新内容，力求在教材体系中反映市场最新进展。本丛书的出版恰逢中国金融市场，尤其是债券市场建设和发展的关键时期，我相信，丛书的出版将会为促进我国金融市场发展作出一些贡献。

**2011 年 11 月**

# 目　录

# 1　债务融资工具尽职调查概述

尽职调查的根本原因在于信息不对称，在债务融资工具承销业务开展过程中通过各种尽职调查方法对公司进行全面深入的审核。本章对尽职调查的初步介绍仅是对有关机构尽职调查内容进行总括性概述，不构成具体的尽职调查工作指引。

## 1.1　债务融资工具尽职调查的含义

### 1.1.1　债务融资工具尽职调查的定义

债务融资工具尽职调查，是指相关各中介机构遵循勤勉尽责、诚实信用原则，通过各种有效方法和步骤，对发行人进行充分调查，掌握其主体资格、资产权属、债权债务等重大事项的法律状态和企业的业务、管理及财务状况等，对发行人的还款意愿和还款能力作出判断，以合理确信注册文件的真实性、准确性和完整性的行为。

### 1.1.2　债务融资工具中介机构的尽职调查

1. 债务融资工具主承销商的尽职调查

债务融资工具主承销商承担债务融资工具的承销责任，且债务融资工具的注册发行实行主承销商负责制，主承销商尽职调查是债务融资工具尽职调查的基础和核心，相对于其他中介机构的尽职调查，主承销商尽职调查的关注范围最广，质量要求最高。同时，主承销商有义务协调其他中介机构在各自专业范围内开展专项尽职调查。本书主要介绍债务融资工具主承销商的尽职调查。

主承销商尽职调查的目的为对债务融资工具注册文件的真实性、准确性和完整性进行审慎核查，确保债务融资工具发行的信息披露质量，并为其就发行人发行债务融资工具出具推荐意见提供基础。

主承销商尽职调查的核心意义为减轻债务融资工具市场的信息不对称，促进市场效率的提高。具体包括：减轻投资者与发行人之间的信息不对称，促进债务融资工具市场合理定价，降低市场运行成本；减轻交易商协会与发行人之间的信息不对称，提高自律管理效率，降低自律管理成本；发掘发行人投资亮点，促进发行人提高信息披露和规范运作能力，协助发行人降低融资成本；减小主承销商面临的监管风险、承销风险和声誉风险；为其他中介机构的尽职调查提供总体方向性指引和全局性参考。

主承销商尽职调查的内容较为全面，主要包括以下几个方面：

（1）主体资格

根据《银行间债券市场非金融企业债务融资工具管理办法》（以下简称《债务融资工具管理办法》），非金融企业债务融资工具的主体资格为具有法人资格的非金融企业。主承销商通过查阅发行人企业法人营业执照、组织机构代码证等资料，调查发行人主营业务、所属行业和投资计划，以及咨询发行人律师等途径，判断发行人是否具有发行债务融资工具的主体资格。

（2）历史沿革

主承销商通过查阅发行人设立批准文件、出资证明文件、验资报告、历年营业执照、公司章程、工商登记、工商年检和财务报告等资料，对发行人进行访谈和专项调查，以及咨询发行人律师等途径，全面了解发行人的设立情况、出资情况、历次股本变更情况和重大重组情况等历史沿革信息。

（3）改制重组情况

主承销商应通过与发行人高管人员及中介机构的沟通，核查发行人在改制时业务、资产、债务、人员等的重组情况，分析是否符合法律法规；应查阅发行人的设立文件，核查发行人的设立程序的合法性、真实性。若发行人设立后发生重大重组事项的，主承销商应取得相关的决议、审批文件及中介机构意见等，分析重组行为的影响及是否导致发行人主营业务和经营性资产发生实质变更。

（4）股权结构、控股股东和实际控制人情况

主承销商通过查阅发行人历年公司章程和股东名册、控股股东和实际控制人相关资料、历年有权机构决议等资料，对发行人及其控股股东、实际控制人进行访谈和专项调查，以及咨询发行人律师等途径，全面了解发行人的股权结构情况和变化，以及发行人控股股东和实际控制人的相关情况。

（5）重要权益投资情况

主承销商通过查阅发行人股权投资、交易性投资、重大项目投资的相关资料，必要时查阅被投资公司的财务报告、审计报告、评估报告（如有），判断交易的公允性、合规性及会计处理的合理性。

（6）员工情况

主承销商应调查员工年龄、教育、专业分布及发行人是否按规定执行国家用工制度、劳动保护制度、社会保障制度、住房制度和医疗保障制度等，必要时通过查阅发行人员工名册、劳务合同、工资表和社会保障费用明细表等资料，

实地走访发行人员工的工作生活场所，与发行人员工谈话，实地察看发行人员工工作情况等方法来调查发行人员工情况。

(7) 经营独立性情况

经营独立性情况包括资产独立情况、人员独立情况、机构独立情况、财务独立情况以及业务独立情况五个方面。

主承销商通过查阅资产权属文件是否齐备、相关租赁合同等资质文件，了解发行人是否拥有独立的生产系统、辅助系统及配套设施，主要经营设备的权属是否清晰，是否存在纠纷或资产被其他方占用的情况；通过查阅制度文件和调查重点人员的任职和领薪情况，了解发行人是否拥有独立、完整的人事管理体系；通过查阅公司治理制度文件、会议纪要、企业工商及税务登记文件等，了解发行人的机构独立性情况；通过与高管人员和相关业务人员谈话，查阅发行人财务会计制度、银行开户资料、纳税资料，到相关单位进行核实等方法，了解发行人是否满足财务独立的标准；通过调查发行人组织机构情况、生产流程情况、同业竞争及关联交易情况，判断发行人是否满足业务独立的标准。

(8) 企业治理结构

主承销商通过查阅发行人公司章程、有权机构议事规则、历年有权机构决议、内部控制规章制度等资料，对发行人和控股股东、实际控制人的独立性和关联交易情况进行专项调查，以及咨询发行人律师等途径，了解发行人企业治理结构的建立情况、企业治理和内部控制规章制度的制定和完善情况，以及发行人和控股股东、实际控制人的独立性情况。

(9) 信息披露能力

主承销商通过查阅发行人信息披露工作制度、信息披露记录和档案、与信息披露相关的违法或违规记录等资料，对发行人负责信息披露的人员进行访谈，以及咨询发行人律师等途径，了解发行人是否建立了信息披露制度、是否能够按照相关规则指引要求履行信息披露的义务、有无披露障碍、是否配备了专门负责信息披露的人员以及历史信息披露的合规性。

(10) 经营范围和主营业务情况

主承销商通过查阅发行人财务报告、发展战略和规划、预算和决算分析报告、重大业务合同等资料，对发行人管理层和各业务部门负责人进行访谈，以及咨询发行人审计机构等途径，全面了解发行人的主营业务及经营模式、业务发展目标、持续经营能力以及盈利的连续性和稳定性情况。结合发行人所在行业情况，了解发行人在行业中的地位和竞争优势以及发行人采取的竞争策略和应对措施等。

另外，主承销商还通过查阅发行人会计账簿、财务报告、采购和销售记录，以及对发行人管理层和采购部门及销售部门负责人进行专项访谈等途径，了解发行人主要供应商和客户基本情况、供应商和客户集中度情况，以及发行人对主要供应商和客户的依赖程度。

（11）财务状况

主承销商通过查阅发行人财务制度、经审计的财务报告、会计账簿、预算和决算分析报告，分析发行人主要财务指标，将发行人财务信息和指标与行业平均水平进行对比，调查发行人资产负债情况、历史融资情况，调查发行人收入、成本、费用的配比性，调查发行人非经常性损益的真实性、准确性、完整性和合理性，对发行人管理层、财务负责人和财务会计人员进行专项访谈，以及咨询发行人审计机构等途径，全面了解发行人的财务状况。

同时，主承销商通过查阅发行人经审计的财务报告，对发行人财务负责人和财务人员进行专项访谈，以及咨询发行人审计机构等途径，了解发行人会计政策的稳健性和连续性。

（12）信用记录

主承销商通过查阅发行人融资政策、经审计的财务报告、会计账簿等资料，对发行人财务负责人、资金或融资部门负责人进行专项访谈，查询人民银行征信系统，调查发行人历史债务偿还情况，以及咨询信用评级机构等途径，全面了解发行人历史信用记录。

（13）或有事项及其他重大事项情况

主承销商通过查阅发行人经审计的财务报告、会计账簿、法律文件档案、相关未决诉讼资料、处罚通知、整改报告、发行人主要资产的权属证明、担保记录、纳税证明等资料，对发行人法律部门负责人及相关工作人员进行专项访谈，以及咨询发行人审计机构、律师等途径，了解发行人最近三年是否存在重大违法违规行为、是否存在海外投资行为、是否存在重大未决诉讼或仲裁、资产权属是否清晰完备、是否存在违规担保以及是否存在偷税漏税情况。

（14）所属行业和行业发展前景调查

主承销商应在确定发行人的行业划分基础上，通过收集行业报告、相关的国内政策和监管体制，考察行业的周期性、区域性或季节性特征，听取行业竞争对手、行业主管机构、行业专家等意见，调查公司与主管部门之间的关系，完成对发行人的行业市场分析、行业监管分析、行业特性分析、经营模式分析、技术特点分析及利润水平分析等。

同时，主承销商通过查阅行业统计数据、行业分析报告、行业主要竞争者的财务报告等资料，搜集和比较行业数据，必要时通过与专业机构的行业分析师、行业自律组织相关人员进行专项访谈等途径，了解发行人所在行业的基本情况、发展历程、竞争格局、未来发展趋势等。

（15）风险事项调查

主承销商应通过查阅发行人的审计报告、业务数据、行业中可比企业的相关资料、发行人公司章程、内部管理制度、组织架构资料，分析发行人可能面临的财务风险、经营风险、管理风险及政策风险。除此之外，应通过关注发行人债务融资工具的发行是否涉及特殊条款（如浮动利率、含权、担保、集合发行等），了解相关风险。

（16）募集资金用途调查

主承销商应通过对募集资金用途的调查，了解具体用款主体（本部或是下属企业）及对应的用款额度，募集资金投向是否符合国家相关法律法规及政策要求，用于补充营运资金的，应了解具体用途及资金缺口的匡算依据，用于项目投资建设的，需了解发行人在项目中的权益比例、项目合规性情况（国家有关部委审批、核准或备案情况）、总投资规模、资本金落实进度等。

2. 债务融资工具评级机构的尽职调查

信用评级是债务融资工具信息披露的重要方式，是揭示债务融资工具主要风险——信用风险的基本手段，可为债务融资工具投资者提供重要的参考意见。评级机构的尽职调查，以及其基于尽职调查出具的评级结果和信用评级报告，可在一定程度上减轻债务融资工具市场信息不对称。因此，信用评级及信用评级机构在债务融资工具市场中发挥着重要作用。信用评级机构要履行其揭示风险的基本职责，就必须认真负责地做好债务融资工具的调查工作。

按照评级机构的评级方法，遵循监管部门对评级机构的监管要求，评级机构对债务融资工具信用风险的尽职调查一般包括两大方面：一是债务融资工具发行人调查，二是债务融资工具条款的调查。

对债务融资工具发行主体，评级机构应结合发行主体面临的宏观经济和政策环境、行业及区域经济环境，重点分析企业自身情况，包括企业法人治理结构、管理水平、经营状况、财务质量、抗风险能力等。对债务融资工具的调查和分析至少要考察分析募集资金拟投资项目概况、可行性、主要风险、盈利及现金流预测评价、偿债保障措施等。

评级机构债务融资工具的尽职调查所采用的调查方法、程序与主承销商基本相同，详细可参看本书有关内容。下面重点介绍评级机构对债务融资工具发行人本身及债务融资工具条款的调查分析内容。

（1）产业调查和分析

信用评级中产业调查和分析的内容主要包括：宏观经济环境对产业的影响、产业政策、行业前景、业内竞争程度及其他有关的行业特征。

（2）企业基础素质调查分析

企业素质是评级机构对债务融资工具发行人的法律地位、企业规模、研发能力、人员综合素质、技术装备水平、经济地理环境和外部支持力度等方面的考察和评判，这些因素直接关系到被评对象的生存发展前景，对企业的信用质量有着不可忽视的作用。

（3）企业经营管理调查分析

主要是对企业管理风险、市场风险的调查分析。企业经营管理决定了企业的财务成果和企业现金流，还决定了企业未来的发展方向，是企业信用质量的内在决定因素。一般来说，企业的经营管理水平越高，其经营管理的效率就越高，信用状况相应地会好于经营管理水平一般和经营管理效率低下的企业。

评级机构一般主要考察企业的法人治理结构、内部管理机制、管理方式及规章制度、经营理念和经营策略、企业的经营业绩与历史，以及成本如何控制、质量如何保证、对主要供应方和需求方的依赖风险、企业的市场竞争力、未来发展前景等。同时，要关注重大投资项目、影响企业发展的重大事项等方面的情况。涉及的定量考察指标包括资产增长率、净资产增长率、主营业务收入增长率、利润增长率等，一般也包括如下的经营效率指标：

销售债权周转次数＝营业收入／（平均应收账款净额＋平均应收票据）

存货周转次数＝营业成本／平均存货净额

总资产周转次数＝营业收入／平均资产总额

（4）财务调查与分析

企业的财务状况是其经营成果的最终反映，也是决定企业信用状况的根本。评级机构考察的核心内容是企业的现金流量状况，因为必要且充裕的现金是偿还债务的保证。在发行人财务调查中，首先应注意一些基本问题，诸如企业的财务报表是否经过审计，财务资料的真实性与准确性如何，财务报表的口径，企业的会计政策等，这是判断企业真实财务状况的先决条件。评级机构对企业财务调查分析的具体内容包括：企业的资产质量、资本结构、盈利能力和偿债能力等几个主要方面。

企业的资产质量包括调查分析企业各项资产的流动性、安全性和盈利性，并对资产的真实价值进行调查分析。

资本结构主要是对企业资金来源结构的考察和分析。主要包括：资金来源及构成、来源的稳定性如何、资金成本高低、债务的期限结构等。基本的考察指标如下：

资产负债率＝负债总额／资产总额

资本化比率＝总债务／［总债务＋所有者权益（含少数股东权益）］

盈利能力的强弱反映了企业通过持续的经营活动获取现金的能力，也是企业获得外部融资的基础。衡量企业盈利能力的指标主要包括：

主营业务利润率＝主营业务利润／主营业务收入净额

净资产收益率＝净利润/所有者权益

反映企业偿债能力的指标有很多种，评级机构要重点调查和分析以下几个主要指标：

流动比率＝流动资产/流动负债

速动比率　＝（流动资产－存货）/流动负债

EBITDA（息税折旧摊销前盈余）利息倍数＝EBITDA/利息支出

经营现金流动负债比率＝经营活动现金流量净额/流动负债合计

经营现金流债务保护倍数＝经营活动现金流入量/总债务

经营现金流净额债务保护倍数＝经营活动现金流量净额/总债务

筹资活动前现金流量净额债务保护倍数＝筹资活动前现金流量净额/总债务

总债务/ EBITDA

注：

短期债务＝短期借款＋交易性金融负债＋应付票据＋一年内到期的非流动负债

长期债务＝长期借款＋应付债券

总债务＝长期债务＋短期债务

EBIT（息税前盈余）＝利润总额＋计入财务费用的利息支出

EBITDA（息税折旧摊销前盈余）＝EBIT＋折旧＋无形资产摊销＋长期待摊费用摊销

总之，评级机构对发行人尽职调查的关注重点为发行人面临的各种潜在的风险因素及抵御风险的能力，特别关注发行人通过经营创造现金流的能力及未来发展趋势。

（5）债务融资工具条款调查分析

通过对发行人调查分析和评估，评级机构可以评定发行人的信用等级。同时，评级机构还要在发行人信用等级基础上，根据对债务融资工具条款的调查分析，确定债务融资工具的信用等级，即债项的信用等级。

评级机构针对债务融资工具条款的调查分析主要包括债务融资工具的期限、还本付息的方式、所募集资金的用途、偿还的优先顺序、担保方式及其他限制和保护条款等。其中对于债务融资工具采用第三方信用保证的，要调查分析保证的类型、保证人的详细情况，调查内容类似于发行人；对于采用资产抵押的，要对抵押资产进行调查和评估，对抵押的有关条款进行调查分析；对于采用建立偿债基金来作为债务融资工具保障措施的，要调查基金的建立方式、基金的来源、基金的金额等。随着债务融资工具的发展，已经出现并将不断出现其他的债券保护措施或限制条款，评级机构要认真调查分析具体的条款，确定其对债务融资工具偿还风险的影响，以最终评估债务融资工具的信用等级。

3. 债务融资工具律师的尽职调查

从世界范围内的经验来看，债券发行人律师的职责可以分为两个部分：其一，就债券的合法性发表法律意见，该法律意见将作为发行文件之一提交相关债券发行的主管机关并在债券发行时披露给投资人；其二，协助发行人撰写或审阅债券发行文件，特别是募集说明书。债务融资工具的发行人律师应该根据其工作职责的范围确定法律尽职调查的范围。如果债务融资工具的发行人律师参与债务融资工具募集说明书的撰写，则应当对募集说明书所涉及的所有法律事项进行全面法律尽职调查，以确保募集说明书所有涉及法律事项的表述均有明确的法律依据和事实依据。但是，在我国的银行间市场上债务融资工具募集说明书主要由主承销商协助发行人撰写，发行人律师的职责主要是为债务融资工具的发行出具法律意见书，发行人律师出具法律意见书的根本作用在于对债务融资工具发行的合法性作出专业判断，以确保债务融资工具发行完成后发行人和购买债务融资工具的投资人之间能够建立起合法的合同债权关系。因此，发行人律师尽职调查工作将主要围绕法律意见书所涉及的事项展开。

我国现行规则体系下影响债务融资工具发行合法性的因素主要涉及两个方面的事项：其一，债务融资工具的发行是否已经履行了中国银行间市场交易商协会规定的注册程序，取得了交易商协会颁发的接受注册通知书。在债务融资工具的注册过程中，债务融资工具的发行规模是否符合法定标准、募集资金的用途是否符合国家法律和产业政策均是影响其能否获得注册的主要因素。因此，发行人律师应当对影响发行规模的事项，以及其募集资金的使用计划实施法律尽职调查。其二，发行人是否已经按照其章程或章程性文件作出了合法有效的申请注册和发行债务融资工具的决定，以及是否取得了相关政府主管机构的批准。对于国有独资公司而言，除了非相关国有资产监督管理机构书面规定债务融资工具的发行不需要其批准，比如短期融资券或超短期融资券以外，债务融资工具的发行均需要取得国有资产监督管理部门的批准。在债务融资工具的注册和发行决定及政府主管机构的批准方面，发行人律师应当对发行人董事会或股东会（或类似最高决策机构）是否依照法律规定的程序作出决议进行尽职调查，并对相关政府机构批准文件的合法性进行尽职调查。

除了以上两个方面的法律事项外，现行规则要求发行人律师就承销机构、审计机构以及评级机构的相关资质发表法律意见，以确保相关承销安排、审计结果和评级安排的合法性。因此，发行人律师应当对这些中介机构的资质进行法律尽职调查。另外，如果债务融资工具的发行人存在影响其债务偿还能力的重大法律风险，比如诉讼或其他法律纠纷，发行人律师也应当实施法律尽职调查，以便对这些事项的法律影响或法律后果发表明确的法律意见。在发行人为债务融资工具的偿还安排了担保的情形下，比如集合票据，发行人律师还需要对担保机构能够签署担保协议，担保协议是否合法有效实施详细的法律尽职调查，确保担保合法有效。特别需要强调的一点是，虽然我国债务融资工具发行人律师的主要职责是对发行的合法性发表法律意见，但对于一些债务偿付能力比较弱的发行人，比如其持续经营能力对于特定资产（土地、房产、采矿权或知识产权）具有严重依赖，我们建议发行人律师应当对这些资产实施详细的尽职调查，协助发行人认真审阅募集说明书，以确保募集说明书能够准确描述对此类资产的法律状态。

最后，需要说明的是，发行人律师的尽职调查与主承销商和信用评级机构的尽职调查在法律上应当是分开实施的，任何一方不得依赖或采信另一方的尽职调查结果。比如，对于律师法律尽职调查的事项，主承销商依然应当独立于尽职调查，形成主承销商对相关事项的法律判断。如果主承销商的判断与发行人的法律判断不一致，在向交易商协会提出注册申报之前必须妥善解决。否则，就应当在募集说明书中分别披露各自的意见。当然，这种情形的出现可能只是理论上的，现实中不太可能发生。

## 1.2　债务融资工具尽职调查的重要作用

### 1.2.1　尽职调查对投资者的作用

尽职调查对投资者的作用主要在于减轻投资者与发行人之间的信息不对称，为投资者识别投资风险提供信息保证，并帮助投资者对债务融资工具进行合理定价。

在债务融资工具市场中，如果没有债务融资工具尽职调查，投资人对于发行人的信用水平、资产权属、债权债务状态、业务、管理及财务状况缺乏完全的信息，即投资者与发行人之间存在着信息不对称。这将使投资者无法完全甄别不同发行人的资信差异，难以识别投资风险并对相关债务融资工具进行定价。同时，债务融资工具市场的投资者数量相对较多，且以机构投资者为主，而机构投资者投资债务融资工具的范围较为广泛，需要面对数量庞大的债务融资工具发行人，因此，债务融资工具的投资者难以通过自身努力获得关于发行人的足够信息，以减轻信息不对称。通过尽职调查、协助发行人编制注册文件以及对注册文件的真实性、准确性和完整性进行审慎核查，可以更加充分地获得债务融资工具发行人的相关信息，提高债务融资工具发行人的信息披露质量，减轻投资者与发行人之间的信息不对称，为投资者识别投资风险提供信息保证，并帮助投资者对债务融资工具进行合理定价。

## 1.2.2 尽职调查对发行人的作用

尽职调查对发行人的作用主要在于减轻债务融资工具市场的信息不对称，从而使债务融资工具可以实现合理和公平定价，起到价格发现的作用，帮助发行人降低融资成本。在市场存在较为严重的信息不对称情况下，市场对债务融资工具的定价将不合理，即资信良好的发行人可能无法获得低融资成本，而资信较差的发行人面对的收益率水平可能并不能反映其真实的风险水平，进而导致"劣质企业驱逐优质企业"的逆向选择问题，使债务融资工具市场的运行成本大大提高。通过尽职调查，可以帮助发行人向市场提供更加充分、可靠的信息，有助于减轻投资者与发行人之间的信息不对称，帮助发行人实现债务融资工具的合理定价，降低融资成本。

通过尽职调查可以发掘发行人的投资亮点和竞争优势，并将该信息传递给市场投资者，帮助发行人进一步降低融资成本。

另外，通过尽职调查还可以发现发行人经营、财务、企业治理、信息披露等方面存在的问题，有利于发行人进行有针对性的改进，从而使发行人可以更好地满足债务融资工具的各项注册和发行要求，提高经营水平、信息披露能力和规范运作能力，最终促进发行人资信水平的提高。

## 1.2.3 尽职调查对各中介机构的作用

主承销商尽职调查是债务融资工具尽职调查的基础和核心，且相对于其他中介机构的尽职调查，主承销商尽职调查的关注范围较评级机构、律师、审计机构更加全面。主承销商有义务协调其他中介机构在各自专业范围内开展专项尽职调查。

主承销商尽职调查对其他中介机构的作用主要体现在组织协调尽职调查工作上，在尽职调查存在问题或不同意见时，组织与中介机构之间的交流与沟通，特别是对尽职调查结论的交换意见。主承销商需要对所有债务融资工具发行的关键点进行尽职调查，其他中介机构尽职调查一般在其专业领域内进行，主承销商可以对其他中介机构提供发行人的全面信息，以避免片面或失误。

评级机构、律师和审计机构也是债务融资工具尽职调查团队不可或缺的成员。考虑到尽职调查的工作效率，一般按照主承销商牵头尽职调查工作的原则，由主承销商协调评级机构、律师和审计机构的尽职调查工作，包括主承销商牵头汇总尽职调查清单、收集尽职调查资料等。

同时，其他中介机构尽职调查也为主承销商尽职调查提供专业意见。尽管各中介机构应该在各自尽职调查的基础上提出独立的专业意见，但不代表这些独立的意见不可以相互引用和印证，相反主承销商在尽职调查中，可以引用其他中介机构的专业意见，为自己尽职调查结论提供佐证。这样有助于提高尽职调查的效率，有助于增进中介机构之间的专业交流，共同提高专业水平，可以更高效和准确地开展各自专业领域的尽职调查工作。主承销商在协调其他中介机构尽职调查需要进行的相关工作包括：

1. 确定各中介机构的关键联系人，通过多种通讯渠道建立日常协调机制；根据尽职调查资料分工，由主承销商与评级公司、律师、审计机构密切配合、协同工作；针对各中介机构在工作过程中反映的一般问题，由主承销商协调解决，针对专业问题，与发行人沟通解决；定期向发行人汇报项目工作进展。

2. 主承销商应对其他中介机构出具报告进行复核，确保与募集说明书内容表述的一致性。

3. 在注册过程中负责与交易商协会的沟通，并将注册中的意见及时反馈给发行人和其他中介机构。

4. 在债务融资工具存续期间，负责跟踪尽职调查，对发行人出现的需要进行信息披露的重大事件，及时通报其他中介机构，组织其他中介机构进行跟踪尽职调查，协助发行人完善信息披露机制并履行信息披露义务。

如 1.1.2 所述，主承销商尽职调查是债务融资工具尽职调查的基础和核心，且相对于其他中介机构的尽职调查，主承销商尽职调查的关注范围最广。同时，主承销商有义务协调其他中介机构在各自专业范围内开展专项尽职调查。

主承销商尽职调查对其他中介机构的主要作用在于可以为其他中介机构的尽职调查提供总体方向性指引。由于主承销商尽职调查范围最广，更易于发现债务融资工具发行的关键点，有助于引导其他中介机构尽职调查的关注重点，可以为其他中介机构尽职调查提供方向性参考。

同时，主承销商尽职调查可以为其他中介机构进行专业尽职调查提供其全局性的参考。尽管其他中介机构尽职调查和专业意见的出具一般局限于某一专业领域，但若其无法获取关于发行人和债务融资工具的全面信息，其在本专业领域的判断也可能存在片面或失误的风险。主承销商尽职调查将获取与债务融资工具发行相关的全局性信息，其他中介机构以此为参考，可以更高效和准确地开展各自专业领域的尽职调查工作。

## 1.3 债务融资工具尽职调查的产生和发展

### 1.3.1 尽职调查的起源和发展

尽职调查（Due Diligence）最初起源于英美法案例法。随后，被编入了成文法中。尽职调查包括两个层面的含义，一是应尽的义务和职责，二是为获取足够信息应该付出的各种努力。尽职调查一词的广泛应用得益于美国《1933 年证券法》，根据该法的规定，当购买某一证券的投资者指控证券公司所披露的信息不完全时，证券公司可以援引其对该证券进行了尽职调查工作，并且充分披露其所调查到的该公司信息，证券公司即可不因此承担责任。随后整个证券行业便将尽职调查工作作为证券公开发行上市中的操作标准。起初的尽职调查仅限于证券公开发行上市，随后延伸到了兼并收购业务方面，其后则逐渐适用于其他情形中。

尽职调查从产生到发展至今，它的目的和作用也逐渐发生了变化。在其产生之初，它的主要作用是证券发行人或主承销商免责的抗辩理由，但其现在的主要作用为发现被调查方（或者被投资方）的风险，从而降低交易中的风险，此外债务融资工具的尽职调查的主要作用为了解企业的还款意愿，并对企业的偿还债务能力作出判断。

由于市场经济存在着信息不对称，特别是我国市场规则的完善性、市场参与者的成熟程度、监管方式的先进程度等诸多要素都有新兴资本市场的明显特征，在这种尚未成熟的资本市场体系下，需要尽职调查来帮助企业或投资者降低或控制投资或兼并收购等交易活动中的风险。随着我国资本市场的不断发展，尽职调查相关方面的监管与要求在不断完善与加强。

在我国，主承销商的尽职调查最早于 1999 年在证券公司配股项目中使用，1999 年 3 月，中国证券监督管理委员会（以下简称中国证监会）发布《证券公司承销配股尽职调查报告指引（试行）》。其中指出：尽职调查报告是上市公司配股申报材料的组成部分。随后，2000 年和 2001 年主承销商分别在增发和首次公开发行新股中实施尽职调查。2001 年 4 月，尽职调查首次增加对发行人回访的内容，并首次要求主承销商承担相应责任。至此，尽职调查被引入投资银行业务的主要领域。2003 年随着保荐制度的推行，以及此后颁布出台的一系列有关证券发行上市保荐业务的管理办法和操作规则，使得证券发行上市过程中的尽职调查制度得到了进一步的加强和完善。

随着我国债券市场的逐步发展，以及银行间债券市场规模的不断扩大，为规范银行间债券市场非金融企业债务融资工具主承销商对拟发行债务融资工具的企业的尽职调查行为，提高尽职调查质量，2008 年 4 月，根据中国人民银行（以下简称人民银行）《债务融资工具管理办法》，中国银行间市场交易商协会（以下简称交易商协会）制定了《银行间债券市场非金融企业债务融资工具尽职调查指引》（以下简称《尽职调查指引》）和《银行间债券市场非金融企业债务融资工具中介服务规则》（以下简称《中介服务规则》），上述规则指引的颁布进一步明确了尽职调查的内容、方法、原则和要求，为规范尽职调查工作起到了积极的作用。

## 1.3.2　证券市场尽职调查的主要法规和要求

1. 交易商协会主承销商负责制下的尽职调查

2008 年 4 月，交易商协会颁布了与人民银行 2008 年 1 号令相关的"三规则、四指引"。其中针对尽职调查工作颁布了相应的《尽职调查指引》以及与尽职调查有关的《中介服务规则》。

《尽职调查指引》规定主承销商应遵循勤勉尽责、诚实信用的原则，严格遵守职业道德和执业规范，有计划、有组织、有步骤地开展尽职调查，保证尽职调查质量。主承销商应保持职业的怀疑态度，根据企业及其所在行业的特点，对影响企业财务状况和偿债能力的重要事项展开调查。

此外，在《中介服务规则》中也对尽职调查的相关工作进行了规定：主承销商应建立企业质量评价和遴选体系，明确推荐标准，确保企业充分了解相关法律、法规及其所应承担的风险和责任，为企业提供切实可行的专业意见及良好的顾问服务。主承销商应建立健全内控制度，至少包括营销管理制度、尽职调查制度、发行管理制度、后续服务管理制度、突发事件应对制度、追偿制度及培训制度。

中介机构提供中介服务，应安排足够的时间，执行必要的工作程序，确保全面、深入地开展尽职调查。中介机构应当归类整理尽职调查过程中形成的工作记录和获取的基础资料，形成记录清晰的工作底稿。工作底稿至少应保存至债务融资工具到期后五年。

从 2005 年以来债务融资工具的承销业务实践看，各债务融资工具主承销商严格遵守《尽职调查指引》和《中介服务规则》等债务融资工具自律规则所规定的原则性要求，在实践中摸索和总结，互相交流经验，已经初步形成了一套债务融资工具尽职调查的细则性行业标准和规范。从债务融资工具发行人的前期辅导，到债务融资工具材料撰写，最后到债务融资工具后续管理，债务融资工具主承销商的尽职调查贯穿始终、有条不紊。另外，各家主承销商在维护行业标准和规范的同时，也根据各自的业务特点、专业特长和发行人群体特征，形成了各自债务融资工具尽职调查的独特方法，丰富了债务融资工具尽职调查的广度和深度，为债务融资工具尽职调查的进一步完善和细化奠定了基础。

2. 中国证监会的上市保荐制度及保荐人尽职调查

中国证监会的上市保荐制度，具体是指由保荐人（证券公司）负责发行人的上市推荐和辅导，核实公司发行文件中所载资料的真实、准确和完整，协助发行人建立严格的信息披露制度，不仅承担上市后持续督导的责任，还将责任落实到个人。通俗地讲，就是让证券公司和责任人对其承销发行的股票，负有一定的持续性监督督促责任。

为衡量保荐人和保荐代表人是否勤勉尽责、诚实守信以及为贯彻落实《证券法》的相关规定，提高保荐业务质量，规范保荐人的尽职调查工作，中国证监会于2006年5月制定了《保荐人尽职调查工作准则》（以下简称《准则》）。详细规定了保荐制度基础核心的各项尽职调查的标准，从而有助于保荐制度真正落到实处。《准则》是对保荐人尽职调查工作的一般要求，不论是否有明确规定，凡涉及发行条件或对投资者作出投资决策有重大影响的信息，保荐人均应当勤勉尽责地进行尽职调查。

《准则》主要针对首次公开发行股票的企业的基本特征制定，这是由于首次公开募股（IPO）需要调查的内容最丰富。保荐人可在此基础上，根据发行人的行业、业务、融资类型等的不同，补充、调整和完善尽职调查的相关内容。

此外，2009年3月，中国证监会颁布《发行证券的公司信息披露内容与格式准则第27号——发行保荐书和发行保荐工作报告》（以下简称《编报规则》）和《证券发行上市保荐业务工作底稿指引》（以下简称《工作底稿指引》）。上述规定首次以成文的形式将工作报告制引入保荐制度当中，也对保荐机构及其保荐代表人制定工作底稿作出了统一、细化和规范性的要求。

《编报规则》明确，发行人聘请的保荐机构应当按要求同时出具发行保荐书和发行保荐工作报告。除了就发行人是否符合发行条件出具意见以外，还需全面说明尽职推荐发行人的主要工作过程，凡是对投资者作出投资决策有重大影响的问题或者风险，发行保荐工作报告均应予以充分关注和揭示，并详尽完整地陈述分析、解决主要问题的情况。

《工作底稿指引》则加强了对保荐工作底稿的规范，要求工作底稿应当真实、准确、完整地反映保荐机构尽职推荐发行人证券发行上市、持续督导发行人履行相关义务所开展的主要工作。

同时明确《工作底稿指引》不仅应成为保荐机构出具发行保荐书、发行保荐工作报告、上市保荐书、发表专项保荐意见以及验证招股说明书的基础，也应是评价保荐机构及其保荐代表人从事保荐业务是否诚实守信、勤勉尽责的重要依据。

## 1.4 债务融资工具尽职调查的原则

尽职调查作为各中介机构的一项专门职责，参与债务融资工具的各中介机构需履行各自的专业职责，恪守职业道德。在进行尽职调查的过程中，各中介机构需要遵循以下原则：

### 1.4.1 独立性原则

尽职调查中介机构应当保持客观公正的态度，不受他方影响，避免自身利益驱动，在形式上和实质上与发行人均保持独立。实质上的独立，是指尽职调查参与机构应当在发表意见和专业判断时避免受到与发行人可能存在的经济利益关系的影响，公正执业，并始终保持客观立场；形式上的独立，是指尽职调查参与机构应当避免出现使得拥有充分相关信息的理性第三方推断其公正性、客观性或专业性受到损害的重大情形。

尽职调查过程需要在发行人的协助下进行，但不能过分依赖于被调查企业，应保持一定的独立性。特别是对于支撑项目判断的关键点（不同项目可能有不同的关键点），尽职调查参与机构的项目人员应设计和使用独立、合理的调查核实方法，并获取充分、适当的调查证据，以得出合理的职业判断，必要时应当组织复查。

### 1.4.2 全面性原则

尽职调查参与中介机构的尽职调查工作应当在时间上、空间上涵盖所有债务融资工具投资者和市场其他相关参与主体可能关心的、与发行人有关的各个重大方面，包括但不限于企业治理结构、财务报表、重要财务和经营数据、面临的主要风险因素、主要股东情况、行业状况等，还应当包括影响上述经营与财务情况的重大内外部因素。最终的目标是做到全面反映发行人的情况，并拥有齐备的证据材料支持。

### 1.4.3 客观性原则

尽职调查参与机构的尽职调查工作应当真实、准确、谨慎地反映拟发行人的情况，以第一手的基础材料为主要依据，不粉饰，避免过度宣传，除必要的推断，不应做过分预测。对于客户提供的信息，或项目人员从其他渠道得到的信息，都必须具备合法、合规、合理的书面依据，并且对调查的方式和过程加以记录，对于一些确实无法取得直接书面依据的重要信息，则需通过与项目无利害关系的第三方给予必要的证明和确认。

### 1.4.4 重要性原则

"披露所有可能存在的重大风险"应当成为尽职调查工作中一条重要的原则。在此，对"重大"一词的界定是本原则的关键点，很多时候，在尽职调查的文件中，都将数量作为一种界定标准。然而，这一标准还并不充分，根据1999 年 8 月，美国证券交易管理委员会的会计成员备忘录 99（SAM98）中的表述："重大"不仅仅是指百分比或总额，它是一个高度相对性的词，它指一般的谨慎的调查人员认为非常重要的一种水平。因此，尽职调查参与机构的项目人员应当在具体项目执行过程中，根据项目的具体情况，结合自身的实际操作经验，对重要性原则进行灵活掌握。

### 1.4.5 灵活性原则

应当对不同的发行人进行区别对待，把握灵活性，对处于不同发展阶段、不同行业、不同背景的企业要有不同的侧重点，对不同关键点采用不同的尽职调查方法和处理方式。举例来说，不同行业对尽职调查的侧重点有着不同要求。例如：在高科技领域，知识产权是决定企业发展的核心问题，是企业的核心竞争力和生存发展的基础，因此在尽职调查中应被视为重点领域；而对于化工企业可能导致的环境污染必须高度重视，如是否进行过环评、环保措施是否到位和是否因污染被提起民事诉讼或者受过行政处罚等应当被列为尽职调查的重点。

### 1.4.6 谨慎性原则

尽职调查参与中介机构的项目人员在尽职调查过程中，应当保持应有的职业谨慎态度，在有不确定因素的情况下作出判断时，应保持必要的谨慎，既不夸大发行人的经营优势和投资价值，也不刻意压低被调查企业的相关风险因素。项目人员应当留心调查现场中的细节问题，对异常情况要反复甄别，对没有确切依据的数据应做到保守估算。

### 1.4.7 保密性原则

由于尽职调查过程中尽职调查参与机构可能接触到大量拟发行人的非公开信息和资料，项目人员应当注意对这些信息和资料的保密，避免损害拟发行人的合法正当利益。应当签署保密协议，对访谈资料、工作底稿、业务和财务状况实施保密措施，不得向不相关人员或实体透露保密资料。

### 1.4.8 合作原则

主承销商在项目具体执行过程中与律师、审计机构、评级机构等其他中介机构应当充分配合组成中介机构团队，发挥各自优势解决过程中的问题。但中介机构团队合作在观点上可能时有争议，并且中介机构的团队合作可能会对独立性原则有所影响。基于此，通常的做法是各中介机构应当在各自独立执行尽职调查的前提下，在工作安排上充分考虑发行人尽职调查的工作量，在提供充分调查结论依据的条件下避免重复工作，遇到难点问题召开中介机构专题会议讨论，出具各自专业意见，形成有效合作。

# 2 债务融资工具
# 尽职调查的方法和工作流程

本书所述内容若未特别指出，主要是指主承销商债务融资工具尽职调查。

方法是指为达成某个目的，可以用来实践（实际操作）的模式或过程（步骤）。方法得当，则事半功倍，方法应用不当，生搬硬套，则可能事倍功半，徒劳无功。

流程是指一个或一系列连续有规律的行动，这些行动以确定的方式发生或执行，导致特定结果的实现①。流程的出现，使得机构某项工作有了可以遵循的标准化工作进程，按既定的流程开展工作，可以保证工作获得一定质量的结果。

## 2.1 债务融资工具尽职调查的主要方法

债务融资工具尽职调查应用的主要方法包括：查阅、访谈、列席会议、实地调查、信息分析、印证和讨论等。需要特别说明的是，并不是所有的方法都适用于所有的债务融资工具发行人，主承销商需要根据发行人的行业特征、组织特性、业务特点选择恰当的方法开展尽职调查工作。

### 2.1.1 查阅

查阅发行人制度与业务流程相关文件，全面了解企业日常运行所依赖的主要制度、业务流程和相关内控措施，具体包括：组织人事、财务会计、资产管理、公司治理、采购、业务流程、授权与审批、复核与查证、业务规程与操作程序、岗位权限与职责分工、相互独立与制衡、应急与预防等方面的规定和措施。主承销商应选择一定数量的控制活动样本，采取验证、观察、询问、重新操作等测试方法，评价公司的内部控制措施实施。

主承销商还可通过查阅企业财务报告、年度总结等资料，全面了解企业的日常运行状态与财务结果。

查阅的主要渠道包括：

由企业提供相关资料；

---

① 摘自《牛津词典》。

通过人民银行"银行信贷登记咨询系统"获得相关资料；

通过工商税务查询系统获得相关资料；

通过公开信息披露媒体、互联网及其他可靠渠道搜集相关资料。

查阅的资料包括发行人经审计的财务报告、重大合同、所在行业资料、董事会及总经理办公会等会议纪要、公司的规章制度、业务流程文件，以及账簿凭证财务资料等。

## 2.1.2　访谈

访谈是指通过与发行人的高级管理人员，以及财务、销售、内部控制等部门的负责人员进行对话，从而掌握发行人的最新情况，并核实已有的资料。

1. 针对不同的访谈对象，访谈的目的和方法也有所不同

通过对发行人高级管理人员访谈，了解发行人的主营业务、发行人未来的发展目标、发展计划。与发行人高层管理人员及相关部门的负责人（生产、销售、财务、规划等部门）进行访谈；访谈重点不在于具体经营、财务数据等细节问题，应着重交流其对竞争对手的看法、对外部环境的整体判断、体现业务竞争优势的具体案例或需要澄清的市场传闻等难以反映在书面资料中的问题；访谈时也能观察出发行人各部门的协调合作情况，对其管理层相关人员产生感性认识；及时撰写外部访谈备忘录。

通过与发行人财务人员交谈，了解发行人财务政策的稳健性、内控制度的有效性。通过与发行人销售人员交谈，掌握发行人主要客户和供应商的情况，评估发行人主要产品市场稳定性、原材料供应是否有保证。

通过与采购部门、主要供应商沟通，查阅相关资料等方法，调查公司主要原材料市场供求状况。取得公司主要供应商（至少前十名）的相关资料，计算最近三年向主要供应商的采购金额及所占比例，判断是否存在严重依赖个别供应商的情况，如果存在，是否对重要原材料的供应作出备选安排；取得同前述供应商的长期供货合同，分析交易条款，判断公司原材料供应及价格的稳定性。

取得公司生产流程资料，结合生产核心技术或关键生产环节，分析评价公司生产工艺、技术在行业中的领先程度。取得公司主要产品的设计生产能力和历年产量有关资料并进行比较，与生产部门人员沟通，分析公司各生产环节是否存在瓶颈制约。调查公司的生产工艺是否符合环境保护相关法规，调查公司历年来在环境保护方面的投入及未来可能的投入情况。现场观察三废的排放情况，核查有无污染处理设施及其实际运行情况。

取得公司未来两年至三年的发展计划和业务发展目标及其依据等资料，调查未来行业的发展趋势和市场竞争状况，调查公司未来发展目标是否与发展战略一致；分析公司在管理、产品、人员、技术、市场、投融资、购并、国际化

等方面是否制订了具体的计划，这些计划是否与公司未来发展目标相匹配，是否具备良好的可实现性；分析未来发展目标实施过程中存在的风险；分析公司未来发展目标和具体计划与现有业务的关系。

与公司员工交谈，查阅公司相关规章制度等，评价信息沟通与反馈是否有效，包括公司是否建立了能够涵盖其全部重要活动，并对内部和外部信息进行搜集和整理的有效信息系统，以及公司是否建立了有效的信息沟通和反馈渠道，确保员工能通过其充分理解和坚持公司政策和程序，并保证相关信息能够传达到应被传达到的人员。

与公司内部审计部门交谈，了解公司对内部控制活动与措施的监督和评价制度。主承销商可采用询问、验证、查阅内部审计报告和监事会报告等方法，考察公司内部控制和评价制度的有效性。

2. 一般而言，访谈的主要步骤如下

尽职调查的范围很广，调查对象的规模也千差万别，每一个尽职调查范围项目均是独一无二的。对于一个重大投资项目，尽职调查访谈通常需经历以下程序：

拟定访谈提纲：根据既定已有的模板和企业具体情况，主承销商项目人员收集、汇总已掌握的关于发行人及其所在行业的书面资料并初步为访谈做必要的准备，确定访谈主要方向和主要问题目的；参照《尽职调查资料清单》并结合发行人自身经营特点及所在行业的近期发展变化情况，筛选尚待进一步了解的有关内容。随后，提交访谈提纲及尽职调查资料清单（如有必要，可与发行人签署保密协议）。

拟定访谈人员：专业人员项目立项后加入工作小组实施尽职调查并进行具体分工，确定由谁进行访谈，包括谁开场、谁收尾、谁记录，不同的访谈题目如何在成员之间分配。

访谈（实施）：确定各议题的进度，例如是否有时间限制、深度重要还是广度重要、哪些是必须了解的、哪些是最好了解的。

撰写访谈纪要。

## 2.1.3 列席会议

列席会议是指列席发行人有关债务融资工具事宜的会议。如：股东会、董事会、高级管理层办公会和部门协调会及其他涉及债务融资工具发行目的、用途、资金安排等事宜的会议。

主承销商及各中介机构通过列席发行人的股东大会或业绩发布会，了解股东关注的问题，从股东的角度了解发行人的相关信息。

### 2.1.4　实地调查

实地调查是指到发行人的主要生产场地或建设工地等业务基地进行实地调查。实地调查内容包括生产状况、设备运行情况、库存情况、生产管理、项目进展情况和现场人员工作情况等。

到发行人的生产场所实地考察，可以更加直观地了解发行人经营管理水平、设备运行情况、安全生产和环境保护情况，核实发行人重要的实物资产。

### 2.1.5　信息分析

信息分析是指通过各种方法对采集的信息、资料进行分析，从而得出结论性意见。

通过对国家产业政策、产业周期进行分析，确定发行人发展所处的市场环境。分析发行人产品的市场占有率，确定发行人主要产品的行业地位。计算发行人主营业务增长率、主营利润增长率等指标，分析发行人主要产品的市场前景。分析发行人收入、成本、费用等指标的变动趋势和比例关系，分析各财务指标之间的配比关系是否合理。

比如：公司主要的上游供应商、下游客户群——关注其供销渠道；分析供应商集中度、客户集中度——判断其成本转嫁能力的高低；公司主营业务所提供产品或服务的市场区域分布——分析其区域市场集中度，包括一线、二线城市存在的差别、当年自然灾害的受灾地区等情况。

### 2.1.6　印证

印证主要是指通过与有关机构进行沟通和验证，从而确认查阅和实地调查结论的真实性。印证主要指信息印证，包括将访谈、资料调阅分析、实地调查得出的结论进行汇总比较、相互印证。

通过向发行人的客户、供应商、债权人、行业主管部门、行业协会、工商部门、税务部门、同业公司、审计机构、律师等在内的第三方就有关问题进行广泛的查询，核实有关调查结果。例如通过查阅发行人的纳税记录就可以核实发行人盈利情况的真实性。

### 2.1.7　讨论

讨论主要是指讨论尽职调查中涉及的问题和分歧，从而使主承销商与发行人的意见达成共识。

尽职调查的方法是灵活多样的，由于我们在尽职调查中会遇到各种各样的情况和问题，善于运用这些方法得出尽职调查的结论才是关键。

## 2.2 债务融资工具尽职调查的三个不同阶段

主承销商债务融资工具尽职调查工作一般分为三个阶段：

（1）初步尽职调查。

（2）全面尽职调查。

（3）跟踪尽职调查。

三个阶段的目的、内容、侧重点均有不同。

### 2.2.1 初步尽职调查

根据债务融资工具规则指引，债务融资工具的主体资格未作出明确的界定。各主承销商根据各自内部的授信行业政策、风险偏好均制定了内部遴选标注。一般标准包括：

（1）依法设立的企业法人机构；

（2）主营业务稳定，经营性现金流较充裕，资产负债情况合理，资信良好；

（3）具有稳定的偿付资金来源，具有健全的内部管理体系和募集资金的使用偿付管理制度；

（4）可以按照要求进行真实、准确、完整的信息披露；

（5）近三年没有违法和重大违规行为；

（6）近三年发行的债券没有延迟支付本息的情形；

（7）符合银行间债券市场主要投资者内部授信政策和相关规定，有望获得大多数投资者认可。

初步尽职调查是指主承销商在承揽业务过程中为判断拟发行人是否可以发行债务融资工具而进行的基本调查。主要关注历史沿革、业务与行业情况、财务情况等几个方面，初步排除相关风险较高的企业。

初步尽职调查目的有两方面，一方面自己判断企业发行债务融资工具的可行性，另一方面给企业指出发行债务融资工具存在的问题。

一般而言项目遴选初步意见分四个部分，第一，企业的情况，包括股权结构，历史沿革、业务、财务等方面；第二，企业发行债务融资工具的可行性；第三，企业存在的问题或调整方案；第四，初步时间安排，一般在人数有限的情况下，整个初步尽职调查需要一个星期左右时间。

### 2.2.2 全面的尽职调查

全面尽职调查是指主承销商对发行人进行全面了解，充分熟悉其经营情况及其面临的风险和问题，并有充分理由确信其可以发行债务融资工具，以及确信其注册文件和发行募集文件真实、准确、完整的过程。

只有主承销商对发行人进行了全面的尽职调查，才可能对发行人的经营情况和发展前景作出客观评价，通过信息披露有效地保证投资人的合法权益。尽职调查一般由各个中介机构根据自己的专业要求，在主承销商的协调下自主地进行。

### 2.2.3 跟踪尽职调查

跟踪尽职调查是指在债务融资工具存续期间，主承销商需要持续关注企业的盈利情况、行业趋势，以及尽职调查中提出问题的整改情况，视整改情况调整方案。一般一件问题解决后或一定时间要定期召开协调会对上述问题检查总结，提醒企业持续关注事项，并更新尽职调查报告。

同时，主承销商还需督促发行人履行信息披露义务，并通过对发行人的持续调查，掌握发行人最新的经营、管理、资金运用、财务状况以及影响债务融资工具付息和兑付的重大事项，并监督发行人及时向投资者公告的行为。

## 2.3 债务融资工具尽职调查的工作流程

### 2.3.1 组建工作团队

《尽职调查指引》第七条规定，"主承销商开展尽职调查应组建尽职调查团队"。调查团队应主要由主承销商总部人员构成，分支机构人员可参与和协助。高素质的尽职调查团队是成功开展尽职调查工作的必备条件。主承销商总部项目人员承做项目较多，项目执行经验一般较分支机构丰富，因此，主承销商总部应牵头组织实施尽职调查，分支机构如和企业有日常联系且对企业情况比较了解，可参与尽职调查，这将有效提高尽职调查的质量和效率。

**案例分析 商业银行项目团队构成**

商业银行项目团队一般由总行投资银行部成员及分支行成员共同构成，包括：

总行投资银行部总监/副总带队，项目执行人员 1~2 名，负责和交易商协会沟通，审阅和修改注册文件。

总行资金部由总监/副总带队，项目参与人员 1~2 名，参与债务融资工具的定价、发行、配售工作。

分支行由分支行行长/副行长带队，由 3~4 名项目执行人员（主要是分支行客户经理）参与，负责尽职调查、文件起草和客户沟通等事项。

**证券公司项目团队构成**

证券公司项目团队一般由总部投资银行部成员共同构成，包括：

总部投资银行部债券业务负责人带队，1~2 名中层骨干带队，3~4 名项目执行人员参与，负责尽职调查、文件起草、客户沟通及交易商协会的沟通等事项。

如由两家联席主承销商共同主承某一项目，可在尽职调查、文件起草、协会沟通、簿记建档、后续排查等工作方面予以分工，明确负责方和协助方，避免项目执行阶段因为分工不清而导致混乱的情况发生。

## 2.3.2 工作计划制订及项目启动会议

《尽职调查指引》第六条规定，"主承销商开展尽职调查应制定详细的工作计划"。工作计划主要包括工作目标、工作范围、工作方式、工作分工、工作时间、工作流程、参与人员等。

在项目正式启动之前，建议由主承销商协助发行人召集全体中介机构召开项目启动会议，在启动会上就尽职调查的工作流程、工作方案、工作分工和时间安排等在内的工作计划和发行人及各方中介机构达成一致，以保证计划切实可行。在启动会上还需明确各方的联络人或负责人，会后继续完善通讯录，以便所有项目组成员在后续的尽职调查工作中联系沟通。

主承销商尽职调查的计划书主要包括以下内容：

1. 调查内容

主承销商可结合调查目的及发行人行业、业务等实际情况，设计不同重点的调查内容。

2. 拟实施的调查手段

包括查阅、访谈、实地观察、信息分析等多种方式。

3. 人员分工

包括对主承销商人员分工、拟发行人相关部门分工以及其他中介机构的协调分工。

4. 时间安排

对重大工作节点应计划明确的时间。

## 案例分析　某主承销商尽职调查分析工作时间表（示意）

| 时间 | 事项 |
|------|------|
| T | 项目启动，全体中介机构进场，确定工作时间表。 |
| T+1 | 中介机构提交访谈提纲和资料清单。 |
| T+2 | 发行人准备资料，安排访谈。 |
| T+10 | 发行人安排公司管理层和各部门主管现场访谈。 |
| T+12 | 中介机构现场调查，查阅相关资料。 |
| T+16 | 中介机构完成尽职调查工作。 |
| T+20 | 中介机构出具相关结论，完成相关报告。 |

注：1. T日为工作日。

　　2. 以上时间表仅作参考，并不代表实际操作中完全可按照此时间表执行。

## 案例分析　某主承销商工作范围和工作分工

发行人：

配合中介机构进行尽职调查，协助提供相关材料等。

安排管理层和主管部门负责人访谈。

主承销商：

制作及完善时间表，把握尽职调查整体进程。

准备主承销商尽职调查清单，参与尽职调查工作。

协调整合评级机构及律师等中介机构尽职调查清单。

协调发行人按照尽职调查清单提供相应资料。

与发行人管理层和主要部门负责人访谈。

制定跟踪尽职调查计划和安排。

评级机构：

准备评级机构尽职调查清单，参与尽职调查工作。

参与发行人管理层和主管部门负责人访谈。

制订后续跟踪评级的尽职调查计划。

发行人律师：

准备评级机构尽职调查清单，参与尽职调查工作。

审计机构：

提供最近三年的审计报告。

对财务数据进行核实，提供财务指标的分析意见。

### 2.3.3　尽职调查清单提交

提交尽职调查清单是尽职调查工作开展的重要步骤，需要求发行人按照尽职调查清单准备相关资料，并在约定的时间内将资料提交给尽职调查工作团队。资料收集是了解企业状况的书面依据，收集工作直接关系到申请及披露文件的真实、全面和充分。

主承销商应汇总评级机构和律师的尽职调查清单后提交发行人，一般而言主承销商尽职调查清单和评级机构及律师的尽职调查清单会有部分内容重复，由主承销商统一汇总可提高发行人准备尽职调查材料的效率。

针对上市公司或以往已进行过尽职调查的发行人，主承销商应在提交尽职调查前，从公开信息及前次尽职调查资料中了解发行人的已有信息，在准备尽职调查清单时避免重复索取资料。

在准备尽职调查清单时，主承销商应尽量以表格或填空方式请发行人补充信息，对于开放式问题，发行人一般会较难回答或难以形成针对性的回复。

若债务融资工具存在信用增进服务机构的，主承销商也应对其进行尽职调查，尽职调查范围至少包括：机构基本情况，最近一年经审计的财务报告，机构资信情况，对外担保情况和发行人之前签署的担保协议及出具的担保函等。

**案例分析　某主承销商尽职调查资料清单**

资料清单一般包括基础资料、业务资料、财务资料、行业资料四个基本部分，可根据发行人的行业特点、业务运营模式，有针对性地补充和细化资料。

1. 公司基础资料

发行人基础资料包括：公司章程；公司历史沿革简要介绍；营业执照副本、组织机构代码证等复印件；股权结构图、部门结构图、部门职能说明；董事会、监事会和经营管理层名单及其简历；员工年龄和学历构成；公司所获得的各种业务资质的复印件；完税证明复印件。

2. 业务资料

业务资料是资料清单的最核心部分，是主承销商尽职调查的最重要依据，因此是企业必须提供的资料之一。

业务资料包括：①业务运营资料。对主营业务突出的公司，应结合公司实际业务情况，尽可能细化资料要求，包括提供关于原材料采购、生产、销售、科研、安全环保等方面的详细资料；对多元化发展的公司，应要求提供分板块的业务运营资料，同样包括原材料采购、生产、销售、科研、安全环保等方面的详细资料；对集团公司，应要求提供集团本部及对整个集团公司收入、利润贡献较大的重要子公司的业务运营资料。②工作总结。最近三年公司的年度工作总结报告、各主要业务部门工作总结，以及生产经营分析报告。③未来资本支出资料。公司在建项目清单和工程进度以及未来三年筹建项目，包括项目名称、建设期、股权比例、资本金比例、计划投资总额已实际完成投资及经济效益预测等，以及项目批文、土地环评等批复文件。④未来资产购并与出售计划。未来三年重大的资产购并计划，包括资本筹集方案、投资、盈利、资本支出与现金流量预测数据；未来三年重大资产出售计划，包括预计出售时间、出售金额等。⑤公司主要内部管理制度。主要包括战略规划制定、投资决策、财务制度、内部风险控制等。⑥公司战略规划及分业务发展计划以及公司认为应补充的反映公司经营状况的资料。

3. 财务资料

财务资料包括：近三年经审计财务报告，包括详细的会计附注以及最近一期未经审计的财务报表；合作银行数量、银行授信总额度、授信内容和期限、未使用授信额度；公司对外担保的明细、重要被担保企业的财务报表、业务运营状况说明；公司关联方和关联交易；公司受限资产情况；公司对外重大承诺；公司存在重大法律诉讼的情况；公司参与衍生品交易情况；公司海外资产及收入情况。

4. 行业资料

行业资料大部分由主承销商根据市场公开信息自行收集，如需要可请发行人进一步补充。

行业资料包括：宏观经济形势对发行人所在行业的影响、当地经济发展状况、行业发展概况、行业竞争状况（主要竞争对手资料）、行业周期资料（利润的波动性、稳定性和来源）、重要行业政策以及提供能证明发行人在行业中地位的相关资料等。

## 2.3.4 访谈

在对取得的尽职调查资料进行初步分析的基础上就资料中的疑问以及部分通过访谈互动有助于深入了解企业信息的问题可汇总成访谈提纲，提前提交企业。访谈提纲能使企业的被访谈部门尽早了解主承销商关注的问题，提前准备，以便安排合适的受访对象进行有针对性的回答。

主承销商可根据公司提供的股权结构图、部门组织结构图和部门职能说明，确定受访部门，并根据重要性确定访谈时间。

**案例分析　某主承销商访谈提纲**

1. 公司管理（高管人员）

公司经营理念、经营模式；公司未来三年战略发展规划、制订和决策机制；

公司重大投资决策和重大财务决策的程序与规则，主要下属公司及投资管理的关系。公司对自身在行业内的地位及作用的认识；公司目前的优势和不足。

2. 公司概况（办公室、战略部）

公司主要业务板块的行业发展情况及公司自身竞争实力对比、行业竞争情况及主要竞争对手分析。

3. 公司经营情况（主管生产及销售的部门）

公司目前资产和业务的行业、地区布局情况、公司近三年业务收入、利润构成情况；主要客户的分布及市场占有率的变化情况、主要产品、服务的市场前景预测及价格变化；主要原材料的来源及供应情况；行销策略、行销模式、营销网络、主要客户、回款情况。

4. 投资情况（主管投资部门）

公司过去三年的主要投资项目及完成情况；在建项目的情况和投产后的预测，未来三至五年内主要投资项目及回报预测，资金缺口的落实情况；未来三至五年内的兼并、收购、资产重组等的计划（如有）。

5. 财务状况（财务部）

公司资金管理制度的执行情况；公司财务结构及财务指标控制标准流动性指标等的制定与执行情况；公司对下属公司的资金控制制度的执行情况；公司近年享受的政府支持和财政补贴情况、税收政策及纳税情况；影响预期收入、成本控制的主要因素；本期债务融资工具对公司财务的影响，公司的外部融资能力。

6. 人力资源情况（高管、人事部）

下属子公司的高管情况简要介绍，怎样对其绩效进行考核；业务部门和营业部门绩效考核制度如何；公司目前的工薪体系评价：激励与约束，长短期激励措施如何。

7. 内部控制管理（高管、计划财务部）

公司系统内部在业务管理、投资管理、资金管理、信息管理、人员管理、内部审计等方面的控制机制和制度，整体控制能力和效果如何；由于风险控制不力导致的损失事件。

8. 其他（安保、法律、财务部门）

过去三年是否受过环保、安全等方面的行政处罚；过去三年的诉讼或仲裁情况；目前未能清偿的已到期债务和或有负债的违约情况；今后一年内到期的债务的数额及清偿计划；今后一年内到期的或有负债的数额及主债务人清偿债务的可能性。

### 2.3.5　形成尽职调查结论

主承销商应根据取得的尽职调查资料和现场访谈的记录，整理工作底稿。对有疑问的进行回访……工作底稿应该真实、准确、完整地反映尽职调查工作。对尽职调查过程后仍有疑问的进行回访，对于重大问题需要进行专项调查和分析，同时应参考和分析其他各中介机构的报告，制作尽职调查报告并形成尽职调查结论。

通过调查的主承销商应需要对以下几个方面作出判断：①发行人是否满足发行债务融资工具要求，是否符合交易商协会的规则指引的要求。②公司现金流状况及未来偿债风险，对发行人的偿债能力作出判断，如发现发行人存在重大风险，应暂停项目执行或放弃项目，待风险解除后方可继续。③募集资金用途是否用于企业生产经营活动并符合国家的法律法规要求，若不符合，主承销商应建议发行人更换募集资金投向。

### 2.3.6　跟踪尽职调查

定期跟踪尽职调查：主承销商应督促发行人和信用增进服务机构（如有）履行定期披露财务信息的义务，如因故确实不能如期披露，需提示发行人和信用增进服务机构准备《未按规定披露公告》，并在披露截止日前视情况发布；根据发行人或信用增进服务机构（如有）即期财务信息所反映出的异常情况，及时与其进行沟通了解，并就重大事项的解释说明的书面文件进行内部留档。

不定期跟踪尽职调查：在出现影响发行人偿债能力等的重大事项时，就该事项进行充分调查，及时全面地向银行间市场公开披露；若突然发生的、严重影响或可能严重影响债务融资工具本息偿付的、需要立即处置的重大事件时，主承销商应尽力协助企业按照事先制订的应急管理机制，积极处理突发事件；发行人在注册有效期内续发债务融资工具时，结合前期的尽职调查情况，就其最新经营、财务情况进行跟踪调查；与发行人保持密切的日常沟通联系，并对募集资金的使用流向保持必要关注。

《银行间债券市场非金融企业债务融资工具主承销商后续管理工作指引》（以下简称《后续管理工作指引》）第九条对主承销商后续跟踪有明确要求："主承销商应结合宏观经济、金融政策和行业运行变化情况，对企业和提供信用增进服务机构的经营管理、财务状况，债务融资工具信息披露、募集资金用途、二级市场交易、公开市场信息等情况，进行动态监测"。

主承销商在跟踪尽职调查工作中，应起到督促信息充分披露，及时发现、预警债务融资工具偿付风险，并协助发行人采取应对措施，维护投资者合法权益的重要作用。《后续管理工作指引》以及时发现、预警和处置化解债务融资工具偿付风险为核心，以约束和指导主承销商在后续管理工作中的相应职责为主线，以建立动态监测、风险排查和压力测试制度为工作重点，在突出主承销商权责地位的同时，强调了发行人和提供信用增进服务机构的配合义务，对债务融资工具存续期间的工作进行了规范。如《后续管理工作指引》第九条对主承销商后续跟踪提出明确要求："主承销商应结合宏观经济、金融政策和行业运行变化情况，对企业和提供信用增进服务机构的经营管理、财务状况，债务融资工具信息披露、募集资金用途、二级市场交易、公开市场信息等情况，进行动态监测。在动态监测过程中，对于可能影响企业偿债能力的重大事项，应督促其及时披露；对于符合第十条要求的企业，应纳入重点关注池；对于偿债能力可能受到严重影响的企业，应进行压力测试"。

# 3　债务融资工具
# 尽职调查内容及案例

## 3.1　基本情况调查

### 3.1.1　历史沿革情况

《尽职调查指引》第八条规定"尽职调查的内容应包括历史沿革"。《银行间债券市场非金融企业债务融资工具募集说明书指引》（以下简称《募集说明书指引》）第二十二条规定"企业应披露历史沿革情况"。

历史沿革的披露应包括发行人企业设立、股权结构变化、工商注册变更，以及历次增资、重组、合并、分立等一系列过程的情况。

主承销商在尽职调查时，应查阅发行人历年营业执照、公司章程、工商登记等文件，公司设立、改制、重组、增资等的批准文件或者有权机构的决议，以及历年业务经营情况记录、年度检验、年度财务报告等资料，必要时应走访相关政府部门和中介机构调查发行人的历史沿革情况。

**案例分析　某国资委下属电信公司历史沿革情况**

某国资委下属电信公司计划于近期发行中期票据，主承销商目前需要对该公司的历史沿革情况进行尽职调查。对此，主承销商向该公司详细了解了公司自成立以来的股权结构变化、工商注册变更以及历次增资、重组、合并、分立等一系列过程的情况。

在调查成立情况时，主承销商调查了发行人的原始出资人及出资额、成立时间、注册资本以及验资报告等。

在调查公司的某次增资情况时，主承销商调查了公司股东会和董事会的相关决议、增资额、各股东认购额以及验资报告等。

在调查公司的境外融资历史时，主承销商查阅了原国家计划委员会（以下简称"原国家计委"）经报请国务院批准后的批复文件，除详细了解了该境外融资方案的具体实施步骤外，还了解到该公司经过重组和境外融资后，已变更为一家外商独资企业，并持有原对外经济贸易合作部核发的《中华人民共和国台港澳侨投资企业批准证书》。主承销商核查了国家工商局于 2003 年 6 月 23 日核发的《企业法人营业执照》，确认发行人已成为一家独资经营（港资）的外资企业。

在调查公司的对外收购情况时，主承销商核查了商务部出具的批复文件，了解了商务部批准该公司某下属公司吸收合并其他公司的批复情况。

在调查公司经营范围的变化情况时，主承销商核查了商务部相关文件批复，了解到商务部批准该公司某下属公司的经营范围对"设计、制作、发布、代理国内外各类广告"和"编辑、出版、发行电话号码簿"内容的增加。

由此可见，主承销商应对发行人企业设立、股权结构变化、工商注册变更、增资、重组、合并、分立等一系列过程进行详尽的调查，并查阅发行人历年营业执照、公司章程、工商登记等文件，公司设立、改制、重组、增资等的批准文件或者有权机构的决议。在对该公司的历史沿革进行了详细的尽职调查后，主承销商协助该公司在募集说明书上对历史沿革情况进行了如实披露。

## 3.1.2 改制重组情况

《银行间债券市场非金融企业债务融资工具募集说明书指引》第二十二条规定"企业应披露经历的改制重组情况"。

1. 改制情况

如发行人进行过改制，主承销商应取得发行人改制的相关资料，重点关注改制前原企业和改制后发行人的资产构成和业务流程，关注发行人和主要发起人业务流程间的联系。

主承销商应取得发行人改制时的政府批准文件、营业执照、公司章程、发起人协议、创立大会文件、评估报告、审计报告、验资报告、工商登记文件等资料，从而了解公司改制设立程序、工商注册登记等事项的合法性和真实性。必要时，主承销商应走访相关政府部门和中介机构以确认相关文件的真实性。

2. 重大重组情况

若发行人发生过合并、分立、收购或出售资产、资产置换、重大增资或减资、债务重组等重大重组事项时，主承销商应取得以下相关的文件：

（1）股东大会/股东会、董事会、监事会（以下简称"三会"）决议文件。

（2）相关主管机关的批准文件。

（3）重组协议文件。

（4）审计机构的审计报告、评估机构的评估报告、其他中介机构专业意见。

（5）债权人同意债务转移的相关文件。

（6）重组相关的对价支付凭证和资产过户文件等资料。

必要时主承销商可联系重组相关各方，调查发行人重组动机、内容、程序和完成情况，分析重组行为对发行人业务、控制权、高管人员、财务状况、经营业绩等方面的影响，判断重组行为是否导致发行人主营业务和经营性资产发生重大不利变更。

**案例分析　某国资委下属航空公司资产收购及重组事项**

某国资委下属航空公司 Z 计划于近期发行中期票据，主承销商目前需要对该公司的资产收购事项进行尽职调查。对此，主承销商调查了 Z 公司从 C 集团受让 A、B 两公司股权的情况。

对于 Z 公司从 C 集团受让 A、B 两公司股权的情况，主承销商详细调查了受让的程序，核查了 Z 公司与 C 集团签订的合同转让协议，并查阅了国务院国资委国资产权〔2004〕956 号文《关于 C 集团将受让 B 国有股的合同实施转让有关问题的批复》及国资产权〔2004〕989 号文《关于 C 集团将受让 A 国有股的合同转让给 Z 的批复》的批复文件。

在对该公司的收购及重组事项进行了详细的尽职调查后，主承销商协助该企业在募集说明书上对该事项进行了如实披露。

## 3.1.3　股权变动情况

《尽职调查指引》第八条规定"尽职调查的内容应包括股权结构"。《募集说明书指引》第二十二条规定"企业应披露股本结构的历次变动情况"。

主承销商应核查发行人历次增资、减资、股权结构变动的合法、合规性，确认发行人净资产、股权结构和实际控制人是否发生重大变动，分析实际控制人、控股股东变动对公司经营和偿债能力的影响。主承销商应查阅与发行人重大股权变动相关的文件，如股权转让协议、有关主管机关的批准文件、资产评估师的评估报告、审计机构的审计报告和验资报告以及工商变更登记文件等。

**案例分析　某航空公司历次股权变动情况调查**

主承销商对某航空公司 C 历次股权变动情况调查如下：

对于 C 公司成立时的股权情况，主承销商核查了国务院国资委《关于 C 公司（筹）国有股权管理有关问题的批复》，该批复明确了发起人 A 集团和 B 公司将拟投入净资产的评估值按一定比例折股，未折为股本的净资产计入公司资本公积金。

对于 C 公司向境外发行 H 股时的股权变动情况，主承销商核查了国务院国资委《关于 C 公司转为境外募集公司的批复》和中国证监会及香港联交所的批准文件，了解了 C 公司以国际配售及香港公开发行的方式向境外发行 H 股时的股权变动情况以及公司境外发行股份正式在香港联交所上市交易的情况。

对于 C 公司向社会公开发行人民币普通股（A 股）时的股权变动情况，主承销商核查了中国证监会《关于核准 C 公司首次公开发行股票的通知》文件，并了解了发行后的相关股权变动情况。

对于 C 公司向 D 公司定向增发 H 股时的股权变动情况，主承销商核查了中国证监会《关于同意 C 公司增发境外上市外资股的批复》文件，并了解了发行后的相关股权变动情况。

综上所述，主承销商认为 C 航空公司历次股权变动合法合规，并协助该企业在募集说明书中进行了相应披露。

## 3.1.4 股东和实际控制人情况

《尽职调查指引》第八条规定"尽职调查的内容应包括控股股东和实际控制人情况"。《募集说明书指引》第二十三条规定"企业应披露控股股东和实际控制人的基本情况及持股比例。实际控制人应披露到最终的国有控股主体或自然人为止。若企业控股股东或实际控制人为自然人，应披露其姓名、简要背景及所持有的企业股份被质押的情况，同时披露该自然人对其他企业的主要投资情况，与其他主要股东的关系。若企业控股股东或实际控制人为法人，应披露该法人的名称、成立日期、注册资本、主要业务、资产规模及所持有的企业股份被质押的情况"。

主承销商应与发行人及其主要股东的高管人员访谈，了解发行人主要股东的相关资料。资料的范围应追溯至发行人的实际控制人（若存在一致行动人，还应包括一致行动人）。必要时主承销商应通过现场调查、走访主管机构、咨询中介机构、走访工商管理部门、查阅相应的监管记录等方式，查阅发行人股东及控股股东的营业执照、公司章程、财务报告及审计报告，着重了解以下事项：

（1）主要股东的股权结构、主营业务和生产经营等情况；

（2）主要股东之间关联关系（如存在一致行动情况，还需确认一致人的相关股权关系）；

（3）主要股东和实际控制人最近三年内变化情况及未来潜在变动情况；

（4）主要股东所持发行人股权的质押、冻结和其他限制权利、权属纠纷的情况。

## 3.1.5 重要权益投资情况

《募集说明书指引》第二十五条规定"企业应披露对其他企业的重要权益投资情况，包括主要子公司、参股公司及其他合营企业，以及有重要影响的关联方等"。

主承销商应从以下几个方面调查发行人的重要权益投资情况：

（1）查阅发行人股权投资的相关资料，了解其近三年的变化情况。

（2）了解子公司经营状况，取得子公司的成立时间、出资比例、注册地、注册资本、股权结构变更、经营范围、最近一年又一期的总资产、营业收入、净利润等相关信息和资料。必要时主承销商应取得发行人子公司的营业执照、报告期的财务报告、投资协议等文件。如被投资公司的财务报表已经审计，应该取得相应的审计报告。

（3）必要时主承销商应取得最近三年发行人购买或出售被投资公司股权时的财务报告、审计报告及评估报告（如有），分析交易的公允性和会计处理的合理性。

（4）必要时主承销商应取得重大项目的投资合同及发行人内部的批准文件，核查其合法性、有效性，结合项目进度情况，分析其影响及会计处理的合理性。

若发行人存在大量交易性金融资产，主承销商应查阅发行人交易性投资相关资料，了解重大交易性投资会计处理的合理性，取得重大委托理财的相关合同及发行人内部的批准文件，分析该委托理财是否存在违法、违规行为。

## 3.1.6 员工情况

主承销商应通过查阅发行人员工名册、劳务合同、工资表和社会保障费用明细表等资料的方式了解发行人的员工年龄、学历、职称等构成情况，必要时实地走访发行人员工的工作生活场所，与发行人员工谈话，实地察看发行人员工工作情况等方法来调查发行人员工情况。具体包括以下几个方面：

（1）调查发行人在执行国家用工制度、社会保障制度、住房制度、劳动保护制度、医疗保障制度等方面是否存在违法、违规情况；

（2）调查发行人员工的年龄、教育、专业等结构分布情况及近年来的变化情况，分析其变化的趋势；

（3）了解发行人员工的工作热情和对工作的满意程度。

**案例分析　某公司员工情况调查**

某公司计划于近期发行中期票据，由于通过初步尽职调查主承销商已发现该公司经营规范程度较差，因而重点对该公司的员工情况进行了尽职调查。主承销商现场核查了公司员工的工作场所和设施，并核查了公司是否按照《中华人民共和国劳动合同法》和公司相关规章制度的规定，分别与员工签署了劳动合同，并根据其岗位性质相应签订了保密协议。此外，主承销商还核查了该公司完整独立的劳动人事管理制度的建立情况，了解到员工的工资统一由公司发放，社会保险统一由公司办理；公司已按照国家及当地有关规定为员工缴纳养老、医疗、大病统筹、工伤、生育、失业等社会保险。

主承销商查阅了劳动人事局向该公司出具的《劳动用工合法证明》，了解到该公司（包含前身）遵守国家及地方劳动用工法律法规、规章和规范性文件的规定，建立了规范的劳动用工制度，不存在违反劳动法等法律、法规关于劳动用工相关规定的行为，未因违反劳动法等关于劳动用工相关法律、法规而受到重大行政处罚。

主承销商调查了住房公积金管理中心向该公司出具的《住房公积金缴纳证明》，了解到公司（包含前身）遵守国家及地方住房公积金法律法规、规章和规范性文件的规定，并根据适用的缴纳基数和缴纳比例为全体员工缴纳住房公积金。不存在欠缴、违反住房公积金法律、法规的行为，未因违反住房公积金相关法律、法规而受到重大行政处罚。

主承销商调查了社会劳动保险事业处向该公司出具的《社会保险缴纳证明》，了解到公司（包含前身）遵守国家及地方社会保险法律法规、规章和规范性文件的规定，并根据适用的缴纳基数和缴纳比例为全体员工缴纳养老、医疗、失业、生育及工伤社会保险，不存在欠缴、违反社会保险法律、法规的行为，未因违反社会保险相关法律、法规而受到重大行政处罚。

主承销商根据上述调查的结果初步认为该公司用工制度合法，并协助该公司在募集说明书中披露了员工情况。

## 3.2 经营独立性调查

《募集说明书指引》第二十四条规定"企业应披露与控股股东之间在资产、人员、机构、财务、业务经营等方面的相互独立情况"。

企业的独立，广义上是指企业相对于自身以外的所有与之有利益关系的机构或个人保持独立。非金融企业债务融资工具尽职调查关注的是企业相对于公司的控股股东、实际控制人及其关联方保持经营的独立。

根据《中华人民共和国公司法》（以下简称《公司法》）的规定，控股股东是指其出资额占有限责任公司资本总额百分之五十以上或者其持有的股份占股份有限公司股本总额百分之五十以上的股东；出资额或者持有股份的比例虽然不足百分之五十，但依其出资额或者持有的股份所享有的表决权已足以对股东会、股东大会的决议产生重大影响的股东。实际控制人是指虽不是公司的股东，但通过投资关系、协议或者其他安排，能够实际支配公司行为的人。非金融企业债务融资工具尽职调查重点关注的是企业与满足上述条件的控股股东、实际控制人及其关联方在业务、资产、人员、财务及机构等方面是否保持独立性，以了解企业是否具有自主经营的能力。

企业经营独立是企业投资者、债权人的利益能够得到保障的必要条件，也是一个企业可持续发展的前提条件。发行债务融资工具的企业如果不能在经营方面保持独立，就有可能导致公司利益转移至他处或者公司经营风险大大增加，不利于保护投资者的利益。因此，企业经营独立性调查是债务融资工具尽职调查工作的重点内容之一，通常包括资产独立情况、人员独立情况、机构独立情况、财务独立情况以及业务独立情况五个方面。

### 3.2.1　资产独立情况

资产是指企业过去的交易或者事项形成的、由企业拥有或者控制的、预期会给企业带来经济利益的资源。资产的独立性即是指资产的权属清晰，不存在纠纷或资产被其他方占用的情况。债务融资工具发行人资产独立的判断标准是指其拥有独立的生产系统、辅助系统及配套设施，主要经营设备的权属清晰，发行人对拥有的房屋建筑物、机器设备等固定资产和土地使用权、专利权等无形资产具有充分的支配权，且不存在资产被控股股东或实际控制人及其关联方控制和占用的情况。

不同类型的企业，资产的构成也不尽相同，各类资产在企业中的重要性也不一样。对于一般生产性企业而言，比较重要的资产通常为固定资产，如办公楼、厂房、主要生产设备、车辆；无形资产，如专利权、非专利技术、商标权、著作权、特许权、土地使用权等。在尽职调查过程中，主承销商应当结合企业的具体情况重点关注企业的房产、土地使用权、主要生产经营设备以及商标、专利、版权、特许经营权等主要财产的权属以及金额较大、期限较长的往来款项的占用情况。对于在境外拥有资产的企业，主承销商也应当关注重要境外资产的权属情况。

对于企业的主要财产，如果属于企业自有，主承销商应调查相关的权属证明文件是否齐备；如果为企业租入或者通过其他协议安排而拥有实际的支配权，则应调查相关的租赁合同或协议的有效性。对于企业的往来款项，主承销商应调查其形成的原因、交易记录的原始凭证、相关账户的资金流向记录文件以及涉及关联交易各方的资质文件和书面说明文件。

在对企业资产独立性进行尽职调查的过程中，主承销商应当确定一个重要性水平，重要性水平应当从性质和数量两个方面来合理确定，它可以是绝对数的金额，也可以是总资产或某项资产总额的一个比例，以此标准确定纳入尽职调查清单的具体项目。

主承销商应从固定资产、满足重要性水平的在建工程、无形资产和往来款项四个方面来进行资产独立情况调查。

1. 固定资产

固定资产是指同时具有下列特征的有形资产：为生产商品、提供劳务、出租或经营管理而持有的；使用寿命超过一个会计年度。通常，固定资产包括房屋、建筑物、机器、机械、运输工具以及其他与生产、经营有关的设备、器具、工具等。

对固定资产独立性的尽职调查可从以下几点来展开：

（1）自有不动产独立性

对自有不动产进行独立性尽职调查时，应要求企业按如下清单提供证明文件（原件或复印件）：

**自有不动产权属证明文件清单**

| 1 | 公司拥有的全部物业及占用或使用的其他物业详情的清单 |
|---|---|
| 2 | 《国有土地使用证》 |
| 3 | 地价款已付的收据 |
| 4 | 《房屋所有权证》（或《房地产权证》） |
| 5 | 土地使用权出让合同（或转让合同）（含附件、红线图） |
| 6 | 《建设用地规划许可证》（含附件、红线图） |
| 7 | 《建设工程规划许可证》（含附件、红线图） |
| 8 | 《建设用地批准书》 |
| 9 | 开工许可证 |
| 10 | 竣工许可证 |
| 11 | 物业抵押合同 |
| 12 | 厂房等重要资产的保险合同或其他保障协议 |
| 13 | 相关缴税的凭证 |

主承销商在取得上述文件或证件后，首先应对相关的文件进行归档整理，并将相关文件的重要信息登记下来。登记的信息应至少包括发证机关、证件名称、证件编号、证件的持有人、证件有效期等。同时，主承销商应仔细核查相关文件的有效性和完整性，判断其所对应的自有不动产是否具有独立性。主承销商也应当征询律师等中介机构的意见，并在必要的时候走访出具凭证的税务机关、房产管理、土地管理、规划管理等部门，调查企业在相关部门的登记或备案的文件，与企业提供的证明文件进行验证。

（2）租赁不动产独立性

对租赁不动产进行独立性尽职调查时，应要求企业按如下清单提供证明文件（原件或复印件）：

### 租赁不动产权属证明文件清单

| | |
|---|---|
| 1 | 公司租入不动产文件清单 |
| 2 | 租赁合同 |
| 3 | 租赁合同的政府登记证明 |
| 4 | 出租方的租赁许可证 |
| 5 | 出租方的不动产证明文件 |

主承销商在取得上述租赁不动产权属的文件或证件后，对相关的文件进行归档整理，并将相关文件的重要信息登记下来。同时，主承销商应仔细查验相关文件的有效性，关注租赁合同的期限，判断其所对应的租赁不动产是否具有独立性。此外，主承销商也应当征询律师等中介机构的意见，并在必要的时候走访房产管理、土地管理、租赁合同登记等部门，调查企业在相关部门的登记或备案的文件，与企业提供的证明文件进行验证。

（3）重要的机器设备和车辆的独立性

对重要的机器设备和车辆进行独立性尽职调查时，主承销商应向发行人索取以下文件：

### 机器设备和车辆权属证明文件清单

| | |
|---|---|
| 1 | 公司经营用机器设备和车辆的清单 |
| 2 | 公司作为合同一方签署的购买设备的合同 |
| 3 | 购买设备的支付凭据 |
| 4 | 关键设备的保险合同或其他保障协议 |
| 5 | 购买车辆的支付凭据 |
| 6 | 车辆行驶证 |
| 7 | 车辆的保险合同 |
| 8 | 相关缴税的凭证 |

主承销商在取得上述机器设备和车辆权属的文件或证件后，对相关的文件进行归档整理，并将相关文件的重要信息登记下来。同时，主承销商应仔细查验相关文件的有效性，判断其所对应的机器设备或车辆是否权属清晰。此外，必要时主承销商可实地走访税务机关、车辆登记管理等部门，调查企业在相关部门的登记或备案的文件，验证被调查企业提供证件的真实性。

2. 满足重要性水平的在建工程

主承销商对在建工程进行独立性尽职调查时，应要求企业按如下清单提供证明文件（原件或复印件）：

**在建工程权属证明文件清单**

| 1 | 发展改革委项目批复文件 |
|---|---|
| 2 | 有权机构出具的环评报告 |
| 3 | 《国有土地使用证》 |
| 4 | 土地（房产）权利证明 |
| 5 | 地价款已付的收据 |
| 6 | 《房屋所有权证》（或《房地产权证》） |
| 7 | 土地使用权出让合同（或转让合同）（含附件、红线图） |
| 8 | 《建设用地规划许可证》（含附件、红线图） |
| 9 | 《建设工程规划许可证》（含附件、红线图） |
| 10 | 《建设用地批准书》 |
| 11 | 建设承包合同 |
| 12 | 开工许可证 |
| 13 | 建设承包合同 |
| 14 | 相关的纳税凭证 |

主承销商在取得上述在建工程的文件或证件后，对相关的文件进行归档整理，并将相关文件的重要信息登记下来。同时，主承销商应仔细核查相关文件的有效性和完整性。此外，主承销商也应当征询律师等中介机构的意见，并在必要的时候走访出具凭证的税务机关、房产管理、土地管理等部门，征求国家发展改革委或地方发展改革委等机构的意见，调查企业在相关部门的登记或备案的文件，与企业提供的证明文件进行验证。

3. 无形资产

无形资产是指企业拥有或者控制的没有实物形态的可辨认非货币性资产。无形资产具有以下特征：由企业拥有或者控制并能为其带来未来经济利益的资源；不具有实物形态；具有可辨认性；属于非货币性资产。无形资产通常包括专利权、非专利技术、商标权、著作权、特许权、土地使用权[1]等。

对无形资产进行独立性尽职调查时，被调查的企业应当根据自身的情况提供下表所列的文件或证件的原件和复印件：

---

[1]  对土地使用权的独立性尽职调查在上节已有论述，本小节对无形资产独立性调查的范围不含土地使用权。

**无形资产权属证明文件清单**

| 1 | 商标注册证 |
|---|---|
| 2 | 专利证书 |
| 3 | 其他知识产权证明文件 |
| 4 | 所有知识产权证明文件年费缴付收据副本（如需缴付者） |

主承销商在取得上述文件或证件后，应对无形资产的信息进行登记。如果无形资产是专利，应至少登记专利名称、专利号、专利权人、有效期限、注册地。如果是商标，则应至少登记专利名称、专利号、专利权人、有效期限、注册地。

此外，主承销商也应当征询律师等中介机构的意见，并在必要的时候走访知识产权管理部门，调查企业在相关部门的登记或备案的文件，与企业提供的证明文件进行验证。

主承销商在对企业的固定资产、在建工程以及无形资产等主要的财产进行独立性尽职调查时应重点关注两个方面：①查阅发行人的主要财产的权属凭证、相关合同等资料，特别重要的资产还要通过咨询中介机构意见，走访房产管理、土地管理、知识产权管理等部门进行查阅，必要时进行实物资产监盘，以调查发行人是否具备完整、合法的财产权属凭证以及是否实际占有；②调查发行人商标权、专利权、版权、特许经营权等的权利期限情况，核查这些资产是否存在法律纠纷或潜在纠纷。

经过上述尽职调查程序后，主承销商应能够对企业主要财产的独立性得出初步的结论。

4. 往来款项

往来款项指企业发生的各种应收、应付款项及预收、预付款项，往来款项按来源不同分为两类：一类是由于出售商品、购买原材料、提供或接受劳务产生的往来款项，称为经营性往来款项；另一类是由于其他非经营活动产生的往来款项，称为非经营性往来款项。

对于企业数额较大、期限较长的往来款项，如果不能调查清楚形成的原因，有可能存在公司的利益被转移和资产被占用的情形，失去了公司对该资产的独立占有性。但需要说明的一点是，并非所有的往来款项均属于非金融企业融资工具尽职调查的范围，比如企业在出售货物或提供劳务服务时，出于销售的策略，经常会对企业的客户先发货后收取款项，这部分的往来款项并不都属于非金融企业融资工具尽职调查的范围。非金融企业融资工具尽职调查关注的是与企业有着特殊关系的关联关系方是否存在利用其对债务融资工具发行人的影响而通过往来款项控制和占用其资产。因此,只有关联关系方之间的往来款项才是非金融企业融资工具尽职调查的对象。

关联关系是指公司控股股东、实际控制人、董事、监事、高级管理人员与其直接或者间接控制的企业之间的关系,以及可能导致公司利益转移的其他关系(国家控股的企业之间不因为同受国家控股而具有关联关系)。关联交易是关联关系方(关联方)之间转移资源、劳务或义务的行为。《公司法》规定,公司的控股股东、实际控制人、董事、监事、高级管理人员不得利用其关联关系损害公司利益。在非金融企业债务融资工具尽职调查中,关联方的范围应当包括对公司有重要影响的股东以及公司董事、监事及高级管理人员控制的其他企业(如有),主承销商应重点关注是否存在上述关联方利用关联交易占用债务融资工具发行人资产的情形。

主承销商在调查企业往来款项时,先根据重要性水平确定需要调查的往来款项,对其形成原因进行详细的调查,并通过查阅交易记录、追踪资金流向来判断公司所拥有的资产是否存在被关联方控制和占用的情况。

主承销商应向发行人取得下表的文件:

**关联交易证明文件**

| 1 | 关联方交易签署的买卖合同或贷款合同 |
|---|---|
| 2 | 关联交易支付的凭证 |
| 3 | 相关纳税凭据 |

主承销商如果发现发行人资产被关联方占用的情况,例如额度较大且期限较长的应收关联方的账款,应要求发行人及时清理。

此外,关联交易除了可能导致债务融资工具发行人的资产被关联方占用的结果外,还有可能是关联方为了使债务融资工具发行人达到融资或其他目的而对发行人进行利益输送,关于这一部分的内容将在"业务独立情况"章节进行分析。

## 案例分析1　甲电力公司资产独立性调查

甲电力公司是一家主营电子元器件、电源类产品、电力整流器的公司。主承销商在查阅公司资产负债表时发现其非流动资产比率相比同行业其他公司偏低,于是通过进一步核查相关文件及与公司相关人员谈话,发现公司目前的生产厂房及办公楼都由关联方租赁取得。主承销商查阅其当时仍在执行的租赁合同如下表所示:

| 出租方 | 标的 | 租赁期限 | 面积（平方米） | 租金（万元/年） | 用途 |
|---|---|---|---|---|---|
| A | 某市某区某街三层办公用房 | 2009 年 1 月 1 日至 2011 年 12 月 31 日 | 1 425.42 | 31.66 | 办公 |
| B | 某市某区某街两层办公用房 | 2009 年 1 月 1 日至 2011 年 12 月 31 日 | 950.00 | 21.10 | 办公 |
| C | 某市高新软件园内一栋办公房 | 2007 年 4 月 18 日至 2010 年 4 月 18 日 | 398.27 | 9.56 | 注册地 |
| D | 某市某区两层厂房 | 2009 年 7 月 1 日至 2009 年 9 月 30 日 | 2 200.00 | 10.00 | 生产 |

　　上表中的办公场所和厂房都是向关联方租赁取得，通过调查市场上区域位置类似的生产厂房及办公场所租赁价格，主承销商发现甲电力公司厂房和办公场所的租金明显低于市场价格。因此，主承销商认为该租赁行为影响了该公司的独立性，并要求发行人在募集说明书中对该租赁事项及价格进行了如实披露。

**案例分析 2　乙科技公司资产独立性调查**

　　乙科技公司是一家集成电路设计与生产公司，前身为丙公司。主承销商在核查发行人及前身设立以来重大资产重组情况时发现，丙公司设立时，主要出资人丁公司与集成电路业务相关的流动资产和流动负债并未以出资形式转入，而是在丙公司 2005 年 8 月成立后，以债权转让、债务转移的方式转入，具体情况如下：

单位：万元人民币

| 流动资产 | | | 流动负债 | | |
|---|---|---|---|---|---|
| 项目 | 账面价值 | 评估价值 | 项目 | 账面价值 | 评估价值 |
| 货币资金 | 87.86 | 87.86 | 应付票据 | 166.37 | 166.37 |
| 应收票据 | 79.68 | 79.68 | 应付账款 | 472.15 | 472.15 |
| 应收账款 | 3 997.99 | 3 997.99 | 预收账款 | 128.87 | 128.87 |
| 减：坏账准备 | 165.35 | 165.35 | 其他应付款 | 179.91 | 179.91 |
| 预付账款 | 816.80 | 796.74 | 应付工资 | −34.34 | −34.34 |
| 存货 | 3 691.34 | 3 227.99 | 应付福利费 | 231.57 | 231.57 |
| 其他应收款 | 8.58 | 8.58 | 应交税金 | 166.40 | 166.40 |
| 待摊费用 | 12.43 | 12.43 | 其他未交款 | 34.08 | 34.08 |
| 无形资产 | 1.86 | 1.86 | 预提费用 | 192.00 | 192.00 |
| 小计 | 8 861.89 | 8 378.48 | 小计 | 1 537.01 | 1 537.01 |

其后，丁公司于2006年3月31日，将账面原值为1 920.37万元的应收账款按其账面净值1 528.76万元作价转让给丙公司，该应收账款为丁公司设立丙公司前销售集成电路形成。2006年7月20日，丙公司与丁公司以及某银行某支行签订三方协议，丁公司将其5 500万元的银行债务转移给丙公司。2007年5月和10月，丁公司又分别将2 456万元和3 998万元的应收账款按账面原值转让给丙公司。

至此，主承销商认为，乙科技公司的控股股东丁公司在报告期内持续多次以向发行人转让债权、代收销售款方式占用乙科技公司大量资金，从而有理由认为该公司资金管理制度存在缺陷，资产独立性较差。主承销商要求发行人对其资产独立性进行整改，在未来杜绝控股股东占用发行人资金的情况，并制定相关内部控制措施，防止类似问题的发生。

## 3.2.2　人员独立情况

1. 人员独立性判断依据

债务融资工具发行人的人员独立是指发行人拥有独立、完整的人事管理体系，制定了独立的劳动人事管理制度，由发行人独立与员工签订劳动合同。根据《公司法》的规定，董事、监事的报酬由股东大会决定，公司经理、副总经理及财务负责人的薪酬由董事会决定。因此，人员独立的一个重要标志就是上述人员不存在其他领取薪酬的安排。

2. 人员独立性尽职调查范围

对发行人人员独立情况的调查方法，主要包括查阅制度文件和调查重点人员的任职及领薪情况。

主承销商在进行人员独立性调查时，应重点关注高级管理人员的任职情况，高级管理人员是指公司的经理、副经理、财务负责人和公司章程规定的为高级管理人员的其他人员。主承销商应调查发行人的高级管理人员是否存在在控股股东、实际控制人及其控制的其他企业中担任除董事、监事以外的其他职务，或在控股股东、实际控制人及其控制的其他企业领薪的情形。

此外，对于其他重点人员，如董事、监事、核心技术人员、财务人员等，也应对其在控股股东、实际控制人及其控制的其他企业中兼职的情况进行关注。

主承销商在对债务融资工具发行人进行人员独立性调查时，可以从两个层面展开，一个是从企业的制度层面开始调查，查阅与员工相关的书面制度文件的约定内容；另一个是调查企业关键人员在本企业以及关联方企业签署劳动合同的情况。

主承销商应查阅与企业员工相关的制度文件包括员工养老保险、失业保险、医疗保险、住房公积金等相关的各项制度、规定和管理办法、公司人事管理制度、劳动合同制度、员工培训计划或制度、员工激励制度、住房相关制度、房改政策、住房补贴政策等各项制度文件。

主承销商应向企业取得上述文件，仔细查阅上述文件中的规定是否妨碍到企业的人员独立，必要时征询律师的意见和走访劳动管理和社会保障部门，调查企业各项福利和社会保障制度建立及缴纳情况、缴纳凭证。

主承销商应向被调查企业取得下表的文件：

**企业员工情况相关文件**

| 1 | 员工名册 |
|---|---|
| 2 | 公司与董事、监事、高级管理人员签订的书面服务合同样本 |
| 3 | 普通雇员的劳动合同样本及劳动用工备案登记（正面及背面） |
| 4 | 工资和福利费明细表 |
| 5 | 社会保险（包括医疗保险、退休保险、失业保险等）登记资料 |
| 6 | 社会保险缴纳资料 |

除上述文件外，主承销商如认为有必要，也可以要求债务融资工具发行人控股股东、实际控制人等关联方提供相关人员的任职情况书面说明。

**案例分析　甲公司人员独立性调查**

甲公司是一家以化学产品的研发、生产和销售为主营业务的公司，计划发行 20 亿元的短期融资券并聘请 A 银行和 B 证券公司作为主承销商。甲公司控股股东为乙公司，而乙公司由丙单位（事业单位）直接管理。主承销商在调查该公司核心技术人员在其控股股东及关联方的任职情况时发现，公司两位主要研发人员皆是丙单位研究人员，在公司只是兼职，具体情况如下：

| 姓名 | 职务 | 入职时间 | 在关联方的任职情况 | 在关联方领取报酬情况 | 与关联方是否存在关联关系 |
|---|---|---|---|---|---|
| A | 研发中心主任 | 2001 年 1 月 | 无 | 参与研发中心课题研究而领取课题费；享有福利分房一套 | 为丙单位的事业单位身份 |
| B | 研发中心副主任 | 2009 年 6 月 | 无 | 2009 年 6 月工作交接期从丙单位领取薪酬；参与研发中心课题研究而领取课题费 | 为丙单位的事业单位身份 |

从此表可以看出，尽管公司宣传这两位主要研发人员不在关联方任职，但却在关联方领取薪酬，同时，其身份仍保留了在丙单位的事业单位编制。说明

甲生物公司的人员严重依赖于丙单位，并且该单位是目前唯一能够提供上述资源的单位。由此，主承销商认为该公司的人员独立性不足，建议发行人进行整改，主要研发人员必须为公司的全职人员并不与关联方存在关联关系。

### 3.2.3　机构独立情况

债务融资工具发行人的机构独立性主要是指发行人的机构不存在与控股股东、实际控制人混合经营、合署办公的情形，发行人独立运作并完全拥有机构设置的自主权。主承销商判断发行人是否具备机构独立性标准如下：

（1）发行人具有健全的法人治理结构，设立了股东大会/股东会、董事会和监事会，聘任了总经理，并设置了相关职能部门；

（2）发行人能够独立自主地根据自身业务的特点和内控要求设置内部机构；

（3）发行人能够独立自主地制定并在必要的情况下修改《公司章程》、《股东大会/股东会议事规则》、《董事会议事规则》及《监事会议事规则》（如有）等内部制度，股东大会/股东会、董事会、监事会及总经理的职责分工和权限明确；

（4）发行人的生产经营和办公机构与控股股东、实际控制人分开，不存在合署办公的情形，不存在控股股东、实际控制人干预发行人内部机构的设置和运作的情况；

（5）发行人的组织机构独立于各股东单位，控股股东、实际控制人及其职能部门与发行人各职能部门之间没有上下级关系，不存在控股股东、实际控制人向发行人及其下属机构下达有关经营情况的指令或指示的情况。

一般情况下，结合发行人的实际情况，机构独立性尽职调查的范围包括：

（1）公司组织机构图及各机构职能设计和运作机制的相关文件；

（2）公司治理制度规定和制度文件。包括公司章程及历次修订的相关文件，如股东大会决议文件、股东大会议事规则、董事会议事规则、监事会议事规则、董事会秘书制度、总经理工作制度、内部审计制度等文件资料、决策程序制度、独立董事制度等；

（3）发行人董事会、总经理办公会等会议记录，信息系统控制相关的业务规章制度，会计管理的相关资料，包括但不限于会计制度、会计人员培训制度等；

（4）董事会各专门委员会的情况及董事会专门委员会议事规则；

（5）公司分支机构设置情况，包括各机构运作的制度、规则文件，包括但不限于人事、财务、资产、负债、业务等方面的现行有效的管理制度。

主承销商应向发行人提供的包括上述文件在内的尽职调查清单，取得上述制度性文件。同时，主承销商还应当取得印证的文件，包括但不限于：

**机构设置印证文件**

| 1 | 企业的设立和变更的工商登记文件 |
|---|---|
| 2 | 企业的税务登记文件 |
| 3 | 企业设立以来历次股东大会决议、董事会决议、监事会决议等相关会议记录文件 |

主承销商应当查阅企业工商登记和税务登记的文件与企业提供的是否一致，如果不一致则要求被调查企业出具说明，并要求其及时进行变更登记。

主承销商应当查阅发行人设立以来历次股东大会决议、董事会决议、监事会决议文件（如有）以及会议记录，根据相关文件所记载的内容，判断是否存在控股股东、实际控制人向发行人及其下属机构下达有关经营情况的指令或指示的情况。

## 3.2.4　财务独立情况

财务独立性是指发行人应设立独立的财务会计部门，建立独立的会计核算体系和对分公司、子公司的财务管理制度，能够独立进行财务决策并且独立开户、独立纳税。具体而言，发行人满足下述条件，可以确认为具有财务独立性。

（1）发行人设立了独立的财务会计部门，负责公司的税务、成本费用核算、资金管理、销售和采购结算及报表编报工作，能够独立作出财务决策，具有规范的财务会计制度和对分公司、子公司的财务管理制度；

（2）根据有关规定，发行人建立了独立的会计核算体系和财务管理制度；

（3）发行人独立在银行开户，不存在与控股股东、实际控制人及其控制的其他企业共用银行账户的情况；

（4）发行人作为独立纳税的法人实体，进行独立的税务登记，并依据国家税法独立缴纳税金。

主承销商在对债务融资工具发行人进行财务独立性调查时，可以从两个方面展开：一是通过与发行人的高管人员和相关业务人员进行谈话，了解发行人是否设立了独立的财务会计部门，是否建立了独立的会计核算体系，以及是否独立进行财务决策；二是查阅发行人财务会计制度、银行开户资料、纳税资料，调查发行人是否具有规范的财务会计制度和财务管理制度，是否独立开户和独立纳税，必要时可以到相关单位进行核实。

除公司银行开户文件、纳税登记文件、公司财务会计制度文件等外，还应调查公司及直属对外投资企业提供经税务机关盖章的所得税纳税申报表及完税凭证，以及设立至今各年度的审计报告、银行开立的基本账户等内容。

主承销商对发行人财务独立性进行尽职调查，主要涉及以下内容：

（1）审计报告和财务报表。主承销商应取得发行人近三年的审计报告及最近一期财务报表，母公司近三年及最近一期的财务报表。

（2）银行账户。主承销商应取得发行人的基本银行账户开设情况，判断发行人是否独立在银行开立账户，是否存在与控股股东、实际控制人及其控制的其他企业共用银行账户的情况。

（3）部门设置情况。主承销商应取得发行人控股股东、实际控制人与发行人的财务部门的设置情况以及独立运作情况。主承销商可通过到相关单位进行核实的方法，核查发行人是否设立了独立的财务会计部门负责公司的税务、成本费用核算、资金管理、销售和采购结算及报表编报工作，是否能够独立作出财务决策。

（4）财务会计制度。主承销商应取得发行人的财务会计制度的相关文件及说明，以及发行人对分公司、子公司的财务管理制度。

企业内部财务制度是指企业管理部门根据国家和政府有关法规的规定、企业自身经营管理的特点和要求制定的，用来规范和优化企业内部财务行为、处理内部财务关系的具体规则，是整个财务制度体系中的操作性、基础性财务制度。其依据是国家统一的财务制度，同时应当充分考虑企业内部的生产经营特点以及管理要求。企业内部财务制度一般应当包括资金管理制度、成本管理制度、利润管理制度。资金管理制度主要包括资金指标的分解、归口分级管理办法、资金使用的审批权限、信用制度、收账制度、进货制度。成本管理制度包括成本开支范围和开支标准、费用审批权限、成本降低指标以及分解等。利润管理制度主要包括利润分配程序、利润分配原则、股利政策等。

会计制度是进行会计工作所应遵循的规则、方法、程序的总称。根据《中华人民共和国会计法》的规定，我国统一的会计制度，由国务院所属财政部制定；各省、自治区、直辖市以及国务院业务主管部门，在与《中华人民共和国会计法》和国家统一会计制度不相抵触的前提下，可以制定本地区、本部门的会计制度或者补充规定。会计制度的内容有详有简。详细的会计制度应包括：会计凭证的种类和格式以及编制、传递、审核、整理、汇总的方法和程序，会计科目的编号、名称及其核算内容，账簿的组织和记账方法，记账程序和记账规则，成本计算方法，财产清查办法，会计报表的种类、格式和编制方法、报送程序，会计资料的分析利用，会计检查的程序和方法，电子计算在会计中的应用，会计档案的保管和销毁办法，会计机构的组织，会计工作岗位的职责等。

（5）会计核算体系和财务管理制度。主承销商应核查发行人以及重要子公司的审计报告，判断发行人是否具有独立的会计核算体系和财务管理制度，通过对借款、垫款、应收账款、应付账款等会计科目的核查，确认发行人具有独立且完善的财务会计制度。

（6）独立纳税的法人实体。主承销商可通过查阅发行人设立以来主要税种的纳税申报表及纳税凭证、发行人近三年完税证明、发行人设立以来各项社保基金的缴纳情况及缴纳凭证，查阅发行人税务登记证及主要变动说明等文件，根据发行人提供的说明，结合发行人审计报告，判断发行人及其主要子公司执行的主要税种、税率和税收优惠情况。税种主要包括增值税、营业税、房产税、城市维护建设税、教育费附加等其他税费、企业所得税等。

主承销商应取得发行人公司及直属对外投资企业目前适用的所有税种、税率说明及相关的法律依据，发行人公司及直属对外投资企业所享有的所有现行有效的税收优惠及相关法律依据和批准文件，发行人所有潜在的为他人缴纳税款的义务或责任的资料，以及发行人所有有关税收分享或分担的协议。

**案例分析　A 港口公司财务独立性调查案例**

2009 年 8 月，A 港口公司计划发行 30 亿元中期票据并聘请甲银行和乙证券公司作为主承销商。主承销商在尽职调查中发现：由于在 A 港口公司与船舶公司的各种业务往来中，都是由 A 港口公司的控股股东 B 集团公司作为结算主体进行财务结算，国内、国际船舶公司均与 B 集团公司发生结算关系，所以 A 公司日常经营中发生的营业收入与营业支出以及其他经营结算业务都是通过集团公司财务结算中心进行。如 A 港口公司的过港服务费及运输服务费便由 B 集团公司与各船舶公司结算后，分别按 78% 和 54% 的比例支付给 A 港口公司。

主承销商由此认为，由于 A 港口公司长期以来主要的流动资金及主营业务结算款均存放于控股股东 B 集团公司的财务结算中心，缺乏财务独立性，存在较大的资金安全隐患。主承销商要求 A 港口公司进行整改，建立独立的财务结算系统并独立对外进行资金结算，同时完善公司治理结构，保证公司经营的独立性。

## 3.2.5　业务独立情况

发行人的业务独立性是指发行人拥有完整的业务流程和独立的生产经营场所，有独立的采购、生产、销售体系，具备独立完整的经营业务及自主经营能力，对产供销系统和下属公司有独立的控制权，而且与控股股东、实际控制人不存在同业竞争。

主承销商可以从两个方面对债务融资工具发行人进行业务独立性调查：一是通过查阅发行人控股股东或实际控制人的组织结构资料、发行人组织结构资料、下属公司工商登记和财务资料等，分析发行人独立的业务经营能力和对下属公司的控制能力，调查其与控股股东、实际控制人之间的业务竞争以及关联交易情况；二是结合发行人的生产、采购和销售记录实地考察其产、供、销系统，调查分析发行人业务流程的完整性以及对产供销系统的控制能力。

主承销商对发行人业务独立性进行尽职调查，主要涉及以下内容：

1. 发行人组织机构情况

主承销商应取得发行人组织结构图，以及发行人各机构职能设计和运作机制的相关文件。

主承销商应查阅发行人主要子公司工商登记和财务资料。

主承销商应查阅主要对外投资公司是否拥有与公司相同的各类许可经营证书。

主承销商应取得发行人分支机构设置情况及营业网点分布情况，包括但不限于分支机构数量、各分支机构名称、住所、拨付的营业资金、员工人数等资料。

2. 发行人生产流程情况调查

主承销商应与发行人相关业务管理及运作部门进行沟通，查阅发行人关于各类业务管理的相关制度规定，了解各类业务循环过程和其中的控制标准、控制措施，包括授权与审批、复核与查证、业务规程与操作程序、岗位权限与职责分工、相互独立与制衡、应急与预防等措施。

主承销商应选择一定数量的控制活动样本，采取验证、观察、询问、重新操作等测试方法，评价发行人的内部控制措施是否有效实施，并判断是否可以保证发行人业务的独立性。

主承销商应取得发行人控股股东、实际控制人与发行人的采购销售部门的设置及各自运作情况。

主承销商应取得发行人主要供应商（前五名）的相关资料，计算最近三个会计年度发行人向主要供应商的采购金额、占发行人同类原材料采购金额和总采购金额比例（属于同一实际控制人的供应商，应合并计算采购额），判断是否存在严重依赖个别供应商的情况，如果存在，是否对重要原材料的供应作出备选安排。

主承销商应从主要供应商中存在的关联关系情况中，判断是否发生关联采购。如果存在影响成本的重大关联采购，主承销商应抽查不同时点的关联交易合同，分析不同时点的关联采购价格与当时同类原材料市场公允价格是否存在异常，判断关联采购的定价是否合理，是否存在大股东与发行人之间的利润输送或资金转移情况。

主承销商应取得发行人生产流程资料，通过现场观察、查阅财务资料等方法，核查发行人是否与控股股东、实际控制人发生相互占用资产、资源的情况。

主承销商应调查发行人是否在境外进行生产经营，取得其境外拥有资产的详细资料，并分析其境外的生产规模、盈利状况、主要风险等。

### 3. 同业竞争

主承销商应对发行人持股比例较高的股东以及公司董事、监事及高级管理人员控制的其他企业及其业务情况进行了解和查阅，并判断其是否从事与发行人相同或相近的业务。若存在从事与发行人相同或相似业务的，主承销商应重点核查发行人与存在同业竞争的公司是否具有共同的客户或供应商、销售完全相同的产品等可能导致被认为利益输送和利益重新分配的现象。

若发行人存在比较严重的可能影响公司独立性的同业竞争问题，主承销商应要求发行人及持股比例较高的股东、公司董事、监事及高级管理人员等承诺同业竞争不会导致发行人利益受损，必要时可建议发行人放弃发行债务融资工具。

### 4. 关联交易

《募集说明书指引》第三十二条规定："企业应全面披露关联交易情况，主要包括产品销售、原材料采购、劳务提供、资产租赁、应收应付款项、融资、担保等的关联交易及金额。"

依据财政部《企业会计准则——关联方关系及其交易的披露》，关联方的认定主要为：①一方有能力直接或间接控制、共同控制或对另一方施加重大影响；②两方或多方同受一方控制。

此外，《企业会计准则——关联方关系及其交易的披露》指南对于企业披露的基本要求如下：①关联方关系及其交易只需要在会计报表附注中披露相关信息；②关联方关系是否存在，应视其关系的实质，而不仅仅是法律形式；③关联方交易的披露应遵循重要性原则，区别情况处理；④关联方交易中的主要事项，如购货、销货、应收应付款项等，应当披露连续两年的比较资料。

主承销商应取得发行人关联交易、关联贷款的价格确定依据，并判断定价依据是否充分，定价是否公允；主承销商应取得发行人关联交易/关联贷款的公司内部决策文件、关联交易/关联贷款的合同文件。主承销商应关注发行人向关联方销售产生的收入占发行人主营业务收入的比例、向关联方采购额占发行人采购总额的比例，分析是否达到了影响发行人经营独立性的程度。

主承销商应分析发行人关联交易的偶发性和经常性，对于发行人购销商品、提供劳务等经常性关联交易，主承销商应分析增减变化的原因及是否仍将持续进行，关注关联交易合同重要条款是否明确且具有可操作性以及是否切实得到履行。例如，针对关联方贷款，主承销商取得关联交易/总贷款的相关文件，并对合同签订日期、合同金额、合同利率、同时期非关联方利率、合同金额/当年贷款总额（%）、发生时间、本期发生额、占同类交易总额比例及占交易总额比例等内容进行核查。

对于发行人偶发性关联交易，主承销商应分析对当期经营成果和主营业务的影响，关注交易价格、交易目的和实质，评价交易对发行人独立经营能力的影响。同样针对关联方贷款，主承销商应取得关联交易的相关文件，并对金额、发生时间、占净资产比例、占总资产比例、占同类会计科目比例等内容进行核查。对于偶发性关联交易/关联贷款中涉及到资产买卖的，主承销商应取得相关产权过户文件或变更文件，包括但不限于房屋、土地、商标、特许经营权证书等。

**案例分析1　甲电力公司业务独立性调查案例**

主承销商在查阅甲电力公司的主要业务客户时发现，2006 年电力系统外前五大客户如下表所示：

| 客户名称 | 收入金额（万元） | 比例（％） |
| --- | --- | --- |
| A | 690.55 | 7.39 |
| B | 249.85 | 2.67 |
| C | 172.53 | 1.85 |
| D | 162.82 | 1.74 |
| E | 144.86 | 1.55 |
| 合计 | 1 420.61 | 15.20 |

其中，该公司 2006 年通过向关联方 D 以及 B 销售产品实现最终的对外销售，销售金额分别为 162.82 万元和 249.85 万元，合计占营业收入的比例为 4.41%。

另外，2006 年该公司通过向关联方 D、B 采购装置、配件等进行组装的方式来弥补生产能力的不足，2007 年发生的少量向关联方采购额是 2006 年采购延迟至 2007 年交货结算造成。2006 年至 2007 年公司向关联方采购货物情况如下表所示：

单位：万元

| 关联方 | 2007 年 | 2006 年 |
| --- | --- | --- |
| D | 61.09 | 1 673.67 |
| B | 133.08 | 377.39 |
| 合计 | 194.17 | 2 051.06 |
| 占营业成本的比例（％） | 3.34 | 40.38 |
| 定价政策 | 协议价 | |

综上所述，主承销商经核查发现，发行人与 D、B 之间的关联交易主要发生在 2006 年，2007 年金额较小。发行人 2006 年和 2007 年扣除非经常性损益后归属于母公司所有者的净利润分别为 2 685.42 万元和 2 900.82 万元。假设发行人

2006 年和 2007 年从 D、B 所采购货物不享受任何的价格优惠，即等同于从非关联方购进上述货物且该等货物发行人对外销售毛利率为零，经测算，在这种情况下将分别减少发行人 2006 年和 2007 年净利润 788.41 万元和 55.99 万元，分别占发行人 2006 年和 2007 年扣除非经常性损益后归属于母公司所有者净利润的 27.32% 和 1.93%。由此，主承销商认为，公司设立的第一年 2006 年的销售收入、销售利润主要来自控股股东的输送，该年度的独立性存在瑕疵，并对公司随后数年的经营独立性情况进行了详细排查，没有发现上述现象。

**案例分析 2　甲物流公司业务独立性调查案例**

主承销商在分析甲物流公司的业务收入时发现，该公司与其控股股东乙集团及其附属公司存在关联交易。

单位：%

| 项目 | 2008 年 | 2007 年 | 2006 年 |
|---|---|---|---|
| 关联交易收入占总收入比重 | 29.56 | 32.53 | 38.19 |
| 关联交易毛利额占总毛利比例 | 34.51 | 42.28 | 48.48 |
| 关联交易毛利率 | 13.90 | 14.90 | 12.49 |
| 非关联交易毛利率 | 11.07 | 9.81 | 8.20 |

报告期内，2006 年、2007 年和 2008 年公司与其控股股东乙集团及其附属公司发生的业务收入占公司同期总收入的比重分别为 38.19%、32.53% 和 29.56%，关联交易产生的毛利额占总毛利的比重为别为 48.48%、42.28% 和 34.51%，比重呈逐年下降趋势。但关联交易价格和总金额的变动将对公司的收益产生较大影响。如果该公司不能与关联方严格按照有关协议做到关联交易价格公允合理，则可能对公司的盈利情况产生不利影响，存在关联交易风险。主承销商建议公司进行整改，与关联方的交易严格按照有关协议进行，并做到价格公允合理。

# 3.3　内部管理和运作规范性调查

## 3.3.1　公司章程

公司章程，是指公司依法制定的、规定公司名称、住所、经营范围、经营管理制度等重大事项的基本文件，是公司必备的规定公司组织及活动的基本规则的书面文件，是以书面形式固定下来的股东共同一致的意思表示。作为公司设立的最重要法律文件，公司章程确定了公司的权利与义务关系，是公司对内实施运营管理和对外进行经济交往的基本法律依据。

《公司法》对于公司制企业（包括有限责任公司及股份有限公司）公司章程的具体内容作出了详细的规定。主承销商应通过查阅发行人公司章程和相关会议文件，咨询发行人律师等方法，调查发行人公司章程是否符合《公司法》等有关法律法规的规定，并关注公司章程历次修改的情况（包括修改缘由、章程修改是否经过法定程序、是否进行了工商变更登记等）。

1. 有限责任公司章程

根据《公司法》，有限责任公司章程应当载明下列事项：

（1）公司名称和住所。公司名称是公司区别于其他公司和经济单位的标志，也是公司章程和公司工商登记中必须记载的事项。公司的住所是指公司主要办事机构所在地的法定地址。

（2）公司经营范围。公司的经营范围，表明公司在对内实施经营管理和对外进行经济活动时的能力和权利范围。

（3）公司注册资本。有限责任公司设立时的注册资本必须达到法律规定的最低限额。全体股东可以按照公司的经营范围和欲形成的经营规模，在公司章程中约定各自的出资额。股东出资总额构成公司的注册资本。

（4）股东的姓名或者名称。公司章程中必须分别记载全体股东的名称，包括自然人股东的姓名和法人股东的名称。无论自然人还是法人，都应当记载本名和全称。

（5）股东的出资方式、出资额和出资时间。有限责任公司的股东既可以用货币出资，也可以用经价值评估的非货币财产（例如实物、知识产权等）出资。

（6）公司的机构及其产生办法、职权、议事规则。法律对于有限责任公司的内部机构设置赋予了一定的灵活性，股东可以根据公司的实际情况在公司章程中确定机构设置及产生办法。公司内部各级机构的职权和议事规则，法律作了明文规定的，公司章程不得修改；对法律未作明文规定的，股东可以在公司章程中进行约定。

（7）公司法定代表人。

（8）股东会会议认为需要规定的其他事项。

股东应当在公司章程上签名、盖章。

2. 股份有限公司章程

根据《公司法》，股份有限公司章程应当载明下列事项：

（1）公司名称和住所。股份有限公司的名称必须标明"股份有限公司"或"股份公司"的字样，经公司登记机关核准的公司名称受法律保护。公司的住所是公司主要办事机构所在地，且应当在所属管辖区的公司登记机关登记。

（2）公司经营范围。公司章程必须以全面反映公司业务为原则，适当记载公司经营范围。公司经营范围应依法核准登记，非经法定程序不得变更。

（3）公司设立方式。股份有限公司的设立可以采取发起设立或募集设立两种方式，公司章程中必须载明公司采取何种方式设立。

（4）公司股份总数、每股金额和注册资本。股份有限公司注册资本是公司在公司登记机关登记的实收资本总额，其法定最低限额为人民币 500 万元。股份有限公司注册资本应划分为等额股份，股东依其所认购股份对公司负有限责任。

（5）发起人的姓名或者名称、认购的股份数、出资方式和出资时间。采用发起方式设立的股份有限公司，公司全部股份由发起人认购。采用募集方式设立的股份有限公司，发起人至少认购公司股份总数的 35% 。发起人各自认购的股份数额可自行约定，但至少认购一股。

（6）董事会的组成、职权和议事规则。

（7）公司法定代表人。公司法定代表人依照公司章程的规定，由董事长、执行董事或者经理担任，并依法登记。公司法定代表人变更，应当办理变更登记。

（8）监事会的组成、职权和议事规则。

（9）公司利润分配办法。公司利润分配的顺序是：缴纳税款，弥补亏损，提取法定盈余公积金，提取法定公益金，提取任意公积金，向股东分配股利。法定公积金应为公司税后利润的 10% ，公司提取法定公积金后，经股东会决议，可以提取任意公积金。公司股利分配形式有现金、财产、负债、股票等多种，公司章程可以加以选择和规定。

（10）公司的解散事由与清算办法。公司章程应根据《公司法》、《中华人民共和国民事诉讼法》、《中华人民共和国破产法（试行）》与其他法律的有关规定，对公司解散的事由或原因，公司清算组的成立、权限，公司财产的对外清偿顺序，以及公司剩余财产的分配办法等加以明确规定。

（11）公司的通知和公告办法。公司章程应当规定公司公布通知、公告等信息的办法和方式。

（12）股东大会会议认为需要规定的其他事项。股份有限公司可以根据实际需要，在不违反法律禁止性规定的前提下，在章程中规定其他事项，如公司成立费用和发起人的报酬，分次发行股票时每次发行的数额，股款的缴纳方式，非现金出资相关事项，股票的种类，股东大会召开的时间地点，公司子公司、分公司的设立，董事的具体人数等。

另外，上市公司的公司章程还应符合中国证监会和交易所的有关规定。

3. 一人有限责任公司章程

根据《公司法》，一人有限责任公司章程由股东制定。

4. 国有独资公司章程

根据《公司法》，国有独资公司章程由国有资产监督管理机构制定，或者由董事会制定报国有资产监督管理机构批准。

**案例分析 公司章程内容违反《公司法》的规定**

A 股份有限公司计划于 2011 年下半年发行 15 亿元三年期中期票据，并聘请 B 银行和 C 证券公司作为主承销商协助此次发行工作。主承销商在尽职调查中发现 A 公司的公司章程中有如下规定："股东大会由董事长主持。董事长不能履行职务或不履行职务时，由董事长指定的董事总经理主持……监事会自行召集的股东大会，由监事会主席主持。监事会主席不能履行职务或不履行职务时，由监事会主席指定的监事主持"。

该公司章程条款违反了《公司法》第四十八条关于董事长及副董事长不能履行职务时由半数以上董事共同推举一名董事履行职务的规定及第一百一十八条关于监事会主席及监事会副主席不能履行职务时的相关规定。因此，主承销商建议 A 公司按照《公司法》的相关要求修改公司章程：第一，由董事会提出修改公司章程的提议；第二，将修改公司章程的提议通知其他股东；第三，召开股东大会，经出席股东大会的股东所持表决权的三分之二以上通过。

在完成公司章程的修订流程后，主承销商在债务融资工具申报材料中披露了新修订后的公司章程部分内容。

## 3.3.2 公司治理、规范运作和内控制度

1. 公司治理

《尽职调查指引》第八条规定"尽职调查的内容应包括公司治理结构"。

公司治理的核心问题是在所有权和经营权分离的条件下，由于所有者和经营者的利益不一致而产生的委托代理问题。公司治理结构是一种针对上述问题的对公司进行管理和控制的体系。公司治理结构的主要内容包括股东、董事会、经理层和其他利害相关者的责任和权力范围，公司管理决策遵循的规则和程序，公司各级组织机构的职能和权力划分等。良好的公司治理结构通过创造员工、管理层和董事会之间公平透明度和问责机制来平衡公司各方的权力分配问题，激励管理层最大化企业经营效率和投资报酬率，确保企业发展符合投资者和社会的利益，同时能够为企业长期生存和成长提供必要的环境。此外，主承销商还应调查发行人三年内是否存在违法违规行为及受到处罚情况，若存在，应详细核查违规及处罚事实；若不存在，应取得发行人的正式书面声明。

主承销商在分析评价发行人是否具有良好的公司治理结构时，应重点关注以下几个方面：公司治理结构是否维护股东的权利并确保全体股东受到平等待

遇；公司治理结构能否保护利益相关者的合法权利，并且鼓励公司和利益相关者以创造财富和工作机会为目标进行积极合作；公司治理结构是否能够保证及时准确地披露包括财务状况、经营状况、所有权状况和公司治理状况在内的任何重大相关信息；公司治理结构是否能够确保董事会对公司的战略性指导地位并切实发挥董事会的监督制约功能。主承销商应取得和核查的发行人公司治理制度规定如下：

（1）关于股东大会/股东会、董事会、监事会的职权、义务和责任的规定；

（2）核查发行人是否依法建立了健全的股东大会/股东会、董事会、监事会制度；

（3）若发行人为股份有限公司，应核查发行人是否依法建立了健全的独立董事、董事会秘书制度；

（4）公司章程中规定的上述机构和人员依法履行的职责是否完备、明确。

**案例分析 1　《董事会议事规则》关于董事会审议新增议题的规定不合理**

主承销商在对甲公司进行尽职调查时，发现甲公司的《董事会议事规则》规定"董事会原则上不审议通知中未列明的议题，特殊情况下要增加新议题时，应由与会董事三分之一以上同意方可对临时增加的会议议题进行审议并作表决"，由于该规则不能充分保障全体董事的知情权和决策权，主承销商要求甲公司依据相关法规和公司章程的规定，对相关治理制度进行了修改。随后，主承销商协助甲公司在募集说明书中对公司治理情况进行了披露。

主承销商应通过与公司主要股东、公司内部权力机关、决策机关、监督机关和执行机关谈话，查阅发行人相关制度文件等方式，核查公司机关主要高管的职责及制衡机制是否健全，运作是否有效。

**案例分析 2　监事的资格确认与监事会是否有效运作的判断**

主承销商在对某有限责任公司尽职调查中发现，该公司的监事会有四名成员，其中有一名在该公司同时担任副总裁一职。此外，虽然该公司2008年度发生了董事长在未告知董事会其他成员的情况下违规决策进行关联担保的事项，但2008年底该公司的监事会对公司的中期财务报告和年度财务报告进行了审查后，却出具了公司没有关联担保和内幕交易的报告。

主承销商在经过上述尽职调查后，发现了以下问题：

其一，《公司法》规定，董事、高级管理人员不得兼任监事。该公司的副总裁担任监事，违反《公司法》。

其二，《公司法》规定，监事会行使的职权之一是检查公司的财务。如果监事会认真履行职权，董事长违规决策进行关联担保事项就可以被及时发现。该问题的发生很大程度上是由于监事会未尽职造成的。

由于截至尽职调查日，上述违规关联担保并未给公司造成经济损失，主承销商建议发行人及时召开股东会通过了撤销违规关联担保的决议，并更换了兼职高管的监事。

在发行人调整完成相关公司治理制度后，主承销商协助发行人在募集说明书中披露了相关公司治理制度。

主承销商应取得发行人历次股东大会/股东会、董事会、监事会的会议文件，包括书面通知副本、会议记录、会议决议等，并结合尽职调查的其他信息，就以下三个方面对发行人进行核查。

（1）股东大会（有限责任公司为股东会）、董事会、监事会会议（包括会议通知的发布，会议是否如期召开，人员是否齐备，会议文件是否完整并且签署归档，会议决议的执行情况等）；

（2）董事会及监事会的选举和职责履行情况（包括董事会和监事会是否及时进行换届选举，董事会下设的专门委员会是否正常发挥作用，监事会是否具备切实的监督功能等）；

（3）公司议事和决策程序（包括是否履行了公司章程和相关议事规则，对重大投融资、经营决策、对外担保、关联交易等事项的决策程序，关联董事、关联股东或其他利益相关者是否严格执行了回避表决制度等）。

**案例分析3　总裁办公会议代替董事会会议决策**

主承销商在为某有限责任公司承销短期融资券而进行的尽职调查过程中发现，该公司存在总裁办公会议代替董事会会议决策的现象。该公司《公司章程》规定，总裁办公会议可以决定金额不超过公司最近一期经审计净资产10%的包括借贷、购买或者出售资产、对外业务投资等经济活动开支，与公司董事会的权限差异不大。该公司董事会在部分事项上对总裁的制约作用未能体现。

因此，主承销商要求发行人依据相关法规对《公司章程》进行修改，重新划分总裁办公室与董事会的职责分工，树立董事会对于公司的战略指导地位并保证董事会能够切实发挥其监督制约功能。同时，主承销商要求发行人修订和完善相关公司治理规定，依据法规和公司章程对总裁的职责和权力范围进行严格规定和限制，防止出现总裁擅自挪用公司资金的问题。

在发行人调整完成相关公司治理制度后，主承销商协助发行人在募集说明书中披露了相关公司治理制度。

**案例分析4　决策程序倒置**

甲公司于2006年5月23日召开股东大会，就发行5亿元三年期中期票据的事项进行审议。股东大会审议通过了该事项并于 2006 年 6 月 20 日启动尽职调查。主承销商在尽职调查过程中发现甲公司董事会开会并通过该事项的时间为 2006 年 5 月 30 日，从而确定甲公司关于此次债务发行的决策出现了程序倒置现象。

因此，主承销商要求发行人严格履行债券发行的决策程序，重新召开董事会审议本次中期票据发行事项，在董事会通过之后再召开股东大会就此事项进行审议表决。获得股东大会通过之后，主承销商重新开展对发行人的尽职调查工作。

### 案例分析 5　大股东侵占子公司资金

某有限责任公司 A 计划于 2011 年下半年发行 10 亿元三年期中期票据，并聘请 B 银行和 C 证券公司作为主承销商协助此次发行工作。主承销商在尽职调查中发现，D 集团和 E 药业分别为 A 公司的第一大股东和第二大股东，大股东 D 集团占用 A 公司款项 11.39 亿元，二股东 E 药业占用 4.49 亿元，累计占用金额达 15.88 亿元。

此外，主承销商发现，A 公司的董事长郭某，同时也是其控股大股东 D 集团的董事长。而张某，不仅是该公司的董事、总裁，同时还是大股东 D 集团的董事、二股东 E 药业的总经理。该公司董事、副总裁田某也担任控股大股东 D 集团董事。可以看出，控股股东对董事会具有绝对的控制权。大股东可以根据自己的需要，随时从 A 公司提取资金。

主承销商认为 A 公司在经营独立性方面存在重大问题，并就问题的严重性与该公司进行了沟通。主承销商建议 A 公司对治理结构进行全面整改，推迟或取消中期票据发行计划。

#### 2. 内部控制

内部控制是指各级管理层为了提高企业运营效率，促进企业实现发展战略，合理保证企业经营管理合法合规、资产安全、财务报告及相关信息完整而实施的一系列具有控制职能的程序和政策。主承销商对于内部控制方面的尽职调查主要包括内部控制环境、业务控制、信息管理系统控制、会计管理控制以及内部控制的监督等五大方面。

#### （1）内部控制环境

内部控制环境是指股东、董事会、经理层和其他人员对内部控制的态度、认识和行动，是其他内部控制因素的根基。内部控制环境包括公司人员的诚信和道德观，经营管理的方式和风格，组织机构，权力和责任的分配，人力资源管理政策等。只有建立良好的内部控制环境，才能为有序的内部控制工作奠定基础。

主承销商应对发行人的内部控制环境进行考察，主要方式包括：与发行人管理层及员工交谈，查阅公司相关制度及会议记录，调查董事会职责履行情况及公司内部审计情况等。分析评价发行人是否有积极的控制环境主要从以下几个方面展开：

①管理者的管理理念和经营作风。考察发行人管理层及股东是否对公司的行为守则和内部控制制度有充分的了解，管理层是否促使员工了解公司的内部控制制度并在其中发挥作用；考察董事会是否监督并定期审查发行人的经营战略和重大决策，是否负责确定发行人可接受的经营风险水平；考察高管人员及董事会对会计报表所持的态度和为实现预算、利润和其他财务及经营目标所采取的行动。

②人力资源政策。考察发行人是否拥有对员工的才能作出客观中肯评价的机制，是否拥有为适当的人才安排适当工作的程序；考察发行人是否提供充足的监督和培训，以确保员工具有胜任能力；考察发行人是否拥有合理的薪酬及晋升政策，以确保公司员工品行正直并且能够为实现公司整体目标付出努力；考察发行人是否制定行为守则并经常为员工提供道德方面的指导，创造诚信守则的价值观氛围。

③组织结构和责任的分配与授权。考察发行人是否设置合理的组织结构，为规划、执行、控制和监察活动提供框架；考察发行人是否建立明确的授权与责任分配的方法，以实现企业整体目标；考察管理层是否执行董事会决议，以及管理层和董事会、专门委员会之间的责任、授权和报告关系是否明晰。

④外部影响。考察相关法律法规以及行业主管部门对企业内部控制政策和程序的实施有何影响。

（2）业务控制

主承销商应了解发行人各类业务循环过程和其中的控制标准、控制措施，具体可以从以下三个方面展开：

①主承销商通过与发行人业务管理及运营部门的人员交谈，查阅调查发行人各类业务的相关管理制度等方式，调查发行人是否拥有明确的业务操作程序、岗位职责划分、授权审批流程、复核查证制度和应急预案等内部控制体系，评价发行人的内部控制措施是否有效实施。

②主承销商应调查发行人近三年是否存在违法违规及受到处罚的情况，如有，调查相关违法违规事件是否已经改正，必要时可以到工商、税务、审计、环保、劳动保护等相关部门进行了解和调查。此外，主承销商还可以调查发行人的外部审计情况，查阅相关政府审计报告和会计师事务所审计报告，判断审计报告中所提问题是否已得到有效解决。

③主承销商应与发行人相关业务管理及运作部门进行沟通，调查发行人曾经发生的由于风险控制不力所导致的损失事件，了解相关事件的具体发生过程、不良后果、事后补救措施及其效果，从而判断发行人业务环节内部控制制度的完善性及有效性。

（3）会计管理控制

会计管理控制是指公司为了保护资产的安全、完整，提高会计信息质量，确保有关法律法规和规章制度及单位经营管理方针政策的贯彻执行，避免或降低风险，提高经营管理效率，实现单位经营管理目标而制定和实施的一系列控制方法、措施和程序。主承销商应收集发行人会计管理的相关资料，并从以下几方面对核查发行人的会计管理控制是否健全有效进行核查：

①发行人是否已建立了一整套完善的会计管理体系，该体系是否涵盖发行人所有的业务环节，是否明确会计凭证、账簿和财务会计报告的处理程序，建立和完善会计档案保管和会计工作交接办法。

②发行人的各级会计人员是否具备工作岗位需要的相关专业知识和职业素质，发行人是否为相关员工建立了持续的人员培训制度。

③发行人的会计管理系统是否建立了风险控制制度，是否严格贯彻"责任分离、相互制约"原则，其主要包括授权批准与业务经办相分离、业务经办与会计记录相分离、会计记录与财产保管相分离、业务经办与稽核检查相分离、授权批准与监督检查相分离等。

④发行人是否明确各类经济业务的授权批准程序以及一般授权与特别授权的界限和责任，是否建立必要的检查制度，保证经授权后所处理的经济业务的工作质量。

⑤发行人是否具有包括筹资、融资、采购、生产、销售、投资、管理等诸多方面的全面预算控制，所编制预算能否体现公司的经营管理目标，是否有预算调整的情况，如有，则需了解预算调整的理由及执行情况。

⑥发行人是否具有包括采购、保管、发货及销售等各个环节的财产保全制度，接近控制及定期盘点制度是否规范实施。

⑦发行人是否严格执行重要会计业务和电算化操作授权的规定。

**案例分析6 不相容岗位要相互分离、制约和监督**

主承销商在对某公司进行尽职调查过程中发现，该公司出纳临时辞职，且没能及时招募到新出纳，便由财务部的某一会计人员兼任出纳。

根据《内部会计控制规范——货币资金》第六条规定，单位应当建立货币资金业务的岗位责任制，明确相关部门和岗位的职责权限，确保办理货币资金业务的不相容岗位相互分离、制约和监督。出纳人员不得兼任稽核、会计档案保管和收入、支出、费用、债权债务账目的登记工作，单位不得由一人办理货币资金业务的全过程。在会计工作中的会计和出纳属不相容职务，如果会计与出纳由一人担任，就很容易发生挪用或贪污行为。主承销商向公司财务负责人提出了会计和出纳工作相分离的要求，在确认公司采纳建议并实施后，主承销商继续了对该公司的尽职调查程序。

**案例分析7　内部控制制度漏洞分析**

　　主承销商在对甲公司进行尽职调查过程中，发现公司为提高工作效率，其重大资产处置、对外投资和资金调度等事宜统一由总经理审批，此外，为加快货款回收，公司内部制度显示为加快货款回收，允许公司销售部门及其销售人员直接收取货款。

　　主承销商通过尽职调查和独立判断，认为上述内部控制制度存在以下两个问题：第一，按照《内部会计控制规范——基本规范（试行）》的要求，单位应当明确规定涉及会计及相关工作的授权批准的范围、权限、程序、责任等内容，单位内部的各级管理层必须在授权范围内行使职权和承担责任，经办人员也必须在授权范围内办理业务。单位应当建立规范的对外投资决策机制和程序，重大投资决策实行集体审议联签制度。该公司规定重大资产处置、对外投资和资金调度等事宜统一由总经理审批，违背了授权批准控制的原则，属于授权不当，同时也不符合重大投资集体决策的控制要求。第二，按照《内部会计控制规范——销售与收款（试行）》的要求，办理销售、发货、收款三项业务的部门应当分设，不得由同一部门或个人办理销售与收款业务的全过程。销售与收款属于不相容岗位，该公司规定允许公司销售部门及销售人员直接收取货款，违背了不相容岗位相互分离的控制要求。

　　主承销商要求甲公司对其内部控制制度进行修改，明确管理层、各部门以及分公司的责任和权力范围，完善业务操作程序、授权审批流程、复核查证制度以及应急预案等内部控制体制，在建立了完整有效的内部控制制度之后再考虑申请发行债务融资工具。

　　（4）信息管理系统控制

　　信息管理系统是指在企业相关人员能够履行责任的范围内，识别、取得和报告经营、财务及法律遵守情况等相关信息的有效程序和系统。主承销商应了解发行人的信息沟通程序、信息系统建设情况和风险防范制度，评价其信息系统内部控制的完整性、合理性及有效性。主承销商对发行人信息系统控制的调查可以从以下两个方面进行：

　　①调查发行人的所有重要活动信息是否能够以适当的方式在适当的时限内

加以识别、收集和传达，保证相关人员能够作出决策并采取适当的措施。重要活动信息包括发行人的内部信息（例如会计财务信息、生产经营信息、资本运作信息、人员变动信息、综合管理信息、技术研发信息等）和外部信息（例如政策法规信息、监管要求信息、市场竞争信息、行业动态信息、客户信用信息、科技进步信息等）。

②调查发行人是否建立了有效的沟通和反馈机制，确保管理层能够向员工传达清晰的信息，使员工明白并认真履行控制责任。此外，主承销商应调查发行人管理层与董事会之间能否进行有效的沟通，确保管理层能够及时向董事会报告企业业绩、发展、重大风险、主要举措等重要信息，同时董事会能够为管理层提供指导、反馈和监督。

（5）内部控制的监督

主承销商应对发行人内部控制的监察制度进行调查，重点关注发行人的内部控制是否存在缺陷，如存在，核查发行人的改进措施是否可行、有效。主承销商可以从以下两个方面进行调查：

①发行人是否建立了完善的内部审计机制，内部审计队伍的专业素质和人员配备是否符合要求，是否对各项业务、分支机构、财务会计、数据系统进行完整系统的内部审计，是否通过内部审计避免或减少了公司损失。

②发行人曾经出现过的重要风险事项以及监督跟进措施，对内部控制系统的有效性进行评估的频率，是否建立了包括评估、记录和报告在内的一整套程序对内部控制系统进行持续复核和管理。

### 3.3.3　内部组织机构设置及运行情况

《募集说明书指引》第二十六条规定"企业应披露其内部组织机构设置及运行情况，包括各主要职能部门、业务或事业部和分公司的情况"。

内部组织机构设置是指企业按一定形式和结构来划分和调配人力、物力和智力的方法，是为实现共同目标而采用的管理行为。企业内部组织机构是表明组织各部分排列顺序、空间位置、聚散状态、联系方式以及各要素之间相互关系的一种模式，是整个管理系统的"框架"。

内部组织机构设置及运行情况的尽职调查内容主要包括以下几个方面：

（1）了解发行人的内部组织结构、内部机构设置及职能，了解各主要职能部门、业务或事业部和分公司的情况。

①查阅发行人内部组织结构图，了解发行人的内部组织结构和内部机构设置的基本情况。

②通过与发行人高管、秘书处、组织部等部门和人员的交谈和查阅发行人关于单位、部门和岗位工作标准的说明文件等方式，明确界定各个单位、部门

和岗位的工作职责、工作目标和工作要求。

（2）必要时应调查各机构之间的管理、分工、协作和信息沟通关系，分析其组织机构设置的必要性、合理性和运行的有效性。

①结合企业的外部环境、战略任务和经营目标，考量企业组织机构设置能否保障企业任务和目标的实现，同时考察当外部环境发生变化时，企业组织机构能否在变动的环境中具有较好的适应性。

②通过与业务部门的访谈，考察目前的组织机构是否有利于各专业部门之间的分工与合作，是否存在部门化倾向（本位主义）、管理费用高等问题。如果公司存在跨地区管理的情况，考察目前的组织机构能否解决因地理分散而带来的交通不便和信息沟通困难，组织机构设置的针对性是否较强，能否对本地区环境变化迅速作出反应，分部与总部之间协调是否存在较大的困难。

③考察企业内部组织机构设置能否正确解决有效管理幅度与管理层次的关系，提高管理者的管理能力，实现管理业务的标准化，从而提高工作效率。

有效管理幅度是指一位领导能够直接地、有效地管理的下级人数。管理层次是指企业内部管理组织系统分级管理的各个层次。在一般情况下，管理幅度与管理层次成反比关系。如果加大管理幅度，能够领导的下级人数就多，管理层次就少；反之，缩小管理幅度，管理层次就要增加。管理幅度的大小，受到管理内容的相似程度和复杂程度，管理者的知识、能力、经验、精力等条件的制约，超过一定限度，就不能实现具体的、有效的领导。

（3）必要时应根据公司章程，结合发行人组织结构，核查发行人组织机构是否健全、清晰，其设置是否体现分工明确、相互制约的治理原则。

①考察企业组织机构设置是否符合精简和高效的原则，重点关注企业是否存在职能重叠或缺失的现象，尤其是组织所需的关键职能是否具备；关注各部门人员配置与所司职责范围是否匹配，某些部门是否存在冗员问题。

②考察企业组织机构的设置能否保证企业的统一指挥和资源的合法使用，能否调动各级组织和人员的积极性和主动性，是否明确每个管理层次、部门、岗位的责任和权力，以及责任和权力是否对应等。

### 3.3.4 董事、监事及高级管理人员的情况

《募集说明书指引》第二十七条规定"企业应披露董事、监事及高级管理人员的情况"。

1. 董监高人员任职情况及任职资格

主承销商应通过查阅有关股东大会、董事会、监事会文件以及公司章程等方法，调查董监高人员任职情况以及该任职是否符合相关法律法规的规定，调查董监高人员的聘任制度和任免程序是否符合公司章程规定；必要时对董监高

人员的调查应获得相关批准或备案文件。

2. 董监高人员的经历及行为操守

主承销商应通过与发行人员工及董监高人员交流，查阅董监高人员个人履历资料等方式，调查了解董监高人员的教育经历和专业资历，是否存在违法违规以及受到处罚的情况，是否存在对曾任职的破产企业负个人责任的情况等。

必要时主承销商可查阅董监高人员曾任公司的财务及监管记录，向相关主管机构进行咨询，取得发行人与董监高人员所签订的协议或承诺文件，关注董监高人员作出的重要承诺及其履行情况。

3. 董监高人员胜任能力和勤勉尽责

必要时主承销商可以通过与董监高人员、发行人员工、主要客户和供应商等进行谈话，查阅股东大会/股东会、董事会、监事会及总经理办公会等会议纪要，咨询中介机构和主管部门等方法，对董监高人员的胜任能力和勤勉尽责进行考察。

（1）了解董监高人员曾任职公司的经营情况，判断董监高人员的管理能力和经营风格；

（2）董监高人员是否能够团结协作，确保实现公司整体目标；

（3）董监高人员投入公司业务的时间，分析高管人员是否有足够时间和精力勤勉尽责地为公司工作；

（4）董监高人员是否了解发行人所处行业，能否对行业的基本情况及发展趋势进行清晰地判断；

（5）董监高人员对发行人目前经营状况的评价，包括发行人的竞争优势和劣势，发行人经营中存在的主要问题和解决措施，公司治理结构及内部控制情况等；

（6）董监高人员对发行人未来发展的规划，包括发行人的发展战略、经营理念、业务发展目标、财务计划和募集资金使用计划等。

**案例分析1　董事会、监事会未尽责**

2007年9月25日，某公司董事会通过了在实际控制人旗下的财务公司存款的决议，向财务公司存款2 800万元。主承销商在对该公司进行尽职调查时发现，财务公司2007年9月和10月的长期投资占资本总额的比例均大于30%，不符合中国银监会《企业集团财务公司管理办法》第三十四条的规定。公司董事会、监事会在存款前未对财务公司的经营资质、业务和风险状况进行认真评估，存款后也未对财务公司各项指标进行认真审查，未能履行勤勉义务。因此，主承销商要求该公司对董事会、监事会的工作进行评估整改，建议按照公司章程启动董事会和监事会的任免程序，防止重大风险事件的发生。

**案例分析 2　董事违背忠实义务**

主承销商在尽职调查中发现 A 公司个别董事存在违背忠实义务的行为。该公司董事施某担任成立于 2003 年 10 月的甲公司法定代表人。甲公司非 A 公司投资,经营与 A 公司同类的电动车、自行车等业务。董事施某违反了《公司法》第一百四十九条和《公司章程》中关于董事不得经营或为他人经营与所任职公司同类业务的规定。主承销商建议 A 公司重新审议该董事的任职资格,按照公司章程以及相关规定免除该董事的职位。

4. 董监高人员兼职情况

主承销商应该通过查阅股东大会、董事会和监事会文件,与董监高人员和发行人员工交谈,咨询发行人律师等方法,对发行人董监高人员的兼职情况进行调查,主要包括董监高人员在发行人内部或外部的兼职情况以及是否会对董监高人员的本职工作产生影响等。

5. 高管人员持股及其他对外投资情况

主承销商应调查高管人员对外投资情况,包括持股对象、持股数量、持股比例、有关承诺、所持股份的增减变动及股权质押或冻结的情况;核查高管人员及其直系亲属是否存在自营或为他人经营与发行人同类业务的情况,是否存在与公司利益发生冲突的对外投资,是否存在重大债务负担。

# 3.4　主营业务情况调查

《募集说明书指引》第二十八条规定"企业应详细披露其业务范围、主营业务情况及业务发展目标"。

作为债务融资工具的主承销商,对发行人进行主营业务情况调查的主要内容包括:通过现场调查、咨询中介机构、走访工商管理部门、与发行人业务部门谈话,以及查阅发行人的营业执照、公司章程、生产采购和销售记录、财务报告及审计报告(如有)等方式,调查或了解发行人的主营业务情况,其中包括发行人的资产情况、生产情况、采购情况、销售情况和未来资本支出计划情况及发展目标等。

## 3.4.1　资产情况

主承销商应主要通过实地考察,走访生产部门、设备管理部门和基建部门,查阅财务资料等方法,调查发行人主要资产的情况,主要但不限于固定资产、在建工程、无形资产及核心技术人员、技术与研发情况等。

1. 固定资产

主承销商应查阅发行人最近三年的审计报告及最近一期的财务报表，关注"固定资产"、"累计折旧"及"固定资产减值准备"等科目，了解其变化情况及相应原因，其中对大额固定资产的增减变动情况应询问原因，调查计提折旧的方法和固定资产减值准备计提的方法，结合生产特点及设备状况，并向审计机构询问，判断计提是否充分。

必要时主承销商应取得发行人主要机器设备、房屋建筑物及运输车辆等重要资产的保险合同或其他保障协定，判断发行人对重要财产是否实施了必要的保障措施。此外，必要时主承销商应对发行人该类固定资产的产权归属、使用状况、成新率和剩余使用年限进行现场核查，并了解主要固定资产在发行人及其下属公司的分布情况。主承销商应关注发行人主要固定资产是否存在闲置现象。如存在闲置现象，则应了解发行人是否对闲置资产作出适当安排。

主承销商应核查发行人是否以经营租赁方式或融资租赁方式租入固定资产，如涉及租赁资产，主承销商应关注发行人是否取得租赁合同，必要时应查阅相关合同条款，以了解实际执行情况。如涉及关联方租赁，主承销商应分析租赁的必要性、合理性和租赁价格的公允性。

2. 在建工程

主承销商应查阅发行人最近三年的审计报告及最近一期的财务报表，关注"在建工程"、"在建工程减值准备"及"工程物资"科目，了解其变化情况及相应原因。主承销商应取得工程建设可行性研究报告及土地环评相关批文，了解计划投资额、计划建设周期、建设资金来源、工程投产后的预计收益；必要时可通过现场观察工程进度，根据工程可行性研究报告和正常的工程建设周期，对工程进度是否正常、有无长期停工的在建工程等问题进行分析。

**案例分析1　在建工程环境保护审核的尽职调查**

甲公司为化工企业。化工行业属于《国家环境保护部发布环保核查重污染行业分类名录》中所列十四类（火电、钢铁、水泥、电解铝、煤炭、冶金、建材、采矿、化工、石化、制药、轻工、纺织、制革）行业之一。该公司计划于近期发行债务融资工具，并聘请乙银行作为其主承销商。乙银行对该公司在建工程方面进行的尽职调查主要包括以下内容：

（1）乙银行取得甲公司重大在建工程的环境影响评价报告、相关部门的立项批复、环保部门的验收监测报告等；

（2）乙银行发现该公司最近三个会计年度内新建及收购的生产线存在开工前未获得环保部门的环评报告，而被责令停产整治，补办环评批复和验收手续的情况，且该公司在此期间还因安全生产及环境保护原因受到过环保处罚。在此情况下，乙银行进一步关注了甲公司的相应整改情况，并对相关部门的处罚通知书和处罚的具体情况进行了了解，分析了该处罚对该公司经营业绩及财务状况的影响；

（3）乙银行了解了该公司所处的化工行业在国内所遵循的有关环境保护法律法规及发行人内部关于环境保护、安全生产方面的规章制度，并了解了该公司在建工程的环境保护、安全生产、污染物排放等方面采取的措施、相关环境管理及监测机构的设置及运行情况。

在工程环境保护审核的尽职调查过程结束后，乙银行判断该公司在建工程符合国家相关法律法规，并协助该公司在债务融资工具募集说明书中披露了部分在建工程的环保信息。

### 3. 无形资产

主承销商应查阅发行人最近三年的审计报告及最近一期的财务报表，关注"无形资产"、"累计摊销"及"无形资产减值准备"科目。此外，主承销商应取得发行人无形资产清单以及无形资产权属证明，了解其变化情况及相应原因。

必要时主承销商应对重要无形资产的来源进行调查，根据所获得的与发行人生产密切相关的专利权、非专利技术、土地使用权、采矿权等主要无形资产的明细资料，分析其剩余使用期限或保护期情况，关注其对发行人生产经营所产生的重大影响。必要时主承销商应取得发行人许可或被许可使用资产的合同文件，关注许可使用的具体资产内容、许可方式、许可年限、许可使用费，分析重要无形资产对发行人未来生产经营可能造成的影响。主承销商还应调查上述许可合同中发行人所有或使用的资产存在纠纷或潜在纠纷的情况。

此外，必要时主承销商应取得发行人拥有的特许经营权的法律文件，分析特许经营权的取得、期限、费用标准等，关注对发行人持续生产经营的影响。

### 4. 核心技术人员、技术与研发情况

针对拟进行债务融资的高科技企业，主承销商应取得发行人研发体制、研发机构设置、激励制度、研发人员简历等资料，调查发行人的研发模式和研发系统的设置和运行情况。必要时主承销商应通过对发行人拥有的专利、非专利技术、技术许可协议、技术合作协议等相关文件进行调查，分析发行人主要产品的核心技术，考察其技术水平、技术成熟程度、同行业技术发展水平及技术进步情况，并分析发行人主要产品生产技术所处的阶段（如基础研究、中试、小批量生产或大批量生产阶段）。

主承销商应核查核心技术的取得方式及使用情况，对是否存在纠纷或潜在纠纷及侵犯他人知识产权的情形进行判断。可特别关注和专项调查对发行人未来经营存在重大影响的关键技术。必要时主承销商应对专利技术和非专利技术

许可方式、允许使用期限及到期的处理方法进行调查，考察主要产品的技术含量和可替代性。具体来看，对于专利技术，主承销商应关注专利的有效期及到期后对发行人的影响，并核查侵权情况及发行人具体的保护措施与效果；对于非专利技术，主承销商应取得发行人相关保密制度及其与核心技术人员签订的保密协议等，对发行人具体的技术保护措施和实际的保护状况进行调查。

主承销商应取得发行人主要研发成果、在研项目、研发目标等资料，调查发行人历年研发费用占发行人主营业务收入的比重、自主知识产权的数量与质量、技术储备等情况，分析发行人的研发能力。

**案例分析 2　研发情况尽职调查**

甲公司为水泥行业企业，该行业为在国务院公布的《关于进一步加强淘汰落后产能工作的通知》中所提出的电力、煤炭、钢铁、水泥、有色金属、焦炭、造纸、制革、印染九大重点行业共十九个品种淘汰落后产能的目标行业之一。该公司计划于近期发行债务融资工具，并聘请乙银行作为其主承销商。乙银行对该公司在研发情况方面进行的尽职调查主要包括以下内容：

（1）乙银行对甲公司目前正在从事的研发项目及先进性情况进行了了解，并关注了该公司为配合国务院加强淘汰落后产能工作所制定的相应研发计划工作。通过调查该公司的研发系统设置和运行情况，乙银行对该公司研发系统是否能够满足公司未来发展的需要进行了分析。

（2）乙银行了解了甲公司主要产品的技术及所处阶段和具有行业先进水平的相关技术，对其技术水平、技术成熟程度、同行业技术发展水平及技术进步情况、该公司具体的技术保护措施和实际的保护状况、是否存在纠纷或潜在纠纷及侵犯他人知识产权的情形进行了分析。乙银行进一步查阅了解的内容还包括：甲公司与其他科研院所单位合作研发的情况、合作研发的成果分配及保密措施等。

在乙银行对甲公司研发情况的尽职调查过程结束后，乙银行判断该公司研发情况符合国家相关法律法规，并协助该公司在债务融资工具募集说明书中披露了公司研发情况信息。

## 3.4.2　生产情况

主承销商应主要通过实地考察、走访生产部门及财务部门、查阅年度工作报告等相关资料等方法，调查或了解发行人生产情况，包括生产流程、生产工艺、主要产品（服务）、生产组织、生产保障、盈利情况、生产成本、产品质量控制、生产安全情况及环境保护情况等。

1. 生产流程、生产工艺及主要产品（服务）

主承销商应取得发行人的营业执照和财务报表，确定发行人的主营业务。

主承销商应调查发行人生产流程的组织形式，明确其所在类别的归属，如个别制造、小批量生产、大批量生产、装配线生产、流水线生产等。主承销商还应在对发行人主营业务的生产流程资料进行调查的基础上，取得发行人产品生产工艺流程图，并结合生产核心技术或关键生产环节，分析评价发行人生产工艺、技术在行业中的领先程度。

必要时主承销商应通过对发行人主要产品（服务）的实际生产能力、最近几个会计年度的实际生产能力以及主要竞争者的实际生产能力的调查，对其盈亏平衡进行分析，计算出盈亏平衡时的生产量，并与各年的实际生产量比较。

此外，主承销商应取得在境外进行生产经营的发行人所拥有资产的详细资料，并分析其境外的生产规模、盈利状况、主要风险等。

2. 收入和盈利情况

主承销商应查阅发行人最近三个会计年度及最近一期的财务报表，了解发行人报告期内各主营业务板块的收入及占总收入的比例、主要产品的毛利率、各主营业务板块贡献毛利占当期主营业务利润的比重等指标，分析发行人主要产品的盈利能力。

主承销商应对发行人的盈利情况进行横向比较，分析发行人较同行业公司在产品盈利情况方面的竞争优势或劣势。

3. 生产成本

主承销商应查阅发行人最近三个会计年度及最近一期的财务报表，了解发行人报告期内各主营业务板块的成本及占总成本的比例，必要时分析单位成本中直接材料、直接人工、制造费用等主要成本要素所占比例及变动情况。若存在单一成本要素所占比重较大及变化较大的情况，应进一步分析其市场价格的变动趋势，并分析评价可能给发行人销售和利润所带来的重要影响。

主承销商应对发行人的生产成本进行横向比较，必要时查阅发行人最近三年及最近一期产品成本情况及同类公司数据，分析发行人较同行业公司在生产成本方面的竞争优势或劣势。

4. 产品质量控制

主承销商应与发行人产品质量管理部门人员沟通，查阅公司内部生产管理规定，取得质量控制的相关制度性文件，调查发行人的质量控制政策，了解发行人质量管理的组织设置、管理制度等。必要时主承销商应进行现场实地考察，了解发行人质量控制的具体实施情况。

主承销商可通过取得质量技术监督部门向发行人下发的有关文件的方法，调查发行人主要产品（服务）是否符合相关行业标准，以及发行人在三年内是否因产品质量问题受过质量技术监督部门的处罚。如存在相关受罚记录，主承销商应了解发行人的整改情况。

5. 生产安全情况

主承销商应与发行人安全生产管理部门人员沟通，取得发行人安全生产方面的资料，了解发行人安全性管理方面的组织设置、管理制度是否合理完善。

主承销商应调查发行人是否存在重大安全隐患，调查发行人成立以来是否发生过重大的安全事故以及受到处罚的情况，取得过往安全事故发生和处理的相关资料（如有），分析评价安全事故对发行人经营业绩、市场地位及形象等各方面可能产生的影响。

6. 环境保护情况

主承销商应调查发行人生产工艺中"三废"的排放情况，查阅环境保护管理部门出具的函件，并以此来判断发行人的生产工艺是否符合环境保护相关法规。主承销商还应调查发行人近三年来在环境治理、保护方面的投入及未来可能的投入情况。

主承销商应核查发行人有无污染处理设施及其实际运行情况，必要时可走访周围居民，并征求环境保护管理部门的意见。

主承销商应调查发行人最近三年是否发生过环境污染事故，是否存在因环保问题而受到处罚的情况。如存在相关受罚记录，主承销商应了解发行人的整改情况。

### 3.4.3　采购情况

主承销商应主要通过实地考察、走访采购部门及主要供货商、查阅权威研究报告及发行人内部管理制度等方法，调查或了解发行人的采购情况，包括供应方的情况及发行人采购管理制度等方面。

1. 供应方

主承销商应了解发行人的供应方市场，分析其竞争状况，了解供应方市场是否存在较高的进入壁垒，例如存在特许经营权等方面的限制因素等。

主承销商应与发行人采购部门人员沟通，必要时走访主要供应商，调查发行人生产必需的原材料、重要辅助材料等的采购是否受到资源或其他因素的限制。此外，主承销商应取得发行人主要供应商的相关资料，计算最近三个会计年度发行人向主要供应商的采购金额、占发行人同类原材料采购金额和总采购金额比例（属于同一实际控制人的供应商，应合并计算采购额），分析是否存在严重依赖个别供应商的情况，并根据发行人同前述供应商的长期供货合同，分析交易条款，判断发行人原材料供应及价格的稳定性。

主承销商在与主要供应商、发行人律师沟通中，除应了解发行人资金结算情况和主要供货商之间是否存在重大诉讼或纠纷，关注发行人是否及时结清货款、是否存在以物抵债的现象以外，主承销商还应了解发行人高管人员、核心技术人员、主要供应商中是否存在关联关系，调查是否发生关联采购。

对物流成本较高的企业，必要时主承销商还应与采购部门人员和主要供应商沟通，了解发行人主要供应商与发行人的地理距离，分析最近三个会计年度的原材料成本构成，关注运输费用占采购成本中的比重及其变化趋势。

主承销商应查阅权威机构的研究报告和统计资料，调查有关发行人主要原材料的市场供求状况，定量分析发行人主要原材料、所需能源动力的价格变动、可替代性、供应渠道变化等因素对发行人生产成本的影响。

2. 采购管理制度

主承销商应调查发行人的采购模式，关注发行人是否建立了合理的采购管理制度，对于大宗原材料、重大金额的采购是否推行了招标采购制度，是否对供应商建立了定期及不定期考评制度。

必要时主承销商应与发行人采购部门和生产计划部门人员沟通，调查发行人采购部门与生产计划部门的衔接情况、原材料的安全储备量情况，关注是否存在严重的原材料缺货风险。同时，主承销商应了解发行人最近三个会计年度原材料类存货的周转天数，分析是否存在原材料积压风险。如有必要，主承销商可进行实地调查。

必要时主承销商应通过查阅制度文件，现场实地考察等方法，了解发行人是否建立了完善的存货管理制度及其实施情况，包括但不限于存货入库前是否经过验收、存货的保存是否安全、是否建立存货短缺、毁损的处罚或追索以及是否在存货实际库存低于安全库存量时及时向采购部门下达请购计划等方面。

## 3.4.4  销售情况

主承销商应主要通过实地考察、与营销部门沟通、查阅年度营销计划和内部管理制度等方法，调查或了解发行人的销售情况，包括但不限于销售模式、产品品牌和商标权、产品市场定位、产品销售情况、涉及或有事项和关联交易等方面。

1. 销售模式

主承销商应通过实地考察、与营销部门沟通等方式，了解发行人的销售模式，确定各种销售模式带来的销售额在发行人销售总额中所占的比例。

必要时主承销商应结合发行人的行业属性和企业规模等情况，分析发行人采用某种销售模式的原因和可能引致的风险。

2. 产品品牌及商标权

主承销商应了解发行人主要产品系列的品牌优势，并在必要时查阅国家工商行政管理总局商标局的商标注册证，调查发行人是否为其主要产品的商标注册人。

３. 产品市场定位

主承销商应通过与发行人销售部门负责人沟通、获取权威市场调研机构的报告等方法，调查发行人产品（服务）的市场定位、客户的市场需求状况，关注发行人的主要产品系列是否有稳定的客户基础以及发行人主要产品的区域集中度，分析在不同地域的市场差别（如一线、二线城市的差别，不同气候条件地域差别等）。

主承销商应了解发行人主要产品市场的地域分布和市场占有率资料，结合行业排名、竞争对手等情况，分析发行人主要产品的行业地位，并在关注发行人主要产品所在行业及主要客户可能产生的波动的基础上，分析其对发行人的主营业务可能带来的影响。

**案例分析1　跨区经营销售情况尽职调查**

甲公司业务范围覆盖全国主要省会城市，属于典型的跨区经营企业。该公司计划于近期发行债务融资工具，并聘请乙银行作为其主承销商。乙银行对该公司进行尽职调查，有关跨区经营销售情况的尽职调查主要包括：

（１）在最近三个会计年度内，甲公司各下属公司在各个业务子板块的经营数据，在总体经营情况中的占比或排名，近年的变化趋势及原因；

（２）由于遭受冰雪灾害，甲公司主业经营和收入水平受到了一定程度的负面影响。据此情况，除重点关注了受灾地区市场的损失情况外，乙银行还关注了灾害对甲公司总体营业收入和利润所造成的影响程度及其持续性，并详细了解了甲公司对此采取的应对措施。

在对甲公司跨区经营销售情况的尽职调查过程结束后，乙银行认为该公司的销售情况较为稳定，在极端自然灾害下仍然能够保持相对的持续性。最终乙银行协助该公司在债务融资工具募集说明书中披露了相关跨区经营销售情况信息。

４. 产品销售情况

主承销商应分析发行人产品系列的结构，获取或编制发行人最近三个会计年度各项产品占销售总收入比重明细表、各项产品产销率明细表，并分析各产品的贡献毛利。

主承销商应根据发行人按区域分布的销售记录，调查发行人产品（服务）的销售区域，分析发行人销售区域局限化现象是否明显，产品的销售是否受到地方保护主义的影响。

主承销商应获取或编制发行人最近三个会计年度对主要客户的销售额占年

度销售总额的比例及回款情况，对发行人是否过分依赖某一客户、其主要客户的回款情况、是否存在以实物抵债现象进行分析。如果存在发行人与主要客户之间的长期合同，主承销商应取得发行人与主要客户之间的长期合同，并对长期合同的交易条款及对发行人销售的影响进行分析。必要时主承销商应查阅发行人与大客户的销货合同、销货发票、产品出库单、银行进账单等资料，以确定销售业务发生的真实性。

主承销商应了解发行人主要客户的资信情况，并了解发行人和客户之间的资金结算方式（赊销、现销等）。如发行人存在大额异常的销售退回情况，必要时主承销商应根据相关销售合同、销售部门对销售退回的处理意见等资料，对销售退回的真实性进行核查判断。针对存在产品大量出口的情况，必要时主承销商可通过函证或走访海关等相关机构，调查其销售方式、销售途径和客户回款情况等方式，确认销售的真实性以及判断收入确认标准的合理性。

此外，主承销商还应了解发行人主要产品的定价策略，调查报告期发行人产品销售价格的变动情况。

**案例分析2　销售真实性情况尽职调查**

甲公司的主要产品以出口外销为主，该公司计划于近期发行债务融资工具，并聘请乙银行作为其主承销商。在目前全球经济持续下滑，国内同类企业经营艰难的情况下，乙银行对其销售真实性情况进行了尽职调查。在尽职调查中，乙银行主要关注了该公司销售的真实情况，主要包括以下几个方面：

（1）了解与国外签订的订单、交货付款条件、外方销售机构承担的责任；

（2）查阅海关出货单、出口退税凭证；

（3）对出口产品在国外同类产品的市场份额和终端消费者情况进行了调查；

（4）实地考察了现场开工情况。

在核查了发行人相关销售的真实性情况后，乙银行判断该公司的销售均为真实有效的，且未来几年有望保持稳定。乙银行协助甲公司在债务融资工具募集说明书中披露了产品销售情况的相关信息。

5. 涉及或有事项

如发行人销售的产品需经安装或检修、有特定的退货权、采用代销或寄销的方式等，主承销商应对部分重大销售合同进行抽查，以分析发行人是否对此项销售作出其他承诺，必要时可与发行人律师沟通上述承诺可能造成的或有负债。

此外，必要时主承销商可在取得发行人最近三个会计年度产品返修率、客户诉讼等方面的资料后，对发行人销售维护和售后服务体系的建立及其实际运行情况进行调查，并分析客户诉讼和产品质量纠纷对未来销售的影响及销售方面可能存在的或有负债。

## 3.4.5 未来资本支出计划及发展目标

《募集说明书指引》第二十八条规定"企业应详细披露其业务发展目标"。

主承销商应主要通过实地考察发行人在建项目、查阅有关项目可行性研究报告及监管部门批复等资料、与财务部门或投资部门等相关部门访谈沟通等方法，调查或了解发行人未来（至少三年）的资本支出计划、主营业务发展目标及规划等情况。

1. 资本支出

主承销商应了解发行人未来三年每年的具体资本支出规模，取得发行人未来三年计划兴建项目的相关文件及信息，包括但不限于可行性研究报告、预计投资规模、预计资金来源、计划开工时间及建设周期、未来盈利及现金流预测等。

主承销商应了解发行人未来三年可能出现的对外投资、重大资产购入情况和资产重组的计划（如有），取得相关研究报告或工作汇报文件，把握发行人未来资本支出计划，包括但不限于投资内容、背景及意义、支出规模、时间安排等。

主承销商应通过查阅权威机构研究报告、相关行业政策等资料，了解发行人所处行业及区域的发展现状、未来发展趋势以及市场竞争情况，必要时对发行人未来资本支出计划的合理性和可行性进行评估。

如果发行人未来投资计划涉及海外金融资产、权益性投资、资产重组收购等境外投资，主承销商应关注其投资规模、背景及意义、可行性、可能面临的风险及计划采取的应对措施等情况，并在募集说明书中作特别说明。

**案例分析　某煤化工行业公司拟建项目尽职调查**

甲公司主营业务为焦炭及其副产品的生产和销售等煤化工业务，占其主营业务收入的90%以上。该公司当前有一系列煤化工生产线建设规划，并计划于近期发行债务融资工具，目前已聘请乙银行作为其主承销商。

2009年9月国务院发布《关于抑制部分行业产能过剩和重复建设引导产业健康发展若干意见的通知》（国发〔2009〕38号），对钢铁、水泥、平板玻璃、煤化工等一系列产能过剩行业提出指导意见。2010年2月国务院发布《关于进一步加强淘汰落后产能工作的通知》（国发〔2010〕7号），对产能过剩行业提出进一步指导意见。乙银行对该公司涉及国发〔2009〕38号文的拟建项目进行尽职调查，调查内容包括：项目名称、建设规模、开工日期、总投资额、立项核准备案文件、项目建设用地批文/土地证和环保批文等，并对甲公司拟建项目的合法合规性进行了判断。此外，乙银行还对该公司拟建项目的能源消耗和资源综合利用指标等进行了尽职调查，并判断其符合国家产业政策要求。此外，乙银行还关注了该公司2009年9月30日后是否新开工建设相关产能过剩项目等情况。在对甲公司进行的有关拟建项目的尽职调查结束后，乙银行判断该公司拟建项目符合国家相关法律法规，并协助该公司在债务融资工具募集说明书中披露了相关拟建项目和资本支出信息。

值得注意的是，若乙银行在尽职调查后发现该公司主营业务受国发〔2009〕38号文影响较大，则应继续深入调查其未来发展目标及规划，判断其规划是否能在合法合规的条件下支撑公司业务的进一步发展。

2. 发展目标及规划

主承销商应对发行人是否已经建立清晰、明确、具体的发展战略进行分析。具体做法可在取得发行人中长期发展战略的相关文件（包括但不限于战略策划资料、董事会会议纪要、战略委员会会议纪要、独立董事意见等相关文件）后，通过查阅发行人的战略目标、实现战略目标的依据、步骤、方式、手段及各方面的行动计划来完成。必要时主承销商应对发行人所处行业及区域的长短期规划、市场竞争等情况进行深入分析，调查发行人的发展战略是否合理、可行。此外，主承销商还可以通过各种合法渠道了解竞争对手的发展战略，比较发行人与竞争对手的发展战略。

## 3.5 财务状况调查

《尽职调查指引》第八条规定"尽职调查的内容应包括财务状况"。

### 3.5.1 财务报告及相关财务资料

《募集说明书指引》第三十条规定："企业应披露最近三年及一期财务会计信息。财务会计信息包括但不限于资产负债表、利润表及现金流量表。企业编制合并财务报表的，应同时披露合并财务报表和母公司财务报表。企业最近三年及一期合并财务报表范围发生重大变化的，还应披露合并财务报表范围的具体变化情况、变化原因及其影响"。

1. 调查发行人财务报告使用会计准则、审计意见

主承销商应根据注册材料拟申报时间点，查阅发行人最近三年的审计报告及一期财务报告（含合并、母公司财务报表），核实发行人编制财务报表所应用的会计准则。如发行人已执行财政部于2006年2月15日颁布的企业会计准则

（以下简称"新会计准则"），核实发行人执行新会计准则的起始时间以及发行人按照《企业会计准则第 38 号——首次执行企业会计准则》进行财务报表追溯调整情况。如发行人为国有企业且处在应用新会计准则的过渡期，通过询问发行人审计机构核实发行人合并财务报表编制的依据。如发行人财务报告涉及对于年初科目余额进行调整的情况，主承销商应结合调整原因，判断在注册材料中进行财务分析时是否应采用经调整的年初数。

### 案例分析 1　某公司应用新会计准则情况尽职调查

甲公司为一家综合型上市公司，以 2006 年、2007 年、2008 年以及 2009 年 1—9 月的财务数据为基础申报注册发行中期票据，准备在 2010 年上半年发行 20 亿元三年期中期票据。

甲公司自 2007 年 1 月 1 日起执行财政部 2006 年 2 月 25 日颁布的企业会计准则及其补充规定，为了保证财务数据的可比性，甲公司需要对 2006 年的财务数据进行追溯调整。此外，按照证监发〔2006〕136 号文和证监会计字〔2007〕10 号文的规定，依据《企业会计准则第 38 号——首次执行企业会计准则》第五条至第十九条以及《企业会计准则解释第 1 号》的相关规定，2007 年报表年初数按照追溯调整的原则进行调整后而编制，2006 年财务数据采用经追溯的 2007 年期初数。

根据上述情况，主承销商应要求甲公司需要对采用追溯调整的原因、范围以及 2006 年末财务数据采用 2007 年期初数的原因作出必要说明。

### 案例分析 2　某公司调整年初科目余额情况尽职调查

甲公司为一家通信公司，以 2006 年、2007 年、2008 年以及 2009 年 1—9 月的财务数据为基础申报注册发行中期票据，准备在 2010 年上半年发行 20 亿元三年期中期票据。

甲公司 2008 年 6 月订立 A 业务出售框架协议，并于 10 月完成了出售 A 业务，根据企业会计准则中关于"终止经营"的规定，公司 A 业务分部被确认为终止经营业务。对于终止经营业务的列报，因企业会计准则并未明确规定，为了直观地体现持续经营业务和终止经营业务的经营成果，提供更相关的财务信息，甲公司参照了国际财务报告准则第 5 号《待出售非流动资产及终止经营业务》对于终止经营业务列报的规定，在编制 2008 年财务报表时将 A 业务分部的经营成果及现金流量作为终止经营业务单独列示于本公司 2008 年度合并利润表及现金流量表中，甲公司合并利润表及现金流量表于 2007 年度的比较数字也相应进行重列以反映此终止经营业务。

综上所述，主承销商经过尽职调查和审慎判断后应要求甲公司保持最近三年及一期财务数据的可比性。甲公司分析2007年和2008年的数据时，所使用的财务数据摘录自2008年度的财务报表，因此2007年的数据是经过重列的数据，与2007年度财务报表中的数据存在差异，甲公司应对此作出相应说明。

主承销商应查阅最近三年的审计报告，核实注册审计机构对发行人财务报告是否出具了标准无保留意见的审计报告。如审计意见为非标准无保留意见，应要求发行人以及发行人审计机构对审计报告涉及事项处理情况作出说明。

如发行人最近三年更换审计机构的，主承销商应通过咨询发行人会计人员、查阅发行人有关会议记录、取得发行人高级管理人员书面说明等方法，调查发行人更换审计机构的原因、发行人履行内部审批程序情况、前后任审计机构的审计意见情况等。

**案例分析3　某公司非标准无保留意见审计报告尽职调查**

甲公司为一家城市投资公司，以2006年、2007年、2008年以及2009年1—9月的财务数据为基础申报注册发行中期票据，甲公司这三年的审计报告意见都是非标准无保留审计意见。

其中，2008年，甲公司其他应收款中包括预付给政府的用于购买土地使用权以及相关的设计费用，共计1.5亿元，截至审计报告签署日，此项目尚未由相关政府部门确定。同时甲公司也无法确定何时开始实施计划，以及何时能获得批准，也不能确定是否应为此预付款项提取减值准备。因此，审计机构出具了带强调事项段的审计报告。

2007年，甲公司拥有对共同控制企业的长期股权投资账面价值3.3亿港元，2007年内确认投资收益0.41亿港元。审计机构因为无法实施令人满意的审计程序以确认此项长期股权投资账面价值及收益的准确性，因此出具了保留意见的审计报告。

2006年，甲公司的子公司对账面面值0.96亿港元的房产计提0.86亿港元的减值准备，审计机构无法实施满意的审计程序以获取充分、适当的审计依据以确认该项资产减值计提的合理性，因此出具了保留意见的审计报告。

根据以上情况，主承销商应要求甲公司充分披露审计机构出具的审计报告以及公司对于非标准无保留审计意见的说明。

2. 主要会计科目调查

主承销商应调查发行人的各主要会计科目，关注余额有重大变动的相关科目，通过询问发行人和审计机构调查科目余额出现重大变动的原因。

主承销商应通过各主要会计科目之间的勾稽关系调查发行人财务报表的真实合理性。

（1）主营业务收入

主承销商通过询问审计机构，查阅银行存款、应收账款、销售收入等相关科目等方法，了解实际会计核算中发行人所属行业收入确认的一般原则以及发行人确认收入的具体标准，判断收入确认具体标准是否符合会计准则的要求。参照同行业其他发行人的情况，分析发行人收入的变动情况及其与成本、费用等财务数据之间的配比关系是否合理。

（2）主营业务成本

主承销商应根据发行人的业务流程，搜集相应的业务管理文件，了解发行人生产经营各环节成本核算方法和步骤，确认发行人成本核算的方法是否保持一致。

（3）期间费用

主承销商应对照各年营业收入的环比分析，核对与营业收入直接相关的营业费用变动趋势是否与前者一致。两者变动趋势存在重大不一致的，应进行重点核查。

主承销商应对比分析是否存在异常的管理费用项目，如存在，应通过询问发行人审计机构和发行人财务部门等方式予以重点核查。

如发行人存在较大银行借款等有息债务的，主承销商应对其利息支出情况进行测算，判断其偿债能力，并结合对固定资产的调查，确认大额利息资本化的合理性。

（4）货币资金

主承销商应查阅审计报告获取货币资金科目的相关信息，关注报告期货币资金的期初余额、本期发生额和期末余额。通过查阅审计报告附注了解货币资金明细及变动原因说明，重点关注大额货币资金的流入和流出，判断其合理性以及存在的风险。

（5）应收账款

主承销商应查阅发行人最近三年审计报告及一期的财务报表，关注"应收账款"、"坏账准备"科目的变化情况，结合发行人行业特点、业务收入状况和时间点等因素判断应收账款余额及其变动是否合理，了解大额其他应收款余额的形成原因，分析其合理性、真实性、收回可能性及潜在的风险。通过查阅审计报告附注了解发行人应收账款和其他应收款账龄结构并判断是否合理，了解账龄较长应收款项的形成原因及发行人采取的措施，核查发行人是否按规定提取坏账准备、提取是否充分。

（6）存货

主承销商应获取发行人存货的详细资料，包括存货种类、存货数量、存放地点等关键信息，结合发行人主营业务特点，查阅审计报告附注并分析比较发行人存货账龄，评价账龄是否合理，了解是否有账龄较长的存货，核查发行人是否按规定提取存货跌价准备、提取是否充分。

（7）主要债务

主承销商应取得发行人银行借款资料、担保方式以及各家银行对于发行人的授信情况等资料，发行人在主要借款银行的资信评级情况，是否存在逾期借款，有逾期未偿还债项的，主承销商应了解发行人未按期偿还的原因、预计还款期等。

主承销商应核实发行人直接债务融资情况，包括但不限于发行人及其合并范围内企业在境内尚未到期的、正在申请或拟申请发行的企业债、公司债、非金融企业债务融资工具、金融债、次级债、财务公司金融债等以及在境外尚未到期的、正在申请或拟申请发行的各类债券。

主承销商应了解应付票据是否真实支付、大额应付账款的账龄和逾期未付款原因、大额其他应付款及长期应付款的具体内容和业务背景、大额应交税金欠缴情况等，主要合同承诺的债务金额、期限、成本。对于其他应付款数额巨大的，要了解其原因，同时对发行人会计制度规范性要加以关注。

主承销商应取得发行人其他有息债务期限、余额、结构、明细。

（8）现金流

主承销商应取得发行人最近三年又一期内现金流量资料，结合发行人行业特点、规模特征、销售模式等对发行人经营活动、投资活动和筹资活动产生的现金流量进行全面分析。同时将现金流量和企业的主营收入和净利润比照来看，确定发行人的营业利润是否有经营现金流的支持。

（9）调查发行人收入、成本、费用的配比性

主承销商应通过分析发行人收入、成本、费用的变动趋势、比例关系等，基于同行业其他公司情况或行业标准判断发行人收入与成本、费用，成本、费用与相关资产摊销等财务数据之间的配比或勾稽关系是否合理，如明显缺乏合理的配比或勾稽关系，应要求发行人管理层作出说明。

3. 会计政策稳健性调查

（1）调查发行人资产减值准备会计政策的稳健性

主承销商应通过询问发行人审计机构等方法，了解发行人各项资产减值准备的计提方法是否符合会计准则的相关规定，依据是否充分，比例是否合理。

（2）调查发行人投资会计政策的稳健性

主承销商应与发行人管理层及相关负责人交谈，了解发行人投资的决策程序、管理层对投资风险及其控制的态度，重点关注风险较大的投资项目。关注发行人对纳入合并报表范围企业的投资核算方法是否恰当。征询发行人审计机构意见，关注影响纳入合并报表范围企业财务状况的重要方面，评价其财务报

表信息的真实性。

（3）调查发行人固定资产和折旧会计政策的稳健性

主承销商应查阅发行人经审计的财务报告，了解发行人固定资产的计价政策、折旧方法、使用年限和残值率的估计，判断相关会计政策和估计是否符合会计准则的相关规定。分析累计折旧占固定资产原值的比重，判断固定资产是否面临淘汰、更新、大修、技术升级等情况，并评价其对发行人财务状况和持续经营能力的影响程度。关注发行人购建、处置固定资产等是否履行了必要的审批程序，手续是否齐全。

（4）调查发行人无形资产会计政策的稳健性

主承销商应查阅发行人经审计的财务报告，了解发行人无形资产的计价政策、摊销方法、摊销年限，评价相关会计政策和估计是否符合会计准则的相关规定，判断其合理性。

（5）调查发行人利息费用项目会计政策的稳健性

主承销商应通过询问审计机构和查阅审计报告附注来调查发行人利息费用资本化的情况。对计入当期损益的利息费用，主承销商也应通过查阅借款合同、资金使用合同、审计报告等方法，调查发行人利息费用是否真实、完整。主承销商应关注逾期借款利息、支付给关联方的资金使用费等，判断发行人是否存在财务费用负担较重的风险。

（6）调查发行人合并财务报表会计政策的稳健性

主承销商应查阅发行人及其纳入合并范围企业的财务报告，结合发行人投资会计政策稳健性的调查情况，了解发行人及其纳入合并范围企业的股权关系，取得发行人最近三年及一期合并财务报表合并范围的变动情况及变动原因，调查发行人合并范围的确定及变动是否合理、发行人与其纳入合并范围企业会计期间和会计政策是否一致，如存在不一致的情况，有关处理是否符合规定，判断发行人合并财务报表合并抵消的内容和结果是否准确。

## 3.5.2 财务指标计算、分析

《募集说明书指引》第三十条规定"企业应披露最近三年及一期的主要财务指标。财务指标包括但不限于偿债能力指标、盈利能力指标、运营效率指标"。

主承销商应根据发行人最近三年及一期的财务报告（合并/母公司口径），计算最近三年及一期发行人各期的资产负债率、流动比率、速动比率、应收账款周转率和存货周转率等主要财务指标，分析发行人的盈利能力、偿债能力、营运能力及获取现金能力，综合评价发行人财务风险和经营风险，判断发行人财务状况是否良好。各项财务指标与同行业可比公司平均水平相比有较大偏离的，或各项财务指标及相关会计项目有较大变动或异常的，应分析原因并进行调查。具体分析至少包括：

1. 资产负债结构分析

（1）流动资产分析，至少包括货币资金、应收账款、预付账款、存货等重要科目，重点关注科目的期末余额以及占比变动情况并分析其变动原因。其中，应对应收账款账龄进行分析，判断发行人是否对期限较长应收账款提取足额坏账准备，对存货构成情况以及跌价准备计提情况进行分析，判断发行人存货变动是否合理。结合发行人流动负债情况，判断发行人营运资金情况。

（2）非流动资产分析，至少包括固定资产、在建工程、无形资产等重要科目，重点关注科目的期末余额及占比变动情况并分析其变动原因。其中，应对固定资产科目构成情况进行分析并结合发行人未来投资计划判断公司资金需求，应对无形资产构成情况进行分析。

（3）流动负债分析，至少包括短期借款、应付票据、应付账款、预收账款等重要科目，重点关注科目的期末余额及占比变动情况并分析其变动原因，判断发行人短期偿债压力。其中，应对发行人短期借款、应付票据和应付账款构成情况进行分析，判断发行人未来现金支出需求。

（4）非流动负债分析，至少包括长期借款、应付债券以及其他重要科目，重点关注科目的期末余额及占比变动情况并分析其变动原因，判断发行人长期偿债压力。其中，应结合发行人投资需求判断发行人长期借款规模是否合理，是否存在优化债务结构空间。

**案例分析1　某公司资产结构分析**

甲公司所处的行业为软件与信息服务业，主营业务为行业解决方案与服务、IT咨询及IT产品增值服务。甲公司以2006年、2007年、2008年以及2009年1—9月的财务数据为基础申报注册发行中期票据，准备在2010年上半年发行5亿元三年期中期票据。

甲公司的资产结构特点为流动资产比例较高，货币资金、应收账款、预付款项、其他应收款和存货是流动资产的主要组成部分，以流动资产为主的资产结构主要是由于本公司所处行业及主营业务特点所致。

由于行业特点，甲公司的应收账款主要为应收取的已结算合同款和质量保证金等相关款项。2009年9月末公司的应收账款净额为34 054万元（余额为36 974万元，计提坏账准备2 920万元），与2006年末的净额21 483万元相比有大幅增加，主要由于近年业务规模扩张导致营业收入快速增加所致。甲公司的应收账款以2009年9月30日为基准日分析，一年以内的应收账款占总额的71.24%，两年以内的应收账款占总额的84.9%，不存在与需要披露的关联方之间的往来账项，同时按不同账龄依据稳健性原则分别计提2.5%～100%的坏账准备，真实地反映了应收账款的资产质量。甲公司的账龄划分为 1 年以内、1—2 年、2—3 年、3—4 年、4—5 年和 5 年以上六个档位，分别对应的坏账计提比例为 2.5%、5%、15%、35%、80% 和 100%，与同行业主要可比公司相比，甲公司综合坏账准备提取比例适中。甲公司的客户大部分是国有企业或事业单位，且都存在长期合作关系，发生坏账损失的风险相比较小，所以甲公司对于应收账款的会计处理符合要求，真实可靠地反映了应收账款的质量。

甲公司的负债结构中流动负债比例较高，2009 年 9 月末、2008 年末、2007 年末和 2006 年末占总负债的比重分别为 98.08%、97.85%、97.06% 和 97.00%。流动负债主要包括应付账款、预收账款、应交税金和其他应付款等，其中预收账款占比最大。

甲公司预收账款主要为合同开始执行后，客户预先支付的合同款，主要用于与合同相关的设备、物资的购置。2009 年 9 月末预收账款余额为 43 963 万元，较 2008 年末增长 31%。2008 年末预收账款余额为 33 476 万元，较 2007 年末增长 12%。预收账款余额呈逐年快速增加趋势，主要是由于公司业务规模大幅扩张，新签合同数量及合同金额迅速增加，客户支付的预收款项也相应增加所致。从相对比例来看，预收账款占总负债的比例较高，2009 年 9 月末、2008 年末、2007 年末和 2006 年末分别达到 61.59%、60.42%、61.33% 和 61.52%，基本保持稳定。

总体来看，甲公司的总体资产负债结构呈现明显的高流动性特征，流动资产占总资产和流动负债占总负债比例均超过 90%。甲公司行业及业务特点是形成上述资产负债结构的主要原因，甲公司主要从事行业解决方案与服务、IT 咨询、IT 产品增值服务等业务，主要客户集中在政府机关、事业单位及大型国有企业，合同金额较高，因此需要占用大量资金。近年来，甲公司处于快速发展阶段，所需流动资金较大程度依赖客户提供的预付款。公司业务的上述特点导致流动负债数额较大，特别是预收账款余额较大，同时形成高负债率的财务结构。流动资金较多依赖经营性应付项目，具有无须支付利息费用降低资金成本的优点。但由于客户预付款具有时间限制，不能用于企业长期的资金规划，一定程度上影响了甲公司业务规模扩张的能力。

根据以上情况，主承销商经过尽职调查和审慎判断后认为甲公司高负债率的财务结构主要是因为经营性应付项目较多导致的，但是这种性质的流动负债不存在支付利息的压力，占流动负债较大比重的预收账款只需要交付相应的产品或服务即可。因此判断甲公司资产质量良好，经营业绩呈上升趋势，同时公司需要资金进行业务规模扩张，发行中期票据风险较小，可以发行中期票据。

2. 偿债能力分析

通过对发行人报告期内的资产负债率、流动比率、速动比率、EBITDA 利息保障倍数等偿债能力指标按照时间顺序进行比较，重点关注有关财务指标的变动情况并分析其对于发行人偿债能力的影响，如某项财务指标有较大变动或异常的，应深入分析原因并进行调查。

上述财务比率的计算标准为

资产负债率 = 总负债 ÷ 总资产 × 100%

流动比率 = 流动资产 ÷ 流动负债

速动比率 = （流动资产 − 存货）÷ 流动负债

EBITDA（息税折旧摊销前利润）= 税前利润 + 利息支出 − 资本化利息支出 + 固定资产折旧 + 无形资产摊销 + 长期待摊费用摊销

EBITDA 利息保障倍数 = EBITDA ÷ 利息支出

总债务/EBITDA 指标 = 总债务 ÷ EBITDA

3. 盈利能力分析

通过对营业收入、营业成本、毛利润及毛利率、期间费用、净利润及净资产收益率等盈利能力指标按照时间顺序进行比较，重点关注有关财务指标的变动情况并分析其对于发行人偿债能力的影响，如某项财务指标有较大变动或异常的，应深入分析原因并进行调查。其中，根据发行人主营业务特点，重点分析发行人营业收入变动情况、营业成本构成情况以及毛利润变化情况。

上述有关财务比率的计算标准为

毛利率 = （营业收入 − 营业成本 − 营业税金及附加）/营业收入 × 100%

净利润率 = 净利润（含少数股东权益）/营业收入 × 100%

营业利润率 = 营业利润/营业收入 × 100%

4. 营运效率

通过对存货周转率、应收账款周转率、流动资产周转率、总资产周转率等营运能力指标按照时间顺序进行比较，重点关注有关财务指标的变动情况并分析其对于发行人偿债能力的影响，如某项财务指标有较大变动或异常的，应深入分析原因并进行调查。

上述财务比率的计算标准为

存货周转率 = 营业成本 ÷ 存货平均余额

应收账款周转率 = 营业收入 ÷ 应收账款平均余额

流动资产周转率 = 营业收入 ÷ 流动资产平均余额

总资产周转率 = 营业收入 ÷ 总资产平均余额

其中，科目平均余额为该科目期初余额和期末余额的平均值，区间比率需要进行年化，相应年化标准为第一季度财务数据计算比率×4，半年度财务数据计算比率×2，前三个季度财务数据计算比率×（4/3）。

5. 现金流量分析

通过对经营活动、投资活动、筹资活动现金流分析，重点关注科目的期末余额及占比变动情况并分析其变动原因。如某项现金流指标有较大变动或异常的，应深入分析原因、进行调查并判断对于发行人偿债能力的影响。

**案例分析 2　某公司财务指标分析**

甲公司所处的行业为软件与信息服务业，主营业务为行业解决方案与服务、IT 咨询及 IT 产品增值服务。甲公司以 2006 年、2007 年、2008 年以及 2009 年 1—9 月的财务数据为基础申报注册发行中期票据，准备在 2010 年上半年发行 5 亿元三年期中期票据。

甲公司各项偿债指标如下表所示：

| | 2009 年 1—9 月 | 2008 年 | 2007 年 | 2006 年 |
|---|---|---|---|---|
| 流动比率 | 1.29 | 1.27 | 1.26 | 1.26 |
| 速动比率 | 1.27 | 1.26 | 1.24 | 1.24 |
| 资产负债率（%） | 76.23 | 76.74 | 77.67 | 79.11 |
| 息税折旧摊销前利润（万元） | 7 837 | 7 593 | 7 669 | 6 996 |
| 利息保障倍数 | 124.23 | 63.89 | 34.12 | 15.74 |

最近三年及一期甲公司息税折旧摊销前利润逐年大幅度增长、利息保障倍数指标不断改善，因此甲公司具有较强的偿债能力。其中 2008 年息税折旧摊销前利润较 2007 年有所下降，主要是由于非经常性损益项目的影响：2007 年根据新会计准则冲减职工福利费 522 万元。

甲公司最近三年及一期的业务收入呈现持续、快速增长的趋势，2009 年 1—9 月、2008 年、2007 年和 2006 年的营业收入分别为 168 022 万元、133 341 万元、124 009 万元和 119 702 万元。公司主营业务收入的快速增长得益于行业解决方案与服务、IT 咨询服务和 IT 产品增值服务三类业务的全面增长。甲公司客户主要集中于政府机关、公共事业、金融和能源行业，上述四行业对主营业务收入的贡献达 67%，公司长期以来为政府及公共事业部门提供产品及服务，在客户中享有良好的信誉，使得企业可以持续盈利。营业成本也有所上升，其增长主要是因为同期业务规模扩大，营业收入增加所致，符合成本收入配比原则。公司的毛利率 2006 年、2007 年、2008 年和 2009 年 1—9 月分别是 14.15%、14.8%、15.05% 和 15.57%，略高于行业平均水平。毛利率提高的主要原因是随着公司业务架构的成熟和信息化的深入，增加了公司提供行业解决方案服务的技术含量及服务附加值，所以甲公司的持续盈利能力较强。

由于行业特点，甲公司的存货占总资产比例非常小，经营活动大部分采用签订合同之后即由客户预付款的方式结算，而应收账款的回款周期与产品的服务周期相符，因此营运效率很高。

甲公司最近三年及一期经营活动产生的现金流量净额和现金及现金等价物净增加额均为正数，反映了公司日常经营的现金流状况良好；2006 年、2007 年、2008 年和 2009 年 1—9 月公司销售商品、提供劳务所收到的现金占同期营业收入的比例分别为 114%、116%、116% 和 117%，反映了本公司销售回款情况良好。筹资活动的支出只是为支付股利的现金。

综上所述，主承销商经过尽职调查和审慎判断后认为甲公司盈利能力持续增长，偿债能力较强，目前没有债务利息支出，发行中期票据的风险较小，可以发行中期票据。

### 3.5.3　关联交易情况

《募集说明书指引》第三十二条规定"企业应全面披露关联交易情况，主要包括产品销售、原材料采购、劳务提供、资产租赁、应收应付款项、融资、担保等的关联交易及金额"。

本书"3.2 经营独立性调查"部分已就企业独立性情况和重大关联交易情况作了较为细致的阐述。

主承销商应通过与发行人管理层交谈、查阅发行人财务报告附注、股权结构图、组织结构图、发行人重要会议记录和重要合同等方法，确认发行人所有关联方及关联方关系。如发行人为上市公司，关联方应按照上市规则规定的标准确定。

主承销商应通过与发行人管理层、审计机构和主要业务部门负责人交谈、查阅账簿和相关合同、听取发行人律师及审计机构意见等方法调查发行人关联交易的以下内容：

（1）关联交易的有关决策是否按照发行人章程或其他规定履行了必要的审批程序；

（2）关联交易定价是否公允，与市场独立第三方价格是否有较大差异，如有，应要求管理层说明原因；

（3）来自关联方的收入占发行人主营业务收入的比例、向关联方采购的金额占发行人采购总额的比例是否较高；

（4）关联方的应收、应付款项余额分别占发行人应收、应付款项余额的比例是否较高，关注关联方交易的真实性和关联方应收款项的可收回性；

（5）关联方交易产生的利润占发行人利润总额的比例是否较高；

（6）关联方交易有无大额销售退回情况，如有，关注其对发行人财务状况的影响；

（7）是否存在关联方关系非关联化的情形，例如，与非正常业务关系单位或个人发生的偶发性或重大交易，缺乏明显商业理由的交易，实质与形式明显不符的交易，交易价格、条件、形式等明显异常或显失公允的交易，应当考虑是否为虚构的交易、是否实质上是关联方交易或该交易背后还有其他安排；

（8）关联方交易存在的必要性和持续性。

### 3.5.4　有息债务情况

《募集说明书指引》第三十一条规定："企业应说明最近一个会计年度期末有息债务的总余额、债务期限结构及主要债务起息日、到期日及融资利率情况"。

主承销商应对发行人的有息债务情况进行尽职调查，关注其直接债务融资情况、间接债务融资情况和未来有息债务偿还计划等。

1. 直接债务融资情况

主承销商应查阅发行人及其下属子公司过去所发行的已到期和未到期的债务融资产品，包括但不限于中期票据、短期融资券、中小企业集合票据、企业债券、公司债券、可转换债券、分离交易可转换债券、可交换公司债券等。查阅内容应包括发行日期、发行规模、期限结构、发行利率、交易场所、债券评级、债券担保、含权情况等。

主承销商应重点关注发行人已到期债务融资产品的偿还情况，若发行人存在逾期未偿还债项的，应核查其金额、利率、募集资金用途、未按期偿还原因、预计还款期等，并结合企业历史违约记录对本期债务融资工具的风险进行评估。

主承销商应关注发行人未来是否有直接融资计划，若有，则应关注发行人未来直接融资的发行产品、发行时间、发行规模、债券期限等，并评估未来新增直接融资可能对发行人偿债能力的影响。

2. 间接债务融资情况

主承销商应查阅发行人及其主要子公司的银行借款资料，了解其在各金融机构的授信情况、资信评级情况和借款使用情况，关注发行人及其主要子公司大额长期借款的借款机构、起息日、到期日、融资利率、金额等。

主承销商应关注发行人的债务期限结构，可以分短期借款、一年内到期的长期借款和长期借款三类来查阅发行人最近三个会计年度期末的债务期限结构，也可以分一年内到期、一至二年内到期、二至五年内到期和五年外到期来查阅发行人最近三个会计年度期末的债务期限结构。

主承销商应关注发行人有息债务的担保结构，查阅其最近一个会计年度期末的信用借款、抵押借款、质押借款和担保借款规模。

主承销商应重点关注发行人是否存在逾期借款，若存在逾期未偿还借款的，应核查金额、利率、借款资金用途、未按期偿还原因、预计还款期等，并结合企业历史违约记录对本期债务融资工具的风险进行评估。

3. 未来有息债务偿还计划

主承销商应根据发行人有息债务情况测算未来几年的有息债务偿还规模，并根据测算结果评估发行人未来各年的偿债压力和偿债风险。

**案例分析　某公司有息债务情况尽职调查**

甲公司为制造业企业，其主要产品为大型火电设备、水电设备和风电设备。该公司曾于 2007 年 8 月发行了利率为 1.2% 的 15 亿元六年期分离交易可转换债券，并于 2009 年 10 月发行了利率为 4.5% 的 20 亿元五年期中期票据。甲公司计划于 2011 年上半年发行 10 亿元三年期中期票据，并聘请乙银行和丙证券公司作为主承销商协助此次发行工作。

甲公司在各大银行都保持了较好的信用记录，历史上无贷款违约现象，因而其贷款到期后基本可以很方便地续借资金。

在不考虑未来新增直接债务融资的情况下，乙银行和丙证券公司经过尽职调查，测算了甲公司未来五年的偿债计划，具体如下表所示：

| 年份 | 2010 | 2011 | 2012 | 2013 | 2014 |
|---|---|---|---|---|---|
| 偿债金额（亿元） | 1.08 | 1.08 | 1.08 | 16.08 | 20.90 |

乙银行和丙证券公司由上表发现，甲公司在 2014 年面临较大的偿债压力，若该公司在 2011 年上半年发行 10 亿元三年期中期票据，将加剧公司在 2014 年的偿债压力。因此，乙银行和丙证券公司建议甲公司更改融资方案：备选方案一为将发行期限更改为五年期；备选方案二为延迟发行计划，更改为 2012 年发行；备选方案三为制定本金提前偿还方案，即从中期票据存续第二年即开始偿付部分本金。甲公司接受了第一套备选方案，从而减缓了公司 2014 年的偿债压力，使得公司的债务期限结构配比更加合理。

### 3.5.5　担保和未决诉讼（仲裁）等重大或有事项或承诺事项情况

《尽职调查指引》第八条规定"尽职调查的内容应包括或有事项及其他重大事项情况"。

《募集说明书指引》第三十三条规定"企业应对截至募集说明书签署之日对外担保和未决诉讼（仲裁）等重大或有事项或承诺事项作详细披露，并对可能产生的损失作合理估计"。

主承销商应对发行人的担保和未决诉讼等重大或有事项或承诺事项情况进行尽职调查。关注其对外担保情况、对内担保情况、未决诉讼（仲裁）情况、重大承诺事项情况等重大或有事项情况。

1. 对外担保情况

主承销商应查阅发行人对外担保的相关资料，查阅内容应包括担保金额、担保期限、担保方式、担保范围、担保各方之间的权利和义务关系、反担保和共同担保情况等。对于担保金额较大、担保期限较长的重大担保合同，主承销商除查阅上述内容外，还应仔细查阅担保协议或担保函，核查以下内容：

（1）被担保人的名称、注册资本、住所、生产经营情况，与发行人有无关联关系，以及最近一期的财务情况；

（2）主债务的种类、金额和履行债务的期限；

（3）若担保采用抵押、质押方式的，应查阅担保物的种类、数量、价值等相关情况；

（4）解决争议的方法；

（5）其他对担保人有重大影响的条款；

（6）担保履行情况。

主承销商应计算担保金额占发行人净资产、总资产的比重，计算发行人直接或间接为资产负债率较高的被担保对象提供的债务担保金额，调查担保决策过程是否符合有关法律法规和公司章程等的规定，该项担保对发行人正常经营是否必要，分析一旦发生损失对发行人正常生产经营和盈利状况的影响程度，调查被担保方是否具备履行义务的能力、是否提供了必要的反担保等。

2. 对内担保情况

主承销商应查阅发行人对内担保的相关资料，查阅内容应包括担保金额、担保期限、担保方式、担保范围等。

3. 未决诉讼（仲裁）情况

主承销商应查阅发行人及主要附属企业是否存在重大诉讼（仲裁）情况，并分析该等已决和未决诉讼（仲裁）情况对发行人可能产生的重大影响。重大诉讼（仲裁）可根据涉案金额大小、涉案金额占发行人最近一期净资产比例或对发行人盈利能力和持续经营的影响程度等来判定。

对于重大诉讼（仲裁），主承销商应关注以下内容：

（1）受理该案件的法院名称。

（2）提起诉讼的日期。

（3）诉讼的当事人和代理人、案由、诉讼请求。

（4）可能出现的处理结果（发行人获得补偿或者支付赔偿的可能性）或已生效法律文书的主要内容等。

（5）诉讼、仲裁案件对发行人的影响，包括但不限于对发行人财务状况、经营成果、声誉、业务活动、盈利能力及未来前景等可能产生的重大影响。

主承销商应关注发行人过去所受到的重大行政处罚情况。

**案例分析　某公司未决诉讼情况尽职调查**

甲公司是一家经营家电生产业务的制造类企业，净资产规模2亿元。甲公司计划于2011年上半年发行5 000万元一年期短期融资券，并聘请乙银行和丙证券公司作为主承销商协助此次发行工作。

2007年4月，A公司从银行贷款3 000万元，期限四年，由甲公司全额担保；2008年1月，B公司从银行贷款2亿元，期限二年，由甲公司担保50%；2008年10月，C公司从银行贷款5 000万元，由甲公司担保50%。A公司主要从事外贸行业，2008年和2009年经营业绩大幅下滑，在2010年业绩有所回升，但是公司规模、经营效益都大不如前，可能不能到期偿还债务，据此甲公司可能要承担连带责任。B公司在2010年债务到期时，逾期未归还贷款。银行已起诉B公司和甲公司，公司尚未接到法院的判决，甲公司很有可能承担连带责任，但是具体金额尚不确定。C公司经营状况良好，预计不会存在还款困难。

乙银行和丙证券公司经过尽职调查，对甲公司以上的债务担保情况得出以下结论：甲公司对于A公司和B公司的债务担保形成甲公司的或有负债，而且总金额高达1.3亿元，为该公司净资产的65%，可能对甲公司2011年的经营业绩造成重大影响，甲公司发行一年期短期融资券存在较大风险。乙银行和丙证券公司经过尽职调查和审慎判断后建议甲公司放弃此次短期融资券发行计划。

4. 重大承诺情况

主承销商应关注的发行人重大承诺事项，包括但不限于已签订的尚未履行或尚未完全履行的对外投资合同及有关财务支出、已签订的正在或准备履行的大额发包合同、已签订的正在或准备履行的租赁合同及其财务影响、已签订的正在或准备履行的并购协议、已签订的正在或准备履行的重组计划、其他重大财务承诺等。

主承销商应关注各项重大承诺事项存在的原因和金额，并关注其可能对发行人财务状况、经营成果、声誉、业务活动、盈利能力及未来前景等可能产生的重大影响。

## 3.5.6　资产限制用途情况

《募集说明书指引》第三十四条规定"企业应披露截至募集说明书签署之日的资产抵押、质押、担保和其他限制用途安排，以及除此以外的其他具有可对抗第三人的优先偿付负债的情况"。

主承销商应对发行人的资产抵押、质押和其他限制用途安排情况进行尽职调查，包括所有具有可对抗第三人的优先偿付负债的情况等。

1. 资产抵押

主承销商应查阅发行人抵押的土地、建筑物等固定资产的清单，对于金额较大、期限较长的重大资产抵押，主承销商应查阅相关土地使用证、批准土地使用权出让的文件、国有土地使用权出让合同、固定资产所有权证明、抵押合同、抵押登记手续和提供抵押的授权文件等，关注抵押金额、抵押期限和抵押物的最新评估价值等。

主承销商在查阅抵押合同或抵押协议时，应关注协议中约定的在抵押物价值减少时的追加抵押条款和提前还款（偿债）条款，并在充分尽职调查的基础上分析提前还款（偿债）的可能性以及提前还款（偿债）是否会对发行人的持续生产经营和偿债能力构成影响。

2. 资产质押

主承销商应查阅发行人质押的股份、股权、商标、专利等资产质押清单，对于金额较大、期限较长的重大资产质押，主承销商应查阅相关质押资产的权属证明文件、质押登记手续、质押协议、质押保管手续和提供质押的授权文件等，关注质押金额、质押期限和质押物的最新评估价值等。

主承销商在查阅质押合同或质押协议时，应关注协议中约定的在质押物价值减少时的追加质押条款和提前还款（偿债）条款，并在充分尽职调查的基础上分析提前还款（偿债）的可能性以及提前还款（偿债）是否会对发行人的持续生产经营和偿债能力构成影响。

**案例分析　某公司资产抵质押情况尽职调查**

甲公司是一家经营计算机软件开发业务的信息技术企业，净资产规模20亿元，前三年的平均可分配利润为1.5亿元。甲公司计划于2011年上半年发行5亿元三年期中期票据，并聘请乙银行和丙证券公司作为主承销商协助此次发行工作。甲公司在各大银行都保持了较好的信用记录，历史上无贷款违约现象。

2008年3月，甲公司以一栋自用的办公楼作抵押，从银行贷款2亿元，抵押期限自2008年3月2日至2011年3月2日，目前已偿还0.9亿元，尚有1.1亿元未归还。该办公楼的账面价值为1.8亿元，未计提资产减值准备，初始评估价值为3亿元。初始担保金额是借款金额的1.5倍。

2009年4月，甲公司以拥有的A公司的15 000万股股份为质押担保发行了利率为5%的6亿元五年期企业债，该债券采用单利，按年计息，不计复利，逾期不单独计算利息。发行时，根据A公司股票市价，约定质押股权的价值为15

亿元。质押担保物价值是债券面值的 2.5 倍。

乙银行和丙证券公司经过审慎尽职调查，对甲公司以上的资产抵押情况得出以下结论：

对于甲公司抵押给银行的办公楼，办公楼的房产证真实，房产归甲公司所有，在房产管理局已办妥抵押登记手续，抵押协议、借款合同齐全。双方在抵押协议中约定抵押物价值与未归还贷款比例不低于 0.7，同时银行要求抵押物的价值已经减少时，甲公司必须恢复抵押物的价值，或者提供与减少的抵押物价值相当的抵押物。银行要求恢复抵押物的价值或者提供相应抵押物遭到拒绝时，银行可以停止发放贷款或收回部分直至全部贷款。目前，因为甲公司办公楼所处区域规划发生了重大变化，资产评估机构对于此办公楼的最新评估价值为 1 亿元。甲公司属于信息技术企业，可用于抵押的不动产仅限于已抵押的办公楼，因此甲公司面临提前偿还剩余 1.1 亿元贷款的风险，担保物价值与借款金额的比例为 1。然而，乙银行和丙证券公司经过进一步尽职调查发现，甲公司与贷款银行存在非常好的合作关系，过去无任何违约记录且与贷款银行有密切的业务往来，贷款银行要求甲公司提前偿付贷款的可能性非常低。

甲公司用于质押担保的股权，涉及的《债券受托管理协议》、《权利质押协议》、《质押资产及账户监管协议》、《证券质押登记申请表》等文件齐全有效。其中《权利质押协议》中约定：如果由于出质人的过错造成出质权利价值严重减少，并足以危害质权人权利的，质权人有权要求出质人提供相应的进一步担保。而一旦发生任何违约事件，质权人授权代表有权：①宣布本期债券加速到期，并要求发行人立即归还本期债券本金、利息和其他应付款项；②宣布实施或实现本协议项下的质权。A 公司的主营业务为软件开发以及外包业务，大约 25% 的营业收入来源于外包服务，此项收入在 2009 年锐减，2010 年 A 公司转变经营策略，业绩有所回升，但仍导致 2010 年以来公司股价发生大幅下跌，质押的 15 000 万股目前市价仅为 9 亿元，债权代理人要求甲公司如果质押物股价在未来 60 天内仍持续下跌，甲公司必须提供相应的进一步担保。乙银行和丙证券公司经过尽职调查发现，目前质押担保物金额与债券面值比例是 1.5 倍，仍然处在相对安全区间，且甲公司仍然持有 A 公司大量股份，有能力进行追加质押，因而提前偿付 6 亿元企业债的可能性非常低。

总体来看，甲公司经营状况和偿债记录良好。乙银行和丙证券公司经过尽职调查和审慎判断后，认为甲公司可以在对限制用途资产进行充分披露的基础上发行本期中期票据。

### 3.5.7　海外实业投资、衍生产品投资和持有金融资产情况

主承销商应对发行人的海外实业投资情况和衍生产品投资情况进行尽职调

查，衍生产品投资情况应包括远期、期货、期权和掉期及其组合产品（含通过银行购买境外机构的金融衍生产品）投资情况。

1. 海外实业投资情况

主承销商应查阅发行人的海外实业投资情况，了解发行人所有海外实业投资的投资时间、标的资产基本情况、标的资产所在国家和地区、持有权益比例、交易价格等。对于相对重要的海外实业投资，必要时，主承销商应关注以下几点内容：

（1）海外投资项目的可行性研究报告、商业计划、战略规划；

（2）投资的交易结构，关注交易成本、交易风险等；

（3）目标资产所在国的政治环境和经济环境，目标资产是否安全；

（4）目标资产的尽职调查报告，关注其未来经济效益等；

（5）目标资产使用计划或整合计划，关注是否存在整合风险；

（6）目标资产人员安排，与当地工会关系，关注是否存在人员离失导致资产质量下降情况。

对于持有较多海外资产的发行人，主承销商应关注其近三年的外汇平衡情况，有无汇率变动的避险措施等。

2. 衍生产品投资情况

主承销商应核查发行人的衍生产品投资情况，包括产品类型、持仓规模、持仓时间、止损限额等。对于持仓规模较大、持仓时间较长、止损无限额的重大衍生产品投资，主承销商应重点关注以下几点内容：

（1）审批程序。主承销商应对发行人投资衍生产品的审批流程进行调查，发行人进行衍生产品投资应经各级风险控制部门审核后，董事会或有权决策机构批准同意方可开展，对于国家规定必须经有关部门批准许可的业务，应得到有关部门批准。

（2）投资目的。主承销商应核查发行人投资衍生产品的目的，包括投机交易、套期保值等，主承销商应关注发行人进行衍生产品投资是否与主业经营相关。

（3）风险控制。主承销商应查阅发行人衍生产品投资的相关风险管理制度或手册，关注相关管理部门和人员的职责、独立的风险报告路径、应急处理预案、风险评估模型和方法、风险监控系统、资金管理划拨程序、审计监督体系等，覆盖事前防范、事中监控和事后处理等各个关键环节。

（4）操作流程。主承销商应核查衍生产品投资的专门机构、专门人员、业务流程和操作规范，核查前中后台人员的职责分离情况，风控、交易、财务、审计人员的职责分离情况，核查境外衍生产品投资的代理机构和交易人员。此外主承销商应关注发行人在衍生产品价值发生重大变化时的应急机制。

（5）合规情况。如果企业发行的债务融资工具尚存在存续期，主承销商应了解其在信息披露、募集资金使用等方面的合规情况。

（6）责任追究。主承销商应查阅发行人建立的衍生产品投资损失责任追究制度。

主承销商应关注发行人金融资产投资情况，查阅其是否存在持有金额较大的交易性金融资产和可供出售的金融资产、委托理财等财务性投资的情形，关注发行人投资的与国外衍生产品挂钩的理财产品或结构性存款等。

### 案例分析1　某公司衍生产品投资情况尽职调查

甲公司是一家航空公司，净资产规模30亿元。甲公司计划于2011年上半年发行10亿元一年期短期融资券，并聘请乙银行和丙证券公司作为主承销商协助此次发行工作。

为了锁定航油成本，甲公司2008年7月与若干对手方订立套期保值合约，期限到2012年，为期四年。2008年董事会授权套期保值合约的购入量占实际燃油采购量的50%±10%，订立合同时目标价为每桶80美元。合约约定在合同期间，甲公司有权以约定价格，按照事先确定的周期从对手方买入一定数量燃油；同时，对手方也有权以约定价格，按照事先确定的周期向甲公司卖出一定数量燃油。其中，上述甲公司有权买入燃油的价格远高于对手方有权卖出燃油的价格。换言之，只有油价保持高位运行甚至一直上涨，甲公司才可以获利。2008年7月11日，国际油价在飙升至每桶147.27美元之后，突然调头下挫，到2008年12月底，国际原油价格一度跌破40美元，跌幅已超过了70%。甲公司2008年亏损91.49亿元，其中燃油套期保值预计亏损达74.72亿元，占比82%。目前看来，油价仍处于低位运行，持续在每桶70美元左右徘徊，仍低于甲公司的合同目标价，而且预计在套期保值合约到期之前，油价仍会保持低价运行，不会有大幅上升。

乙银行和丙证券公司经过尽职调查和审慎判断后认为甲公司与若干对手方签订的套期保值合约并没有按照套期保值的规律来进行套期保值业务，可以定性为一部分是套期保值，大部分是投机，在合约中既买入看涨期权，又卖出看跌期权，这种复杂的合约操作过于追求套利，违背了套期保值最基本的规则。同时，国际油价持续在每桶70美元附近甚至更低的价位运行，很有可能在2011年和2012年为发行人带来较大的衍生品投资损失。因此甲公司发行一年期短期融资券风险较大。乙银行和丙证券公司经过尽职调查和审慎判断后建议甲公司放弃此次短期融资券发行计划。

### 3. 持有金融资产情况

主承销商应调查发行人持有交易性金融资产、持有至到期投资、贷款和应收款项、可供出售金融资产情况，了解发行人对于金融工具的确认依据和计量方法、金融资产转移的确认依据和计量方法、主要金融资产的公允价值确定方法、减值测试方法和减值准备计提方法等。发行人采用估值技术确定公允价值的，主承销商应核查相关估值假设及主要参数选取原则等。

对于交易性金融资产，主承销商应分别核查发行人的交易性债券投资、交易性权益工具投资、交易性基金工具投资、指定为以公允价值计量且其变动计入本期损益的金融资产、衍生金融资产等，查阅其期初公允价值和期末公允价值，并评估其给发行人带来重大损失的可能性。主承销商应关注发行人持有的交易性金融资产投资变现是否存在重大限制，以及相应原因。对于可供出售金融资产，主承销商应分别核查发行人可供出售的债券资产、可供出售的权益工具等，查阅其期初公允价值和期末公允价值，并评估其给发行人带来重大损失的可能性。

发行人持有金额较大的交易性金融资产、可供出售金融资产和委托理财等财务性投资的，主承销商应分析其投资目的、对发行人资金安排的影响、投资期限、发行人对投资的监管方案、投资的可回收性及减值准备的计提是否充足。

主承销商应关注发行人金融资产重分类情况，发行人将尚未到期的持有至到期投资重分类为可供出售金融资产的，应说明持有意图或能力发生改变的依据。主承销商应关注重分类的持有至到期投资金额及该金额占可供出售金融资产总额的比例，关注发行人出售但尚未到期的持有至到期投资金额，及其占该项投资在出售前金额的比例。

### 案例分析2　某公司持有金融资产情况尽职调查

甲公司是一家航空公司，净资产规模30亿元，前三年的平均可分配利润为2.5亿元。甲公司计划于2011年上半年发行7亿元五年期中期票据，并聘请乙银行和丙证券公司作为主承销商协助此次发行工作。

甲公司于2009年5月购入A公司股票1亿元，并将其划分为可供出售金融资产。2009年9月31日，A公司股票的公允价值为1.2亿元。A公司以生产各种婴幼儿用品为主，2009年10月，A公司在全球各地同时爆出产品存在重大质量缺陷，对儿童健康存在重大威胁的消息，已有司法部门介入调查。截至2010年4月底，部分地区的调查结果显示A公司的产品确实存在质量问题，对儿童健康存在重大威胁。2010年5月，甲公司持有的A公司股票的公允价值为0.85亿元，甲公司认为其持有的A公司股票的公允价值下跌为15%，未确认减值损失。

乙银行和丙证券公司经过尽职调查和审慎判断后认为：A公司的股价自2009年10月以来持续下跌，综合考虑已有的部分地区司法部门的调查结果和市场反响，A 公司的股价下跌不是暂时性的，因此甲公司应对此可供出售金融资产确认减值损失。此项资产对甲公司的经营业绩影响不大，而且甲公司有足够的资金偿还中期票据利息，发行 7 亿元五年期中期票据风险很小。乙银行和丙证券公司经过尽职调查和审慎判断后，建议甲公司在对资产减值充分估计的基础上发行中期票据。

## 3.6 所属行业和行业发展前景调查

《募集说明书指引》第二十九条规定"企业应披露所在行业状况、行业地位及面临的主要竞争状况"。

### 3.6.1 行业划分

主承销商应根据发行人的主营业务，确定发行人所属行业类别。按照一定的科学依据对发行人的行业类别进行判断，有利于解释发行人所处行业的发展阶段及其在国民经济中的地位，分析影响行业发展的各种因素以及判断对行业的影响力度，预测行业的未来发展趋势和主要风险。主承销商可参考的行业划分方法主要有国民经济行业分类法、上市公司行业分类法、上海证券交易所上市公司行业分类法等。

1. 国民经济的行业分类

1984 年《国民经济行业分类与代码》（GB/T 4754）国家标准首次发布，对我国国民经济行业分类进行了详细的划分。经过 1994 年的一次修订，2002 年《国民经济行业分类与代码》（GB/T 4754—2002）国家标准推出，借鉴了联合国的《国际标准产业分类》（1989 年修订，第三版，简称：ISIC/Rev. 3）的分类原则和结构框架。新标准共有行业门类 20 个，行业大类 95 个，行业种类 396 个，行业小类 913 个，基本反映出我国目前行业结构状况。

其中，大的门类从 A 到 T 分别为：A. 农、林、牧、渔业；B. 采矿业；C. 制造业；D. 电力、燃气及水的生产和供应业；E. 建筑业；F. 交通运输、仓储和邮政业；G. 信息传输、计算机服务和软件业；H. 批发和零售业；I. 住宿和餐饮业；J. 金融业；K. 房地产业；L. 租赁和商务服务业；M. 科学研究、技术服务和地质勘查业；N. 水利、环境和公共设施管理业；O. 居民服务和其他服务业；P. 教育；Q. 卫生、社会保障和社会福利业；R. 文化、体育和娱乐业；S. 公共管理和社会组织；T. 国际组织。

2. 上市公司的行业分类

2001 年 4 月 4 日，中国证监会公布了《上市公司行业分类指引》（以下简称《指引》）。《指引》主要借鉴了中国国家统计局《国民经济行业分类与代码》

（国家标准 GB/T 4754—94）、联合国国际标准产业分类和北美行业分类体系的有关内容，是一种非强制性标准，有助于证券行业内的相关单位、部门对上市公司进行统计、分类。

《指引》将上市公司分成 13 个门类，即农、林、牧、渔业，采掘业，制造业，电力、燃气及水的生产和供应业，建筑业，交通运输、仓储业，信息技术业，批发和零售贸易，金融、保险业，房地产业，社会服务业，传播与文化产业，综合类以及 90 个大类和 288 个中类。上市公司合并报表的营业收入数据为《指引》的主要分类依据：当公司某类业务的营业收入比重大于或等于 50%，则将其划入该业务对应的类别；当公司没有一类业务的营业收入比重大于或等于 50% 时，如果某类业务营业收入比重比其他业务收入比重均高出 30%，则将该公司划入此类业务相对应的行业类别；否则，将其划为综合类。

3. 全球行业分类标准

全球行业分类标准（Global Industry Classification Standard，GICS）是由标准普尔（S&P）与摩根士丹利公司（MSCI）于 1999 年 8 月联手推出的行业分类系统。该标准致力于为全球金融业提供一个全面统一的经济板块和行业定义，目前已经在世界范围内得到广泛的认可。GICS 为四级分类，包括 10 个经济部门，24 个行业组，67 个行业和 147 个子行业。

以 GICS 为基础，并结合我国上市公司的特点，上海证券交易所（以下简称"上交所"）于 2003 年开始对沪市上市公司进行行业分类。该分类方法将上市公司分为 10 个行业，各行业和细分行业对应关系如下表所示：

| 行业 | 细分行业 |
| --- | --- |
| 能源 | 能源设备与服务、石油、天然气与消费用燃料 |
| 原材料 | 化学制品、建筑材料、容器与包装、金属与采矿 |
| 工业 | 航空航天与国防、建筑产品、建筑与工程、电气设备、机械制造、工业集团企业、贸易公司与经销商、商业服务与商业用品、航空货运与物流、航空公司、海运、公路与铁路、交通基础设施 |
| 可选消费 | 汽车与汽车零部件、家庭耐用消费品、休闲设备与用品、纺织品、服装与奢侈品、酒店、餐馆与休闲、综合消费者服务、媒体、经销商、百货商店、专营零售 |
| 主要消费 | 食品与主要用品零售、饮料、食品、家常用品、个人用品 |
| 医药卫生 | 医疗保健、设备与用品、医疗保健提供商与服务、制药、生物科技 |
| 金融地产 | 银行、保险、资本市场、房地产管理与开发 |
| 信息技术 | 软件与服务、技术硬件与设备、半导体产品与设备 |
| 电信业务 | 综合电信业务、无线电信业务、通信设备 |
| 公用事业 | 电力公用事业、燃气公用事业、复合型公用事业、水公用事业 |

上交所与中证指数公司主要依据主营业务收入和利润进行行业划分：如果公司某项主营业务的收入占公司总收入的 50% 以上，则该公司归属该项业务对应的行业；如果公司没有一项主营收入占到总收入的 50% 以上，但某项业务的收入和利润均在所有业务中最高，而且均占到公司总收入和总利润的 30% 以上，则该公司归属该业务对应的行业；如果公司没有一项业务的收入和利润占到 30% 以上，则由专家委员会进一步研究和分析确定行业归属。

上交所与中证指数公司根据上市公司年报每年对该行业划分进行一次调整，最新一次调整于 2011 年 6 月 3 日公布。

## 3.6.2　全球行业发展概况

一方面随着经济全球化和区域一体化，行业发展越来越显示出全球纵横联系的特点，债券发行人的业务经营和发展前景受全球行业发展状况的影响越来越大；另一方面，对于部分债券发行人，国际扩张和全球化已经成为战略制定和实施的重要内容，全球行业发展状况是债券发行人经营环境的重要组成部分。因此，主承销商应在确定发行人所属行业的基础上，调查发行人所在行业的全球发展概况。

（1）通过查阅行业分析报告、行业杂志、行业统计资料等背景材料，了解行业的全球发展基本情况；

（2）利用 Thomson Reuters、Bloomberg 等数据处理和分析工具，对发行人所属行业的全球发展数据进行分析，包括对发行人产品的全球市场供求、产销量、价格指数等进行分析；

（3）分析全球行业内其他公司的年报、报告、经营数据等，尤其是全球可比公司和产业链上下游公司，了解行业全球发展和竞争格局；

（4）征询行业分析师和行业协会意见，通过行业专家剖析行业运行状况、风险因素和未来发展前景。

**案例分析　全球钢铁行业发展状况**

全球钢铁行业在 2007 年之前经历了一轮高速增长的黄金时期。以粗钢产量为例，从 2001 年的 8.5 亿吨增长到 2007 年的 13.51 亿吨，年平均增长率高达 7%。但 2008 年下半年以后，受全球性金融危机的影响，主要发达国家出现明显的经济回落，主要新兴经济体的增速也开始下滑。由于钢铁产销量与经济整体状况相关度很高，在经济衰退的影响下，钢铁需求萎缩，全球钢铁产量下降。仍旧以粗钢产量为例，2008 年和 2009 年全球粗钢产量分别为 13.29 亿吨和 12.19 亿吨，产量下降 2% 和 8%。随着全球经济趋于稳定，各产业对于钢材的需求逐渐增加，钢铁行业也逐渐走出低谷开始复苏。2010 年粗钢产量回升至

14.13 亿吨，增速达 16%。

同时，从 2001 年以来，亚洲钢铁行业也经历了一个快速发展时期，粗钢生产总量占世界总产量的比重从 2001 年的 42% 增加到 2010 年的 62%。而中国已经成为全球第一大粗钢生产国，2010 年产量达 6.27 亿吨，占亚洲产能的 71%，占全球产能的 44%。相比于中国钢铁产能的快速增加，世界其他主要钢铁生产地区及国家，如北美、欧洲、亚洲的日本及印度等国家增长速度较为缓慢，部分地区仍然未能恢复到 2008 年全球金融危机之前的水平。

未来钢铁行业兴衰与经济繁荣程度存在着密切关联。根据国际货币基金组织统计及预测，世界经济 2011 年将增长 4.4%，2012 年则为 4.5%，主要发达经济体增长较为缓慢，增速分别为 2.4% 和 2.5%，增速较快的主要是亚洲发展中国家，分别为 8.4% 和 8.4%。由于金融危机的影响尚未完全消除，发达经济体增长仍显乏力，消费不振和高失业率显示经济复苏基础依旧较为脆弱，因此预计国际市场对钢铁产品的需求可能在较长时期内还有一定不确定性。从长远看，中国、印度、巴西等新兴国家具有巨大的潜在钢铁需求，这些新兴经济体将成为促进全球钢材生产和消费增长的主要动力。

### 3.6.3　国内行业发展状况

主承销商对发行人所属行业在我国发展状况的分析可以从行业内部环境分析和行业外部环境分析两个层面开展。行业内部环境分析包括成本供给分析、需求分析、竞争格局分析和利润水平分析等；行业外部环境分析又可以分为监管环境、经济环境、技术环境和社会环境等多个方面。

1. 行业内部环境分析

主承销商应通过收集行业杂志，查阅行业分析报告，分析主要竞争对手，征询行业专家和行业协会意见等方法，对发行人所属行业的内部环境进行全面了解。

（1）成本分析

主承销商应当通过分析行业关键投入要素的价格变化来判断成本因素对发行人业务的影响。行业关键投入要素价格的变化将严重影响行业产品的生产成本和利润，一些时候全行业可通过提高价格来抵消这些要素价格提高所造成的成本增加，而更多的时候则是迫于竞争的压力而保持原来价格，进而造成全行业收入和利润下降。因此，行业内关键投入要素价格的变化是影响行业内相关产品的生产成本、价格和利润的重要因素，也是行业获利能力及行业分析重要的分析内容。

（2）供需分析

主承销商通过对供给与需求的分析，可以预测和判断行业的未来利润。一般而言，如果行业的产品供给和需求同时增长，行业的收入和利润就处于增长趋势；而如果是同时下降的，则行业的收入就处于下降趋势。

**案例分析 1 中国石油石化行业主要板块概况**

石油石化行业主要包括石油和天然气勘探开发生产、石油炼制与油品销售、石化产品生产及销售三个业务板块。

①石油天然气勘探开发生产

在中国经济持续增长的推动下，我国对原油的需求量不断增长，但由于受到储量的制约，我国原油生产量维持低速增长。根据中国国家统计局统计公报，2006 年、2007 年、2008 年和 2009 年我国原油产量分别为 1.84 亿吨、1.87 亿吨、1.90 亿吨和 1.89 亿吨，原油消费量分别为 3.2 亿吨、3.4 亿吨、3.6 亿吨和 3.8 亿吨。

自 1994 年我国成为原油净进口国以来，原油供需缺口逐步扩大，进口依存度不断提高，由 2004 年的约 39.0% 上升到 2009 年的约 52.0%。2006 年、2007 年、2008 年和 2009 年我国的原油进口增长率分别达到 9.8%、14.4%、9.6% 和 13.9%。

受天然气需求拉动，近年来我国天然气勘探开发力度逐步加大，天然气产量快速增长。根据中国国家统计局统计公报，2006 年、2007 年、2008 年和 2009 年，我国天然气产量为 585.5 亿立方米、693.1 亿立方米、760.8 亿立方米和 857.1 亿立方米，分别增长了 17.1%、18.4%、9.8% 和 12.7%；天然气消费量为 556 亿立方米、673 亿立方米、807 亿立方米和 887 亿立方米，分别增长了 11.2%、21.0%、19.9% 和 9.9%。

中国石油和天然气的勘探开发生产板块主要参与者为三大石油公司。我国三大石油公司的原油产量与全国原油产量之比最近三年在 90% 以上。

②石油炼制与油品销售

2009 年全国累计生产汽油、柴油、煤油约 22 801 万吨，同比增长 9.43%。中国石油股份和中国石化股份是我国主要的成品油生产商。

③石化产品生产及销售

中国生产的石化产品主要包括乙烯及其衍生产品，包括合成树脂、合成纤维单体及聚合物、合成纤维、合成橡胶、化肥等。2009 年中国乙烯产量 1 066.3 万吨，较 2008 年增加 8.0%；合成树脂产量 4 479.3 万吨，较 2008 年增长 20.6%。

目前国内在石化产品生产与销售行业中参与的公司较多，并且有大量民营企业，竞争较为激烈，但中国石油股份和中国石化股份仍占据着该领域的国内领先地位。成品油的销售通过批发、零售和直销网络进行。国内批发业务目前主要由中国石油股份和中国石化股份经营。零售市场的参与者目前很多，但主要参与者仍是中国石油股份与中国石化股份。

（3）竞争格局分析

市场竞争格局分析主要是对市场竞争或垄断程度的分析。主承销商对发行人所在行业竞争格局的分析可以从行业竞争结构和行业竞争激烈程度两个层面开展。行业结构大体可以分为四种：完全竞争、垄断竞争、寡头垄断和完全垄断。主承销商在确定市场结构的过程中，同时应该关注有关进入难易程度、竞争者数量、产品异质性程度等相关信息。

企业获得利润的最终潜力与企业所属行业内的竞争激烈程度密切相关，供方、买方、产业内竞争者、潜在进入者和替代品的竞争力强度决定着行业内的竞争激烈程度和企业在其中的竞争优势。

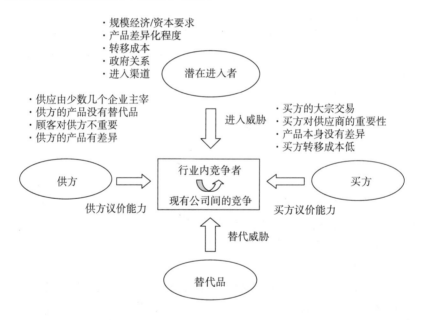

这五种竞争力量抗衡的结果共同决定着行业的发展方向、竞争的强度和获利能力。因此，对供方、买方、行业内竞争者、潜在进入者和替代品的竞争状况分析是主承销商对企业所属行业整体竞争环境及企业发展前景分析的切入点。

**案例分析2　中国白酒业的竞争结构分析**

潜在进入者：白酒行业进入壁垒较低，潜在进入者较多。

行业内竞争者：白酒行业呈规模化发展趋势，市场竞争日益激烈。行业内强者之间的竞争手段主要是：广告、市场推广、销售折让、特种包装。

供应商：白酒的主要原料是大米、小麦、高粱，供应充沛。

购买者：高档白酒产量占20%，所创利润占50%；中档白酒产量占35%，所创利润占35%；低档白酒产量占45%，所创利润占11%。

替代品：啤酒、红酒、果酒份额越来越大，白酒份额呈下降趋势，替代品的竞争压力越来越大。

（4）利润水平分析

主承销商应关注发行人主要产品所在市场的划分方式、行业集中度和行业进入的难易程度等因素对行业利润水平的影响。

对于大多数行业，产品的市场主要是按产品品牌知名度、产品的声誉、产品的服务来划分，特别是产品差异化程度不大的行业更是如此。这些划分要素，往往也是产品价格和利润率的决定因素之一。在以品牌划分的市场，名牌产品的价格和利润率往往要比其他产品高出较大的幅度。

行业集中度是用于衡量行业竞争性和垄断性的最常用指标。它表现为全部企业中仅占很小比例的企业或数量很少的企业，积聚或支配着占很大比例的生产要素。集中度低的行业容易陷入价格战、资源战、人海战的恶性竞争，在营销方法、营销手段、品牌诉求、品牌传播、终端促销上有同质化倾向。在我国，行业集中度和利润水平较低的彩电行业就是一个典型的案例，主要原因在于：一是生产能力严重过剩；二是所有制和经营机制方面仍存在与市场经济相背离的因素，市场机制的不完善导致供给严重过剩。

与行业集中度较低相对应的是进入壁垒低。行业的产品价格基本符合完全竞争模式下的价格规律，从而决定了行业内企业的获利能力较低并且企业之间利润差异较小。

如果某行业为低利润、低风险行业，则该行业的进入壁垒和退出壁垒都较低，如果某行业为低利润、高风险行业，则该行业的进入壁垒较低，退出壁垒较高；如果某行业为高利润、低风险的行业，则该行业的进入壁垒较高，退出壁垒较低，如果某行业为高利润、高风险的行业，则该行业的进入壁垒和退出壁垒均较高。

行业利润、风险水平与进入及退出壁垒的关系如下表所示（该分类并不绝对）：

| 退出壁垒<br>进入壁垒 | 低 | 高 |
|---|---|---|
| 低 | 低利润低风险 | 低利润高风险 |
| 高 | 高利润低风险 | 高利润高风险 |

2. 行业外部环境分析

主承销商应当客观分析行业的外部环境，识别围绕在行业周围的外部因素并分析对发行人所在行业产生影响的关键因素。行业外部环境分析中比较关键的因素主要包括监管机构和监管政策。

在监管机构方面，主承销商需了解国内所属行业涉及的主管政府/监管部门以及它们所扮演的角色，调查公司与主管和监管部门之间的关系，了解监管机构对于行业目前发展状况的态度以及行业未来发展的规划。

### 案例分析3　房地产行业监管情况调查

房地产行业受国家宏观调控政策影响较大。近年来房地产行业属国家重点调控对象。国家对土地、住宅供应结构、税收、信贷等领域进行的政策调整，都将对房地产企业在土地取得、项目开发、产品设计、融资以及保持业绩稳定等方面产生较大的影响。房地产行业的监管部门、职能及现行相关政策包括：

| 监管部门 | 相关职能 | 相关政策 |
|---|---|---|
| 国务院 | 全面履行经济调节、市场监管、社会管理和公共服务职能；健全宏观调控体系，主要运用经济、法律手段和必要的行政手段引导和调控经济运行，促进国民经济又好又快发展；严格市场监管，推进公平准入，完善监管体系，规范市场执法，形成统一开放竞争有序的现代市场体系；加强社会管理，强化政府促进就业和调节收入分配职能，完善社会保障体系，健全基层社会管理体制，妥善处理社会矛盾，维护社会公平正义和社会稳定，健全突发事件应急管理机制；强化公共服务，完善公共政策，健全公共服务体系，增强基本公共服务能力，促进基本公共服务均等化等 | 《关于促进节约集约用地的通知》；《关于促进房地产市场健康发展的若干意见》；《国务院关于深化改革严格土地管理的决定》；《国务院关于坚决抑制部分城市房价过快上涨的通知》 |
| 住房和城乡建设部 | 保障城镇低收入家庭住房、推进住房制度改革、规范住房和城乡建设管理秩序、建立科学规范的工程建设标准体系、规范房地产市场秩序、监督管理房地产市场、监督管理建筑市场、规范市场各方主体行为、建筑工程质量安全监管等 | 《关于调整住房供应结构稳定住房价格的意见》 |
| 国土资源部 | 土地资源、矿产资源、海洋资源等自然资源的规划、管理、保护与合理利用 | 《关于加大闲置土地处置力度的通知》；《招标拍卖挂牌出让国有土地使用权规范》；《协议出让国有土地使用权规范》；《关于进一步落实工业用地出让制度的通知》 |

续表

| 监管部门 | 相关职能 | 相关政策 |
|---|---|---|
| 国家税务总局 | 具体起草税收法律法规草案及实施细则并提出税收政策建议，与财政部共同上报和下发，制订贯彻落实的措施等 | 《关于印发〈土地增值税清算管理规程〉的通知》 |
| 财政部 | 拟订财税发展战略、规划、政策和改革方案并组织实施；起草财政、财务、会计管理的法律、行政法规草案；监督检查财税法规、政策的执行情况等 | 《关于调整个人住房转让营业税政策的通知》；《关于调整新增建设用地土地有偿使用费政策等问题的通知》 |
| 中国人民银行 | 起草有关法律和行政法规；完善有关金融机构运行规则；发布与履行职责有关的命令和规章等 | 《关于金融促进节约集约用地的通知》 |

国家政策对行业的发展趋势有重要的指导和促进作用。在监管政策方面，主承销商应收集与该板块相关的国内行业政策、政策导向、监管制度、描述国家关于该行业的宏观调控政策及其对公司该行业业务带来的影响。主承销商应重点关注的监管政策包括产业政策、进出口税收政策、行业准入政策、环境保护政策、行业质量标准等。

（1）产业政策

政府对于行业的管理和调控主要是通过产业政策来实现的。产业政策是国家干预或参与经济的一种形式，是国家（政府）系统设计的有关产业发展的政策目标和政策措施的总和。一般认为，产业政策包括产业结构政策，产业组织政策、产业技术政策和产业布局政策等部分，其中产业结构政策与产业组织政策是产业政策的核心。2009 年，国家提出了一系列经济刺激计划和十大产业调整和振兴规划，对于确保十大产业稳定发展，加快结构调整，推动产业升级将起到重要的推动作用。如，钢铁产业调整振兴规划提出的"保重点、促发展、调结构"的基本原则，将有利于大型钢铁企业充分利用自身的技术、管理和资金优势，扩大优势产能，实现低成本扩张，提高行业集中度。

（2）进出口税收政策

出口退税率的调整是国家调控出口规模、顺逆差等的重要手段之一。针对具体行业产品的出口退税率调整是影响行业发展的重要因素，主承销商应通过收集行业主管部门制定的发展规划、行业管理方面的法律法规及规范性文件，了解行业监管体制和政策趋势。

（3）准入政策

政府对一些行业设定了准入政策，因此需要了解行业及子行业的进入壁垒、行业所需相关资质和必要条件，收集、汇总发行人及其二、三级单位所有的资质证明、批准文件和豁免文件。

## 案例分析4 汽车行业进入的准入政策

政府部门对国内汽车行业的准入、投资、生产和销售进行管理和控制，汽车行业准入的政策壁垒正在逐步提高。例如，根据国家发展改革委《汽车产业发展政策》，新建汽车生产企业需要国家发展改革委进行核准，实行核准的项目未获得核准通知的，土地管理部门不得办理土地征用，国有银行不得发放贷款，海关不办理免税，证监会不核准发行股票与上市，工商行政管理部门不办理新建企业登记注册手续，国家有关部门不受理生产企业的产品准入申请。

目前国内汽车行业已经处于结构性过剩状态。国家发展改革委已采取措施来实现结构调整和产能调控，包括"控制新建整车项目，适当提高投资准入条件"等。国家发展改革委对申请新建生产某些产能过剩汽车产品的企业，两年之内暂不办理核准手续。

国家发展改革委还颁布了《车辆生产企业及产品公告》，对汽车生产企业的新产品投产实施管理，未列入《车辆生产企业及产品公告》的产品不得生产、销售或在车辆管理机关注册登记。

（4）环境保护政策

节能减排、保护环境已经成为人类社会共同关注的焦点问题，国家针对节能环保出台了一系列规章制度，对相关行业的发展起到指导和限制的作用。

## 案例分析5 汽车行业环境保护政策

2007年7月国家发展改革委公布了第二批乘用车的燃料消耗量标准。其中，符合《乘51用车燃料消耗量限值》国家标准的有95家生产企业的2 374个车型；不符合标准的有444个车型，涉及55家生产企业。不符合标准的车型将停止生产。自2008年1月1日起，乘用车新定型车型的燃料消耗量执行第二阶段限值标准，乘用车的在生产车型则从2009年1月1日起执行。第二阶段燃料消耗量限值将比平均值再降低10%。

2007年7月国家环保总局宣布，相当于欧洲3号标准的国家机动车污染物排放标准第二阶段限值于7月1日起在全国范围内开始实施，这标志着我国汽车污染排放控制进入新阶段。按照国Ⅲ标准要求，自2007年7月1日起，所有新定型轻型车必须符合标准中规定的型式核准排放限值的要求，并停止对仅达到国家机动车排污标准第二阶段排放限值（相当于欧洲2号标准）轻型车的型式核准，自2008年7月1日起，全面停止仅达到"国Ⅱ标准"轻型车的销售和注册登记。

（5）行业标准

行业标准是根据《中华人民共和国标准化法》的规定，由我国各主管部、委（局）批准发布并在该部门范围内统一使用的标准。例如：机械、电子、建筑、化工、冶金、纺织、交通、能源、农业、林业、水利等，都制定了各自的行业标准（详细标准可参考 http：//www. chinastandard. org/）。

例如，《房间空气调节器能效限定值及能源效率等级》国家标准（GB 12021. 3—2004）规定，到2009年中国市场上的分体式空调产品（≤4 500W）能效比最低值将由现行的2.6（能效等级为5级）提升至3.2（能效等级为2级）。新能效标准的实施，将加速空调行业的整合，部分竞争力不足的空调企业将陷入困境，甚至被淘汰出局，空调企业数量进一步减少。

行业标准由行业标准归口部门统一管理。行业标准的归口部门及其所管理的行业标准范围，由国务院有关行政主管部门提出申请报告，国务院标准化行政主管部门审查确定，并公布该行业的行业标准代号。

行业标准分为强制性标准和推荐性标准。下列标准属于强制性行业标准：

①药品行业标准、兽药行业标准、农药行业标准、食品卫生行业标准；

②工农业产品及产品生产、储运和使用中的安全、卫生行业标准；

③工程建设的质量、安全、卫生行业标准；

④重要的涉及技术衔接的技术术语、符号、代号（含代码）、文件格式和制图方法行业标准；

⑤互换配合行业标准；

⑥行业范围内需要控制的产品通用试验方法、检验方法和重要的工农业产品行业标准。

### 3.6.4 行业发展前景分析

主承销商应通过对行业周期、商业模式和技术趋势的分析，研究行业未来发展的前景，形成对行业未来市场容量、竞争格局、盈利水平等重要内容的判断。

1. 行业周期分析

主承销商应通过查阅行业研究资料、咨询行业分析师等方法，调查分析行业的周期性、区域性或季节性特征，根据所得的资料判断行业的区域性和季节性；对行业周期性的分析，主承销商可以根据实际情况，确定使用按行业生命周期分类法或按行业对经济周期的反应分类法对行业周期性进行分析。

（1）行业生命周期分类法理论

行业生命周期理论将一个行业的开始到消亡划分为四个阶段：引入期，成长期、成熟期和衰退期。引入期：当一个行业尚处于引入期时，其产品能否被市场接受和行业的经营策略均不明朗，这一时期行业的风险大，失败的可能性也大。成长期：产品被市场迅速接受，销售收入和利润快速增长。成熟期：产品已被大多数潜在购买者接受，行业的增长趋于平缓。衰退期：市场及技术的变化使行业的产品逐渐被替代，市场对产品的需求逐渐减少。

主承销商可以根据所要调查行业的公司数量、产品价格、利润和风险四个方面来确定该行业所处的生命周期阶段，参考下图可以有一个大致的定位：

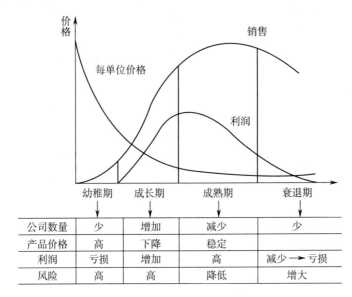

| | 幼稚期 | 成长期 | 成熟期 | 衰退期 |
|---|---|---|---|---|
| 公司数量 | 少 | 增加 | 减少 | 少 |
| 产品价格 | 高 | 下降 | 稳定 | |
| 利润 | 亏损 | 增加 | 高 | 减少 → 亏损 |
| 风险 | 高 | 高 | 降低 | 增大 |

主承销商可以参考下图来确定一些典型的行业所处的生命周期阶段（该分类并不绝对）：

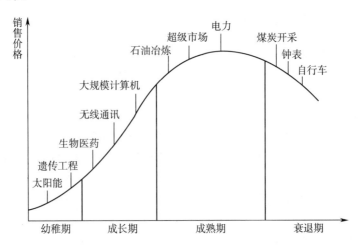

（2）行业对经济周期的反应分类法

因为经济的增长不是直线式，而是循序渐进的。经济周期一般先经历繁荣或持续增长时期，然后进入衰退时期，在这一时期，经济增长放缓或停止增长；接着进入恢复时期，它是下一个经济繁荣期的前奏。不同的行业对经济周期的反应不同，在经济周期的每个阶段，都会有一些行业的经营和效益好于另一些行业。根据行业对经济周期的不同反应，可将其划分为增长型（growth）、防御型（defensive）和循环型（cyclical）三个类型。

增长型的行业一般能独立于经济周期性的变化，并且以高出经济增长较大幅度的比率成长，甚至在经济的衰退时期，行业的销售收入和盈利能力仍能保持较大幅度的增长。增长型的行业包括计算机软件、生物制药等高新技术产业。

防御型行业在经济变化过程中波动较小，一般处于稳定的发展状态：在经济增长时期，行业经营业绩增长，在经济衰退时期，行业也可保持一定的利润，防御型行业通常是（按生命周期分类的）成熟型行业。例如：①公共事业的电和煤气行业，无论经济处于一个什么样的状态，人们日常用电和用气不会发生变化；②食品行业，因为市场对食品的需求属刚性需求。此外还有交通运输、餐饮旅游、商业贸易等。

循环型行业收益的变化趋势遵循经济周期的变化方向，因经济的增长而获得丰厚的利润，因经济的衰退而蒙受损失。

通过行业对经济周期的反应分类法，主承销商可以根据经济周期的变化来判断行业的变化和发展趋势，进而判断行业内企业的现在和未来的可能收益情况。

2. 商业模式分析

主承销商应了解发行人所属行业特有的商业模式，并分析各种商业运营模式的区别与特点、适用情形、盈利能力与技术（含管理技术）要求、主要风险等。

主承销商应调查发行人所在行业板块的主要业务流程以及采用的主要经营模式、采购模式、生产模式、销售模式、盈利模式。例如，如何组织国内市场、国际市场的营销与市场开拓；行业所属企业在国内、国际客户与国内、国际市场开拓方面遭遇到的主要问题；其营销模式以及销售的限制性条件；未来几年市场开拓的目标与策略等。

在此基础上，主承销商可以分析各种商业模式的竞争优势和劣势，以及是否容易被复制，是否能够适应未来经济的发展变化，是否能够带来可持续性的盈利能力等，从而形成对行业未来发展前景的预期。

3. 行业技术分析

主承销商应通过收集行业内主要企业的技术相关资料，了解发行人所在行业的国内、国际发展情况和技术标准，研究同行业内先进企业的新技术及新应用，咨询专业中介机构和查阅国家对行业发展的政策等方式，了解发行人所处行业的技术水平及技术特点。主承销商在行业分析的同时要注重分析技术因素和新技术发明给行业所带来的正面和负面影响，关注行业内的最新研发成果以及技术发展动向，研究行业未来的技术发展趋势。

### 3.6.5　发行人的行业地位和主要竞争对手

主承销商应明确发行人在国内、国际的主要竞争对手，以及主要产品在国内、国际的市场占有率。概括来说，在分析市场竞争情况时，可首先对行业进行细分，然后针对每个行业及子行业：了解市场容量、主要企业及其市场份额情况，调查行业及子行业前五位竞争对手基本情况以及各自的市场份额，分析发行人当前在该行业及各子行业中所占的市场份额与市场地位，分析国内与国际同行业未来几年的竞争状况与市场前景，分析发行人在行业中所处的竞争地位及变动情况等。

主承销商在分析时要特别注意发行人与其主要竞争对手在地域、细分产品、市场份额等方面的差异，对比发行人与竞争对手过去三年的增长情况。具体可以参考以下几个方面：

（1）财务指标

关键的财务数据能够清晰地反映出发行人及其竞争对手最近的经营状况。

（2）产品分析

分析发行人的产品或服务和竞争对手提供的产品或服务的差异。此外，主承销商还可根据实际需要增加一些关注项目，如发展趋势、地域性等。

（3）竞争优势来源

辨别发行人及其竞争对手的经营活动为顾客提供的价值所在，从而发现其竞争优势的来源。

（4）对公司影响重大的活动

主承销商通过调阅竞争对手一些重大经营活动的记录，可以分析发行人竞争对手在市场竞争中的态势和在竞争中将会采取什么样的行动和反应。

（5）国际化经营的规模和范围

如果竞争对手是跨国经营企业，有两点必须注意：首先，主承销商不能只分析发行人的主要竞争对手在本国的情况，应从其整体入手进行调查分析，跨国企业的竞争优势通常体现在全球化的经济规模和对研发的高额投入；其次，跨国企业具有全球化的战略资源整合优势，其战略决策是基于全球化经营的，了解竞争对手的全球化经营现状才能分析竞争对手在不同环境下将采取哪些经营行为。

（6）关键因素

需要搜集的数据包括，竞争对手生产基地和研发基地的选址、数量，研发基地位置，高层管理团队的变更情况和近期的股权变更情况等内容。根据行业和竞争对手类型的不同，只要认为是重要的信息都可以列入调查范围。

（7）优势和劣势

主承销商可采用 SWOT 分析法。SWOT 分析方法是一种企业内部分析方法，即根据企业自身的既定内在条件进行分析，找出企业的优势、劣势及核心竞争力之所在。主承销商在对发行人竞争对手进行分析时要注意尊重事实保持客观，尽量减少主观愿望对于竞争对手分析的影响，既不要过分强调对方的优势，也不要主观夸大对手的劣势。

（8）人力资源政策

人力资源政策能够对企业战略和业绩产生重要影响。除了薪酬制度外，最好能了解发行人及其竞争对手的员工的质量和资历水平，为员工提供的培训机会和职业生涯规划等。

（9）获得奖励

企业所获荣誉也可以从另一方面表现企业获得社会的认可程度。

主承销商在分析发行人行业地位时，可能由于专业知识的不足难以得出真实准确的结果，因此，主承销商可以考虑通过请教行业专家和咨询机构的方式来了解发行人的行业地位。主承销商在利用专家工作时要尽量确保专家意见的独立性，而在向专业咨询机构购买行业研究报告时，也要判断该咨询机构是否和发行人有不恰当业务往来。

**案例分析　通过咨询机构了解某公司行业地位**

某软件公司曾联系主承销商，希望能有机会借助中小企业集合票据进行债务融资，主承销商在对其进行尽职调查过程中发现其"占有细分管理类软件市场25%份额"的说法有夸大之嫌，因此要求其出具相关证明文件。该公司表示数据来源于某咨询公司编写的关于该细分行业的市场研究与风险报告。通过对该咨询公司的调查，主承销商发现其咨询报告主要由在校学生编写，数据来源缺乏实际根据。主承销商认为发行人购买的付费数据来源的真实性值得怀疑，发行人存在粉饰公司竞争优势的嫌疑。

## 3.6.6　发行人在行业中的竞争优势

发行人在所属行业中的关键成功因素包括所提供产品的属性、公司的资源、竞争能力以及与公司盈利能力直接相关的市场成就。主承销商应分析发行人的竞争优势，包括客户在各个竞争品牌之间进行选择的依据；行业中一家竞争厂商要取得竞争成功需要怎样的资源和竞争能力；行业中一家竞争厂商要获取持久的竞争优势必须采取什么样的措施等。

主承销商在分析发行人在行业中的竞争优势时可以考虑从以下几方面入手：

（1）与技术相关的竞争力，主要包括技术研究能力，在产品工艺和制造过程中进行有创造性改进的能力，产品革新能力，在既定技术上的专有技能，运用网络发布信息、承接订单、送货和提供服务的能力等。

（2）与制造相关的竞争力，主要包括低成本生产效率，高固定资产利用率，低成本的生产工厂定位，能够获得足够的熟练劳动力，劳动生产率提高，低成本的产品设计和产品工程，能够定制化地生产一系列规格的产品等。

（3）与分销相关的竞争力，主要包括强大的批发分销商/特约经销商网络，通过互联网建立起电子化的分销能力，能够在零售商的货架上获得充足的空间，拥有公司自己的分销渠道和网点，分销成本低，送货速度快等。

（4）与市场营销相关的竞争力，主要包括快速准确的技术支持，礼貌的客户服务，准确地满足客户订单，产品线和可供选择的产品很宽，推销技巧，有吸引力的款式或包装，客户保修和保险，精准的广告等。

（5）与技能相关的竞争力，主要包括劳动力拥有卓越的才能，质量控制诀窍，设计方面的专有技能，在某一项具体的技术上的专有技能，能够开发出创造性的产品和取得创造性的产品改进，能够使最近构想出来的产品快速地经过研发阶段到达市场，组织能力，卓越的信息系统，能够快速地对变化的市场环境作出反应，能够熟练地用互联网和电子商务做生意，拥有较多的经验和技术秘密等。

## 3.7　风险事项调查

《募集说明书指引》第十一条规定"企业应披露可能直接或间接对其生产经营状况、财务状况和债务偿付能力产生重大不利影响的所有因素。企业应针对自身的实际情况，充分、准确、具体地描述相关风险因素"。

### 3.7.1　发行人财务风险

《募集说明书指引》第十五条规定"企业应进行的风险提示中包括财务风险。财务风险主要指企业资产负债结构和其他财务结构不合理、资产流动性较差以及或有负债过高等因素影响企业整体变现能力的风险"。

关注发行人的审计报告等财务信息，在发现问题的基础上与发行人进行沟通取证，并适当揭示风险。共性风险点如下：

1. 资产周转能力较差导致的流动性风险

流动比率、速动比率偏低，说明流动资产难以构成对流动负债的有力支撑，即短期偿债能力不足所导致的流动性风险；应收账款或存货周转率偏低，即可能由于某些因素（产品滞销、原材料过剩、应收账款追索不力等）导致应收账款或存货余额高于合理水平，这本身就反映出企业存在资产流动性风险。

**案例分析 1　资产周转能力较差导致的流动性风险**

发行人为大型国有独资企业，主营授权内国有资产的经营管理、投资管理、地铁新线的规划与建设，地铁已建成线路的运营管理，地铁广告设计及制作，房地产开发及物业管理等业务。发行人的职能定位决定了其资产的主要构成为固定资产，周转能力差。2007 年至 2009 年，发行人部分财务指标如下表所示：

| 项目 | 2007 年度 | 2008 年度 | 2009 年度 |
|---|---|---|---|
| 流动比率 | 1.53 | 2.22 | 1.23 |
| 速动比率 | 1.51 | 2.03 | 1.01 |
| 应收账款周转率 | 5.01 | 4.26 | 8.51 |
| 存货周转率 | 0.02 | 0.05 | 0.16 |
| 总资产周转率 | 0.002 | 0.002 | 0.006 |
| 流动资产周转率 | 0.01 | 0.01 | 0.03 |

发行人总资产周转率和流动资产周转率过低，应收账款周转率、存货周转率也不理想。但经了解，发行人流动资金保有备付规模较大，政府补贴每年及时到位，与各大金融机构建立了良好的合作关系，融资渠道多，短期偿债能力较强；近年，公司"城中村"等市政府委托项目的借款已纳入财政偿债安排，使得公司偿债压力进一步减小。

综合考虑，主承销商要求发行人在募集说明书中对其资产周转能力较差导致的流动性风险进行了充分提示。

2. 现金流状况不佳或债务结构不合理导致的偿债风险

资产负债率偏高，影响企业进一步使用财务杠杆的空间，从而直接影响其偿债能力；总负债中有息债务占比过高会导致企业存在较大的财务费用支出压力；经营活动产生的净现金流波动较大，或与主营业务利润情况不匹配，可能会对筹资活动的现金流构成较大压力。

**案例分析 2　经营现金流量净额下降的风险**

某外贸企业 2006 年、2007 年、2008 年及 2009 年前三个季度经营活动产生的现金流量净额分别为 74 647 万元、115 688 万元、22 448 万元和 34 698 万元。在全球金融危机影响下，外贸行业受到较大冲击，公司经营业绩有所下滑，2008 年公司经营活动现金流同比大幅下降 80.6%。2009 年以来，随着全球经济触底回暖，公司经营活动净现金流有所回升，但与 2007 年相比仍有较大差距。公司经营活动现金流的较大波动对公司的经营将产生不利的影响，严重情况下，可能影响该公司本期债务融资工具的到期偿付。

针对上述情况，主承销商要求发行人在募集说明书中对其经营现金流量净额下降的风险进行了风险提示。

### 3. 主要资产减值准备计提风险

应收账款坏账准备、存货跌价准备的计提明显低于行业平均水平，部分账龄较长的应收账款坏账准备计提不足，或市场价格大幅下跌的存货的减值计提明显不足，是否具有合理理由，或是在某一段时期大幅计提，是否存在操纵利润的情况；此外，长期股权投资、无形资产的减值准备是否也有计提不充分或过度的可能性。

### 案例分析 3　应收账款可能发生坏账和坏账准备提取不足的风险

某大型企业，截至 2008 年 12 月 31 日，扣除坏账准备前的应收账款余额为 328 869 万元（占资产总额的 17%），坏账准备为 9 311 万元，净额为 299 558 万元；该公司近 60% 的应收账款账龄在 1 年以上。考虑到国际金融危机影响范围较广，如果未来应收账款发生坏账损失或者坏账准备提取不足，则公司的经营业绩和财务状况将受到不利影响。

针对上述情况，主承销商要求发行人在募集说明书中对其应收账款可能发生坏账损失和坏账准备提取不足的风险进行了风险提示。

### 4. 金融资产公允价值大幅波动的风险

部分以公允价值计量的金融资产（交易性金融资产、可供出售金融资产、表内衍生工具等）可能会随着外部市场环境的剧变（2008 年金融危机深化尤为明显），其公允价值相应发生较大波动，并视情况反映为当期损益的变动或仅体现在所有者权益之中。

### 案例分析 4　金融资产公允价值大幅波动的风险

发行人是国有独资公司，主要经营省政府授权范围内的国有资产经营、管理、转让、投资、企业托管、资产重组以及经批准的其他业务，房屋租赁。涉及能源基础产业、现代金融业和不动产业。

截至 2009 年 9 月末，发行人总资产 637.91 亿元，总负债 281.29 亿元，净利润为 25.81 亿元。主承销商尽职调查发现，公司持有可供出售金融资产市值合计达人民币 39.38 亿元，虽然仅占全部资产的 6.17%，但却为当期净利润的 1.53 倍。股票市场的波动使得发行人持有的金融资产的价格存在较大不确定性，将影响发行人金融资产的变现规模和变现能力，可能给发行人带来一定的财务风险。

针对上述情况，主承销商要求发行人在募集说明书中对其金融资产公允价值大幅波动的风险进行了提示。

### 5. 毛利率波动较大或呈下滑趋势的风险

由于市场竞争、政策变化等多种原因，随着原材料或产品价格的变动，企业主营业务毛利率可能会发生一定波动，甚至出现下滑趋势。

**案例分析 5　毛利率波动较大或呈下滑趋势的风险**

钢铁企业的周期性较强，与国家宏观经济的发展密切相关，容易受原材料价格波动影响，毛利率的高低在很大程度上取决于向下游产业转嫁成本的能力。铁矿石是钢铁冶炼最基本的原材料，钢铁企业的盈利能力对铁矿石成本具有较高的敏感性。

某钢铁企业产能逐年增长，对原材料需求不断增大，其铁矿石用量中 40%～50% 依赖进口。近年来，全球铁矿石价格波动较大。以我国铁矿砂进口均价为例，2006 年约为 66 美元/吨，2007 年最高升至 85 美元/吨，2008 年陡升至 125 美元～140 美元/吨的高位，而 2009 年前三个季度，受下游需求减少、海运价格降低等因素的影响，铁矿砂价格暴跌至 80 美元/吨左右，回到 2007 年下半年时的价格水平。但 2009 年第四季度，受经济景气影响，国内钢企大幅增产，必和必拓、力拓和淡水河谷三大矿商联手提价，将 2009 年末铁矿石现货价推升至 120 美元/吨，淡水河谷甚至提出将 2010 年铁矿石基准价格上调 90%～100%。企业面临成本增加风险。从钢材价格看，2008 年下半年，由于受国际金融动荡和国内经济增长调整性波动影响，钢铁生产及钢材价格受到阶段性抑制。2008 年 11 月，国内钢材综合价格指数由 2008 年 7 月的高点 162.26 点跌至 101.49 点，跌幅为 37.45%，直到 12 月止跌企稳。进入 2009 年以来，虽然在国家拉动内需政策的推动下，钢铁行业下游需求有所回暖，但是，钢材结构性供大于求的矛盾仍较为突出，此外，受国际金融危机的影响，外需极度萎缩，国内供需矛盾有所加剧。2009 年国内钢材平均综合价格指数为 103.12 点，比 2008 年平均下降 33.54 点，降幅为 24.54%。产品价格的波动将给公司的盈利带来一定影响。

具体到发行人，2006 年至 2008 年，公司各产品条线的毛利率基本都呈现下降趋势，至 2009 年前三个季度方始有企稳迹象，如下表所示：

单位：%

| 时间 | 主要产品 | 冷轧不锈薄板 | 热轧普通中卷板 | 其他不锈钢 | 普通钢坯 | 其他 |
|---|---|---|---|---|---|---|
| 2006 年 | 毛利 | 13.57 | 22.61 | 11.21 | 8.43 | 8.99 |
| | 占比 | 29.38 | 42.37 | 10.35 | 5.81 | 12.09 |
| 2007 年 | 毛利 | 10.76 | 23.64 | 9.77 | 7.90 | 7.25 |
| | 占比 | 19.64 | 45 | 19.62 | 3.37 | 12.37 |
| 2008 年 | 毛利 | 3.64 | 19.25 | 7.43 | 5.60 | 1.74 |
| | 占比 | 6.53 | 72.99 | 14.08 | 3.51 | 2.89 |
| 2009 年 1—9 月 | 毛利 | 6.94 | 12.40 | 6.67 | 9.79 | 1.77 |
| | 占比 | 16.01 | 42.63 | 22.10 | 13.51 | 5.75 |

尽管发行人行业地位突出，抗压能力强，但主承销商仍要求其在募集说明书中对其成本增加、产品价格波动导致毛利下滑的风险进行了风险提示。

6. 费用支出大幅波动的风险

销售费用、管理费用、财务费用出现较大波动，虽然可能是基于正常生产经营的需要，诸如营销推广活动导致的营业费用增加、内部激励或是折旧增加导致的管理费用增加、有息债务规模扩张导致的财务费用增加等，但也有可能对企业短期损益、现金流状况产生较大影响。

**案例分析 6　费用支出大幅波动的风险**

某投资控股集团是省级国资委下辖的国有独资公司，拥有控股子公司 9 家，联营及合营公司 34 家，涉及能源、基础设施、旅游、房地产等行业。该集团 2006 年、2007 年和 2008 年营业利润分别为 35 448 万元、39 536 万元和 49 885 万元；净利润分别为 21 064 万元、14 881 万元和 28 452 万元。2007 年净利润下降较多，从财务报表看主要原因为当年管理费用大幅增加，2006 年、2007 年和 2008 年分别为 6 591 万元、25 403 万元和 4 156 万元。经与集团财务人员沟通，主承销商调查了解到：2007 年集团入股当地某商业银行，在增资 6 亿元的同时又出资收购了该银行 22 亿元左右的不良资产。对于这 22 亿元不良资产，集团将其计入其他应收账款并每年按 7% 计提了坏账准备。由于当年省财政未明确该笔账务处理方式，集团暂将其计入管理费用，导致当期费用支出大幅增加。

针对上述情况，主承销商要求其在募集说明书中进行了风险提示。

### 7. 非经常性损益大幅波动的风险

部分企业享受一定的政策性补贴，但可能因政策变化或其补贴政策本身不具有可持续性，而令营业外收入大幅波动；部分企业由于重组、整合、剥离下属企业，可能也会发生非经常性损益。上述非经常性损益的波动将直接体现为净利润的波动，并令投资者对企业偿债能力的判断产生影响，因此需要提示投资者关注对利润的临时性增厚或冲减因素。

**案例分析7 非经常性损益大幅波动的风险**

某国有控股企业A公司是一个以种植棉花为主，集牧渔养殖、良种培育、纺织品、农用塑料制品、农副产品加工、能源综合利用为一体的综合性大型企业。2007年、2008年和2009年，A公司经营利润分别为46 715万元、−149 494万元和53 512万元，利润总额分别为42 256万元、−144 727万元和90 112万元。A公司利润总额与经营利润相比变化较大，主要是非经常性损益波动较大所致。2007年、2008年和2009年，该公司非经常性损益分别为251万元、3 839万元和25 540万元，而非经常性损益项目中，计入当期损益的政府补助2009年为26 652万元，较2007年的5 081万元和2008年的6 053万元均有大幅增长。A公司非经常性损益波动较大可能对该公司偿债能力产生一定的影响。

针对上述情况，主承销商要求该公司就政府补助的相关情况进行了专项说明，并要求其在募集说明书中对非经常性损益大幅波动的风险进行了风险提示。

### 8. 重大担保、诉讼仲裁、资产受限等或有事项导致的风险

或有事项一般未体现在表内，但可能会对企业的正常经营和财务状况产生不利影响，诸如诉讼仲裁赔偿、需要代被担保方履约、部分资产的所有权受到限制等情况。

**案例分析8 受限制资产规模较大的风险**

某东部沿海国有企业主要从事高速公路的建设与经营，所需资金规模大，该公司已将HZ跨海大桥南岸连接线的收费权、GB高速公路有限公司中的股权及政府补贴受益权和通行费收费权、HZ大桥项目中所占的部分股权、GF高速公路收费经营权、XS大桥及连接线工程项目建成后的通行费收费权等通过质押取得银行借款，此外还有部分土地资产通过抵押取得银行借款。截至2009年9月末，公司抵押、质押借款总额76.01亿元，占公司有息债务余额的51.48%。截至2009年9月30日，公司所有权受限制资产总计87.57亿元，占公司总资产的29.86%。公司受限制资产规模较大，将影响公司未来以收费权质押的方式进

行债务融资。

针对上述情况，主承销商要求发行人在募集说明书中对其受限制资产规模较大的风险进行了风险提示。

## 3.7.2 发行人经营风险

《募集说明书指引》第十五条规定："企业应进行的风险提示中包括经营风险。经营风险主要指企业的产品或服务的市场前景、行业经营环境的变化、商业周期或产品生命周期的影响、市场饱和或市场分割、过度依赖单一市场、市场占有率下降等风险"。

关注发行人提供的业务数据，并通过收集宏观经济数据、同行业具有可比性的企业的相关资料进行比较分析，适当揭示风险。共性风险点如下：

1. 宏观经济依赖风险

强周期性行业（诸如制造业、能源业、金融地产等）的景气度一般都与外部宏观经济高度相关，而弱周期性行业（诸如一些基础消费品行业，包括医疗、通讯等）虽受外部宏观经济影响的程度较小，但仍不可避免地会受到一定牵连。

**案例分析1 宏观经济依赖风险**

某地方国有企业Z公司，其主业属于流通批发行业。Z公司从事的钢材、汽车、煤炭等大宗商品的贸易经营业务，与宏观经济发展密切相关。2008年下半年以来，金融危机在全世界范围内的蔓延使得全球经济处于低谷，我国的宏观经济也受到一定程度的影响。根据国家统计局资料显示，2008年全年国内生产总值300 670亿元，比上年增长9.0%。分季度看，第一季度增长10.6%，第二季度增长10.1%，第三季度增长9.0%，第四季度增长6.8%。第四季度GDP增速显著下滑，创1999年以来的最低水平。虽然经济整体环境在2009年有所好转，但考虑到未来我国经济发展具有一定的不确定性，Z公司主要经营商品的市场供求、价格等方面还可能出现一定的波动，这将会对公司的效益产生一定的影响。

针对上述情况，主承销商要求发行人在募集说明书中对其受宏观经济波动的风险进行了风险提示。

2. 行业景气依赖风险

一般情况下，如果没有特别的渠道、产品、技术等优势，企业的经营情况都会受到其所在行业景气度的影响。同时，一些具有较高关联度的行业之间，也会发生类似的景气依赖情况，比如：房地产行业能够带动基础材料、能源、建筑、家用电器及其他生活用品等行业的兴起与衰落。

**案例分析2 行业景气依赖风险**

某发电企业H公司,电力行业的整体发展对其经营产生较大影响。电力行业需求受到国民经济中其他行业用电量的影响较大。电力企业的盈利能力与经济周期的相关性比较明显,下游重工业和制造业的用电需求和发电企业自身上网电量是决定发电企业盈利的重要因素。2009年全国发电量、用电量从年初严重下滑、年中企稳回升到年末大幅攀升,全年增速大于2008年,全社会用电量36 430亿千瓦时,增长为5.96%。全国发电装机容量达到8.74亿千瓦,全口径发电量36 639亿千瓦时。截至2009年底,全国发电设备容量87 407万千瓦,同比增长10.23%。随着全国各地电力建设步伐加快,持续数年的电力供应紧张形势得到极大缓解,特别是2010—2011年两年可能出现局部地区电力过剩状况,电力市场竞争可能加剧,对发行人电力企业经营产生不利影响。随着供求形势的变化和我国电力体制改革的进一步深入,发电企业将逐步实现竞价上网,不同类型电厂之间将展开真正的竞争,市场竞争压力进一步加大。另外,火力发电主要以电煤为燃料,电煤价格的波动也将对发电企业经营产生较大影响,导致发行人整体经营现金流和盈利能力有所下降,加大了发行人的偿付风险。如果H公司因电力行业整体不景气因素影响出现亏损,导致公司经营现金流和盈利能力有所下降,将加大了H公司的偿付风险。

针对上述情况,主承销商要求发行人在募集说明书中对其行业景气依赖风险进行了风险提示。

3. 原材料供应风险

部分企业的原材料采购高度依赖于某几家供货方或较为固定的供货渠道,如果该类原材料的供应商处于相对垄断或较具有议价能力的优势地位,可能会令企业的原材料成本控制难度加大,并影响其正常生产经营或财务表现。

**案例分析3 原材料价格波动风险**

某大型机车制造企业使用的基础原材料主要包括钢材、铝材和铜材。上述三种原材料的成本合计占公司生产成本的80%左右。主承销商尽职调查注意到,2008年第四季度,受国际金融危机的影响,钢材、铝材、铜材价格大幅下跌。2009年以来,随着宏观经济复苏及下游需求的逐步释放,原材料价格出现一定程度的反弹。如果钢材、铝材和铜材的价格再次出现大幅上涨,而公司产品价格无法及时相应调整,则公司经营情况仍有可能受到一定不利影响。

针对上述情况,主承销商要求发行人在募集说明书中对其原材料价格波动风险进行了风险提示。

### 4. 产品或服务销售的市场风险

企业在产品或服务销售过程中，可能会面临各类不确定因素，导致定价、销量不能完全符合企业预期，相应会影响其经营成果和财务表现。

**案例分析4　产品价格波动风险**

某化工基础原材料生产企业，主要产品为PVC（聚氯乙烯，是世界上产量最大的塑料产品之一，应用广泛，聚氯乙烯树脂为白色或浅黄色粉末）。该企业受国际、国内宏观经济状况等因素影响较大，具有比较明显的商业周期，因此其产品价格呈现明显的周期性波动。随着近年来行业产能迅速增加，市场竞争加剧，特别是进入2008年第四季度，国际原油价格快速大幅下滑，使得石油乙烯法PVC价格优势明显。国外PVC的生产以乙烯法为主，石油价格的大幅下跌使聚氯乙烯进口价格最低时不到5 000元/吨，由于内外价差大，2008年第四季度以来进口聚氯乙烯数量激增，2009年上半年每月进口均比上年同期增长了1倍以上，上半年初级PVC进口累计达到125.77万吨，超过2008年全年的进口量112.69万吨。受国外低廉PVC的冲击，以及下游需求低迷的影响，PVC价格急剧下滑。在世界经济形势仍存在不确定性的情况下，PVC价格波动会影响公司的盈利能力，对公司业绩将产生一定的影响。

针对上述情况，主承销商要求发行人在募集说明书中对其产品价格波动风险进行了风险提示。

### 5. 客户集中度风险

与原材料供应相类似，如果企业的客户集中度较高，可能会面临因自身议价能力较弱而影响到经营成果和财务表现的风险。

**案例分析5　依赖少数主要客户的风险**

国家某重点机车生产企业B公司，2006年、2007年和2008年B公司对前五大客户的销售收入分别占B公司当期营业收入的60.97%、67.59%及66.18%。B公司的最大客户为铁道部及其所属的铁路局，对其的营业收入2006年、2007年及2008年分别占B公司总销售收入的52.80%、60.01%及58.44%。由轨道交通装备行业的特点决定，如果整体行业格局不发生重大变化，B公司仍将对主要客户保持一定程度的依赖。因此，B公司在与主要客户的合作中自身议价能力较弱，同时，如果主要客户减少或取消订单，将可能使得B公司的销售收入大幅下跌，并对经营业绩产生不利影响。

针对上述情况，主承销商要求发行人在募集说明书中进行了风险提示。

6. 市场集中度风险

市场集中度直接决定了市场竞争的激烈程度，即在市场高度分散的情况下，可能有利于部分企业在局部地区形成一定的垄断优势，但也有可能因恶性竞争导致大部分从业者利润微薄甚至面临破产风险；在市场高度集中的情况下，可能有利于既得利益者继续赚取垄断利润，同时会对新进入行业者形成较高的进入壁垒。

**案例分析6　市场饱和风险**

某南方大型发电企业，电力生产是该公司的主要收入来源，该公司的电力资产主要分布在 G 省内，虽然单一的业务种类和地区分布有利于公司专业化经营和管理，提升细分市场份额，但同样可能削弱公司抵御外部风险的能力。由于 G 省地区经济发达，电力需求旺盛，国内及地方大型电力集团包括中国华能集团公司、中国广东核电集团有限公司、广东粤电集团等均在 G 省拥有电源点，该公司面临着激烈的电力市场竞争。随着节能调度政策的实施，G 省内的水电、核电、风电等清洁能源发电将优先上网，可能导致公司燃煤和燃油电厂效益受到一定影响。此外，G 省电网是 G 省电网"西电东送"的重要落脚点，2009 年 1—3 月，公司的西电送 G 省198.89 亿千瓦时，同比增长112.24%。以上因素将使公司面临较大的竞争压力。

针对上述情况，主承销商要求发行人在募集说明书中对其市场饱和风险进行了风险提示。

7. 行业竞争风险

隶属于同一行业大类的各种子行业之间，可能会存在竞争替代风险，诸如交通运输行业内部，航空、航运、铁路、公路等运输方式之间就存在着不同程度的竞争替代关系。

**案例分析7　行业竞争风险**

某国有大型航空公司 Z，是国内客运市场的三大中国航空公司之一。近年来，虽然国内航空运输业发展迅猛，但是国内低廉的铁路运输、公路运输的竞争和替代对发行人航空运输业务的发展形成了一定的竞争压力。航空运输、铁路运输、公路运输在短途运输方面存在一定的可替代性。提速是铁路加强与航空竞争的重要手段，1997 年以来，我国铁路运输经过六次提速，快速列车行驶速度已经达到 200 公里/小时，高速铁路的大发展将有可能分流部分旅客。此外，20 世纪90 年代以来我国高速公路的发展也非常迅速，根据交通部的统计，从 1988 年我国高速公路零的突破开始，到 2007 年年末，我国高速公路通车里程已达 5.36 万公里，高速公路的增长也将分流部分短途旅客。若发行人未能从价格、差异化服务、市场化战略等方面提高自身实力，将有可能受到其他运输方式替代性效应的影响。

针对上述情况，主承销商要求发行人在募集说明书中对其行业竞争风险进行风险提示。

### 8. 品牌维护风险

随着社会舆论力量的日益壮大，企业均主动或被动提升了自身的公开透明度，但部分负面舆论（诸如对高管人员、主要产品或服务的不信任）可能会对企业的正常生产经营产生不利影响；此外，当企业遭受自身重大负面事项影响时，如果不能有效进行危机公关，可能会导致该类事项所产生的破坏程度远甚于预期。

### 案例分析 8　品牌维护风险

N 集团为国有大型发电企业，近年来，国家继续加大环保政策的执行力度，同时制定了严格的火电厂污染物排放标准，包括电网建设、运营中的相关变电站、输电线路、造成的潜在水土污染。由于 N 集团下属公司未经环评审批擅自在金沙江中游建设水电站，并已开始截流，违反国家产业政策、发展规划和环境保护准入条件进行项目建设，2009 年 6 月，环境保护部决定在该项目完成环境影响补充论证和整改之前，暂停审批 N 集团建设项目的环境影响评价。此事件在社会上引起较大关注，对 N 集团品牌形象造成一定程度的不良影响。N 集团对此高度重视，迅速行动，将金沙江中游水电项目停工整改，采取了一系列措施认真落实环保部的限批决定，并深入调查，举一反三，汲取教训，对于所属电厂的环保管理也提出了更为严格的要求，杜绝类似情况再次发生。2010 年 3 月，环境保护部下发通知，同意 N 集团金沙江中游水电项目按变更方案进行项目建设。

针对上述情况，主承销商要求发行人在募集说明书中进行了风险提示。

### 9. 安全、环保事故风险

部分行业可能由于安全、环保事故而面临相关风险，诸如煤炭、化工行业，可能因发生矿难事故、化学品环境污染等受到相关行政处罚或产生经济纠纷，这些情况均可能影响到企业的经营成果和财务表现。

**案例分析9 安全隐患可能产生的风险**

某国有大型煤炭企业J公司，为H省最大的能源企业。J公司煤炭生产为地下开采作业，在煤炭采掘、生产过程中，存在发生水、火、顶板、瓦斯、煤尘等安全事故的可能性。近年来，尽管国家对于煤炭生产安全问题愈加重视，煤炭开采的技术条件和设备都有了很大提高，但是安全问题一直未能彻底解决，重大、特大安全事故时有发生。与其他省份相比，H省煤炭资源开采条件复杂、埋藏深、瓦斯浓度大、受地下水威胁严重。J公司的煤炭生产主要集中在H省，因此有一定的安全风险。随着经营规模和运营区域的逐步扩大，J公司面临的安全风险也相应增加。如J公司的安全生产工作不足，可能引发生产事故，直接影响正常的经营。

针对上述情况，主承销商要求发行人就其安全生产工作情况进行了专项说明，并在募集说明书中进行了风险提示。

10. 不可抗力风险

并非由于发行人自身的过失或疏忽，而是由于发生了发行人无法预见、无法预防、无法避免和无法控制的事件（诸如自然灾害等），可能会对发行人的经营成果和财务表现产生不利影响。

**案例分析10 自然灾害及疫情等不可抗力风险**

某畜牧业企业，主营各类肉鸡饲养及饲料生产，近年来国内外频频发生的重大自然灾害和传染病疫情，令此类企业经营业绩发生了较大波动。具体而言，各类自然灾害的发生将对玉米、豆粕等原料价格产生不利影响，这会增加企业饲料及饲料添加剂业务的采购成本；而养殖业务也易受自然灾害而暴发家禽疫情，一方面可能影响家禽产量，另一方面公众可能由于对食品安全的担心而减少对相关家禽的消费。且上述自然灾害及疫情均为不可抗力事件，存在一定的不可预测性。

针对上述情况，主承销商要求发行人在募集说明书中对其自然灾害及疫情等不可抗力风险进行了风险提示。

## 3.7.3 发行人管理风险

《募集说明书指引》第十五条规定"企业应进行的风险提示中包括管理风险。管理风险主要指组织模式和管理制度不完善，与控股股东及其他重要关联方存在同业竞争及重大关联交易，发行后重要股东可能变更或资产重组导致企业管理层、管理制度、管理政策不稳定等风险"。

关注发行人公司章程、内部管理制度、组织架构等信息，并适当揭示风险。共性风险点如下：

1. 家族式企业风险

部分企业的股权关系较为复杂，诸如与"下属企业"互持股权，造成实际控制人模糊，或决策权分布界定不明；也有部分企业虽然股权结构清晰，但主要股东之间关系不和且股权分布互相制衡；部分企业为家族式企业，可能存在控股权内部转移纠纷等情况。

**案例分析1　自然人控制风险**

某企业的实际控制人为自然人，且与其他主要股东存在较为紧密的亲属关系，该实际控制人自身的经营、管理、决策能力将对企业运营产生重大影响，如果该实际控制人决策失误，将可能导致经营状况不佳。此外，家族式企业还可能因控制权的内部转移，发生实际控制人的变更，如该控制权未能顺利实现交接，也可能对该企业的生产经营产生一定影响。

针对上述情况，主承销商要求发行人在募集说明书中对其自然人控制风险进行了风险提示。

2. 高管人员履职风险

部分企业的高级管理人员并没有按照公司章程的约定全部到位，或出现较长时间的临时性缺位，甚或形同虚设。

**案例分析2　董事会、监事会人员缺位风险**

某地方国有企业的《公司章程》约定，公司应设董事会、监事会，其中董事会由9名董事组成，监事会由5名监事组成。该企业的控股股东及实际控制人为地方国资委，地方国资委直接任命董事长及总经理人选，其他股东方也委派了部分董事，但董事会实际到位仅为7人。监事会方面也有人员空缺。上述人员缺位属于长期情况，并非临时性的人员调动所造成。考虑到董事会、监事会的职能运作可能会由于人员缺位而发生一些权责不对等的情况，主承销商要求发行人在募集说明书中进行了风险提示。

3. 公司治理有待完善的风险

部分企业由于规模较小、控股股东持股比例较高、所有权改制等原因，未完全搭建起完善的公司治理结构，经营权与所有权未完全分离，在内控机制方面也存在较多缺失。

**案例分析 3 治理结构尚待完善的风险**

某民营中小企业的董事长同时兼任总经理，在治理架构中尚未实现所有权和经营权的分离；内设部门中存在一些人员同时兼任多个部门管理者的情况，不利于内控管理的有效开展；部分下属企业虽然名义上为独立法人，但由于业务规模较小等原因未设置独立的财务人员，仍由总部统一进行会计核算。

针对上述情况，主承销商要求发行人在募集说明书中对其治理结构尚待完善的风险进行了风险提示。

4. 关联企业同业竞争风险

企业与同受控股股东控制的其他企业之间，如果从事业务相似且存在竞争关系，可能会对该企业的其他少数股东或外部债权人造成利益损害。

**案例分析 4 关联企业同业竞争风险**

某有色金属企业隶属于某大型央企旗下，该央企还拥有与发行人生产冶炼相似产品的其他下属企业，该企业与发行人之间构成同受控制的关联方关系。在生产经营过程中，尽管发行人主要产品的 80% 均通过期货交易所公开定价销售，与其他同受控制的关联方的产品发生直接竞争的可能性较小，同时，对于部分直销客户，通过控股股东的妥善协调，各家成员企业能够较好地维护自有客户网络，但不排除未来在业务拓展过程中发生一些同业竞争。

针对上述情况，主承销商要求发行人在募集说明书中对其关联企业同业竞争风险进行了风险提示。

5. 关联交易利益输送风险

企业与同受控股股东控制的其他企业之间、与控股股东之间，可能会发生一些定价不当的关联交易或资金往来，进而损害该企业的其他少数股东或外部债权人的利益。

**案例分析 5 关联交易利益输送风险**

某造纸企业，主营中高档包装纸，拥有较为先进的生产技术和生产线，原料供应稳定且价格合理，成本控制较好，但其盈利水平明显低于行业平均水平。针对这一情况，主承销商作了专项调查。调查发现，该企业近几年 60% 以上的销售收入来自境外销售，其境外销售的唯一买家为该企业大股东在境外设立的、与该企业之间没有股权关系的 A 企业。根据该企业与 A 企业签订的长期销售合同约定的销售价格，调查当年及前几年，该企业境外销售基本按照产品生产成本销售。由于合同期限很长，且没有设定销售价格上调机制，一旦成本上升，该企业境外销售即面临全面亏损。由于认定该企业境外销售是归属于同一控制人的两个企业之间的交易，且存在明显的关联交易利益输送，主承销商随后终止了该企业注册发行短期融资券的尽职调查及后续工作。

6. 技术人才培养风险

对于技术依赖型企业，技术人才是公司的重要资产之一，培养人才、激励人才、运用人才都会占用一定的公司资源，如果技术人才流失，可能会对公司正常生产经营产生不利影响。

**案例分析 6　技术人才流失风险**

某民营中小企业从事新材料领域的研发生产，聘请了 1 名技术总监及多名高级科研人才，该企业的产品生产和技术创新依赖于在生产过程中积累起来的核心技术及掌握和管理这些技术的科研人员、技术人员和关键管理人员，核心技术的泄密、核心技术人员和关键管理人员的流失将会对该企业的正常生产和持续发展造成重大影响。因此能否稳定现有核心技术人员、技术骨干和关键管理人员，同时能否不断吸纳和培养出公司发展所需的技术和管理人员构成了公司经营过程中潜在的人才风险。

针对上述情况，主承销商要求发行人在募集说明书中进行风险提示。

7. 管理效率不足风险

部分成长型企业随着资产、经营规模的不断扩张，员工人数及分支机构日益增加，公司经营决策、组织管理、风险控制的难度也会相应增加。因此，该类企业可能会面临组织模式、管理制度、管理人员的数量和能力不能适应公司规模快速增长的风险。

**案例分析 7　公司管理风险**

主承销商调查发现，某大型央企主要投资于电力及配套产业，其控股及参股的子公司众多，并涉足海外电力投资，各项业务的精细化运作和协调发展对该公司的管理能力带来较大挑战。另外，该公司为沪港两地上市公司，不同监管部门和投资者对公司的管理能力也提出了较高要求。

针对上述情况，主承销商要求发行人在募集说明书中对其管理风险进行风险提示。

## 3.7.4 发行人政策风险

《募集说明书指引》第十五条规定"企业应进行的风险提示中包括政策风险。政策风险主要指因国家法律、法规、政策的可能变化对企业产生的具体政策性风险，如因财务、金融、土地使用、产业政策、行业管理、环境保护、税收政策、财务管理制度、经营许可制度、外汇制度、收费标准等发生变化而对企业的影响"。

关注发行人所在行业、宏观经济运行相关政策，审慎分析可能对发行人经营活动产生不确定影响的政策因素，适当揭示风险。共性风险点如下：

1. 汇率风险

目前我国实行的是有管理的浮动汇率制度，一方面，汇率的波动可能会增大存在外币原材料采购支出、外币产品销售收入的企业汇率风险管理的难度，带来一定的风险管理成本（如签订的外汇衍生品合同的费用），或令企业承担一定的汇兑损益波动；另一方面，由于尚未实现完全的浮动汇率制度，政府对于汇率的干预存在一定的不可测因素，这也将加大企业的汇率风险管理成本或加大汇兑损益波动。

**案例分析 1 汇率风险**

自 2005 年 7 月以来，人民币对美元持续升值。2007 年、2008 年和 2009 年，人民币对美元汇率的升幅分别为 6.90%、6.88% 和 0.09%，累计升幅达到了 14.36%。

在此期间，某企业营业收入中出口比例分别为 58%、55% 和 49%，出口比例较高，因此受人民币升值的影响较为明显。人民币持续升值对该企业的影响主要体现在以下两个方面：一方面，以美元计价的产品单价换算为人民币后下降，导致营业收入和产品毛利率降低。假定其他条件不变，若以各期期初人民币对美元汇率将外币营业收入折算为人民币营业收入，则 2007 年、2008 年和 2009 年公司营业收入分别损失 2 134 万元、1 835 万元和 76 万元，综合毛利率分别下降了 1.01 个、0.74 个和 0.03 个百分点。对此，该企业已采取提高出口产品报价、调整产品结构等措施部分抵消了人民币升值对出口产品毛利率的影响，同时也积极增加国内市场销售比重，以降低人民币升值对整体盈利能力的影响。另一方面，人民币的持续升值将会形成该企业的汇兑损失，从而导致财务费用增加。2007 年、2008 年和 2009 年，该企业汇兑损失分别为 625 万元、310 万元和 156 万元，占同期利润总额的比例分别为 8%、3% 和 2%。该企业通过采取加快外币应收账款周转、运用保理业务、锁定汇率、增加美元借贷等措施，以规避和部分抵消人民币持续升值带来的不利影响。

针对上述情况，主承销商要求发行人在募集说明书中进行了风险提示。

## 2. 利率风险

目前企业主要的有息债务均以人民银行发布的人民币贷款基准利率为计价基础，部分生息资产也以人民银行发布的人民币存款基准利率为计价基础，因此，当外部宏观经济形势发生变化，基准利率发生调整时，企业财务费用将面临一定的波动风险。

**案例分析2 利率风险**

某企业近几年主要通过短期借款和商业信用融资，2007年末、2008年末和2009年末，该企业短期借款余额分别为29 635万元、34 177万元和45 621万元。

2005年至2007年底，人民银行共上调人民币贷款基准利率8次，金融机构一年期人民币贷款基准利率从2005年初的5.58%上调至7.47%，导致该企业借款利息支出不断上升。2007年末和2008年末，利息支出分别为2 814万元和3 009万元。从2008年9月开始，人民银行开始下调人民币贷款基准利率，截止到2009年末，金融机构一年期人民币贷款利率已降至5.31%，同时，该企业也通过优化融资结构、争取优惠贷款、保理业务等措施有效地降低了财务费用的支出水平，2009年的利息支出为2 131万元。但如果国内经济环境及货币政策发生变化，人民银行提高贷款利率，该企业仍存在因利率上升而导致财务费用增加的风险。

针对上述情况，主承销商要求发行人在募集说明书中进行了风险提示。

## 3. 产业政策风险

随着近年来全球性金融危机的演进，我国不断强调经济增长方式转型的重要性，并通过发布各类产业振兴、调整、抑制政策来调控宏观经济，这些举措可能会直接影响到有关行业企业的经营成果和财务表现；且在此过程中，可能会因为外部环境的变化而导致政策方向出现扭转，令企业在制定长期经营发展规划时面临一定的不确定性。

根据国务院《关于抑制部分行业产能过剩和重复建设引导产业健康发展若干意见的通知》（国发〔2009〕38号），针对部分行业出现的产能过剩和重复建设，特别是钢铁、水泥等产能过剩的传统产业，风电设备、多晶硅等新兴产业的重复建设及一些地区违法、违规审批，未批先建、边批边建现象需在募集说明书中特别予以说明，并进行相关风险提示。

**案例分析 3　产业政策风险**

　　以房地产业务为主业之一的某大型央企，房地产业务收入占企业主营业务收入的 25%，该业务利润占企业营业利润的 40%。针对这一情况，主承销商作了专项调查。调查发现，发行人的房地产业务易受国家法律、法规和政策影响，宏观调控政策可能影响其房地产业务的发展。由于各项经济刺激计划所带来的积极影响，自 2009 年初以来，房地产行业从年中开始持续升温，大中城市的房价大幅上升，行业景气指数已经接近 2007 年的历史高点，而 2010 年 4 月开始的新一轮严厉的房地产调控政策对该央企的主业造成了一定程度的冲击，如果国家再进一步出台其他房地产调控政策将可能使发行人下属房地产公司面临流动性风险。

　　针对上述情况，主承销商要求发行人在募集说明书中对其房地产业务可能面临的政策风险进行了风险提示。

　　4. 税收、补贴收入政策风险

　　部分高新产业企业、承担公共服务的企业或属于政府支持的企业一般都会享受税收、补贴方面的优惠政策，但政策支持力度的变化可能会影响到企业相关财务表现。

**案例分析 4　税收政策风险**

　　根据国家有关政策，某大型国有石油公司目前须缴纳多种税费，包括但不限于：企业所得税、增值税、营业税、消费税、资源税、城市维护建设税、矿产资源补偿费、石油特别收益金、探矿权使用费、采矿权使用费等。主承销商尽职调查注意到，近年来国际原油价格波动剧烈，对发行人缴纳石油特别收益金的资金支出产生一定不确定性。未来税收政策的变更对发行人经营效益将带来一定的不确定性。

　　2008 年 12 月 18 日，国务院印发了《关于实施成品油价格和税费改革的通知》，决定自 2009 年 1 月 1 日起实施成品油税费改革，包括取消公路养路费、航道养护费等六项收费，提高成品油消费税单位税额等举措；完善成品油价格形成机制，理顺成品油价格，国内成品油价格实行与国际市场有控制的间接接轨，并自发文之日起实施。主承销商尽职调查注意到，上述政策调整将对国内成品油消费需求和供给产生综合影响，可能会给发行人业务经营带来一定的不确定性，其中，成品油消费税单位税额的提高以及目前采取的在生产环节征收的方式将会增加发行人营运资金占用。

　　针对上述情况，主承销商要求发行人将有关情况进行了专项说明，并在募集说明书中进行了风险提示。

5. 特许经营风险

出于国家安全、战略发展等种种考虑，部分行业还存在着一定程度的垄断性经营，或称之为政策上的特许经营，但随着相关行业准入门槛的降低，相关特许经营权可能会放开，进而可能会影响原有从业者的既得利益。

**案例分析5    特许经营权变动风险**

某企业拥有某地方水厂一期特许经营权，该经营权为发行人水务业务的重要组成部分。根据发行人与当地自来水厂签署的特许经营权转让协议，发行人对该水厂一期特许经营权的经营享受当地自来水厂每年3亿元的税后净现金收益保证，回报相对稳定。未来，当地政府对这项收益保证政策有可能予以适度调整，使发行人的水务业务存在收益出现小幅下降的可能。

针对上述情况，主承销商要求发行人将有关情况进行了专项说明，在募集说明书中予以披露，并进行了风险提示。

6. 安全、环保政策风险

发行人发生安全、环保事故可能会影响企业财务表现，而从政策层面来说，为避免发生此类安全、环保事故，国家颁布出台了相关预防性或惩罚性政策，尤其是相关预防性政策可能会提高企业在安全、环保方面的维护支出。

**案例分析6    环保政策风险**

某大型能源企业拥有众多火力发电项目。主承销商调查发现，近年来，国家持续加大环保政策的执行力度，制定了严格的火电厂污染物排放标准，治理环境、控制污染物排放力度不断加大。该公司在生产经营中的环保成本相应增加，对该公司的环保管理也提出了更为严格的要求。2008年7月8日，根据国家环境保护部网站《环境保护部、发展改革委、统计局、监察部公布2007年度各省（自治区、直辖市）和五大电力集团公司主要污染物总量减排考核结果——对问题突出的部分地区和企业分别作暂停建设项目环评和经济处罚决定》，该公司下属沙角B电厂因脱硫环保设备运行不正常，受到国家环境保护部的经济处罚。根据该省环保局下达的处罚决定，该电厂共缴纳罚款人民币15万元。

针对上述情况，主承销商要求发行人将有关情况进行了专项说明，在募集说明书中予以披露，并进行了风险提示。

7. 海外投资政策变动风险

随着我国"走出去"战略的实施，国内企业海外投资活动日益增多，在此过程中，可能会由于法律环境、政治变动、军事安全等方面因素导致涉外投资的收益存在风险。

**案例分析 7　海外投资风险**

截至 2009 年末，某国有资源型生产企业在境外投资项目约 24 个，投资总额达 46 142 万美元，投资范围涉及澳大利亚、加拿大、非洲、美国、东亚等国家地区。总体而言，随着该企业海外业务的稳步推进，海外业务的资产规模逐步扩大，地理分布日趋广泛。该企业的海外业务和资产受到所在国法律法规的管辖，由于国际政治、经济和其他条件的复杂性，包括进入壁垒、合同违约等，都可能加大海外业务拓展及经营的风险。

针对上述情况，主承销商要求发行人在募集说明书中进行了风险提示。

**案例分析 8　政治变动、军事安全风险**

2011 年上半年，中东多国动荡，利比亚发生内战，局部安全形势持续恶化，对我国多家有存续期债券的央企在当地开展的生产经营活动造成了一定影响，引起了投资者的普遍关注。

针对上述情况，主承销商一是要求发行人在交易商协会指定网站上披露发行人在该地区生产经营有关情况，二是在非金融企业债务融资工具存续期内，发行人若发生影响偿付能力的重大事项，及时向交易商协会反馈，并协调发行人做好信息披露工作，三是协调发行人按相关工作规程办理非金融企业债务融资工具相关业务。

## 3.7.5　债务融资工具特有风险

《募集说明书指引》第十五条规定"企业应进行的风险提示中包括本债务融资工具所特有的风险。债务融资工具因含有特殊条款而存在的潜在风险。如设置担保的，需说明担保人资信或担保物的现状及可能发生的重大变化对债务融资工具本息偿还的影响"。

关注债务融资工具的发行是否涉及特殊条款（如浮动利率、含权、存在担保、集合发行等），适当揭示风险。

**案例分析**

**案例 1　浮息**

某企业在固定利率产品发行较为困难、升息预期逐渐加强的情况下，发行浮动利率中期票据，约定本期中期票据票面利率为基准利率加上基本利差。基准利率为发行首日和其他各计息年度起息日适用的人民银行公布的一年期整存整取定期储蓄存款利率，基本利差将根据簿记建档结果，由发行人与主承销商按照国家有关规定，协商一致后确定，在债券存续期内固定不变。由于市场上浮息中期票据发行数量较少，其定价上也存在一定的分歧，投资者投资本期中期票据的收益水平存在一定的不确定性。

针对上述情况，主承销商要求发行人在募集说明书中进行了风险提示。

### 案例2　含权

某企业发行附有发行人上调票面利率选择权的中期票据，约定发行人有权决定在本期中期票据存续期的第3年末上调本期中期票据后2年的票面利率，上调幅度为0~200个基点（含本数）；相应地，投资者拥有回售选择权，即发行人作出关于是否上调本期中期票据票面利率及上调幅度的公告后，投资者有权选择在投资者回售登记期内进行登记，将持有的本期中期票据按面值全部或部分回售给发行人，或选择继续持有本期中期票据。含权可以在一定程度上规避市场利率波动较大、期限利差加大对于债务融资工具发行带来的不利影响，也为发行人的财务安排提供了一定的灵活度，同时还有可能降低总体融资费用。对于投资人来说，该含权中期票据增加了投资期限和收益的不确定性风险。

针对上述情况，主承销商要求发行人在募集说明书中进行了风险提示。

### 案例3　担保

某企业主体评级相对较低，采用担保方式进行信用增进来发行中期票据。本期中期票据由中债信用增进投资股份有限公司提供无条件、不可撤销的连带责任保证，保证范围为本期中期票据存续期限内发行人应偿付的25亿元中期票据本金及其相关利息、违约金、损害赔偿金、实现债权的费用和其他应支付的费用。在尽职调查中，主承销商注意到在本期中期票据存续期内，担保人的经营状况、资产状况及支付能力如果发生负面变化，其履行为本期中期票据本息的兑付承担连带保证责任的能力将受到不利影响。

针对上述情况，主承销商要求发行人在募集说明书中进行了风险提示。

### 案例4　中小企业集合票据

S市7家企业作为联合发行人注册发行5亿元中小企业集合票据，在尽职调查中，主承销商注意到该项目存在联合发行人区域集中风险，本期集合票据的联合发行人均集中于S市某行政区，区域集中度高，导致当地区域经济发生波动时可能对联合发行人群体的信用质量产生同方向的影响；主承销商还注意到该项目存在发行规模集合风险，本期集合票据的发行集中度偏高，联合发行人中发行金额最大的三家企业占整体发行金额的70%，其中发行金额最大的一家占整体发行金额的40%，如发行金额较大的企业发生相应风险，将对中小企业集合票据整体偿付造成较大不利影响。

针对上述情况，主承销商要求联合发行人在募集说明书中进行了风险提示。

# 3.8  其他重大事项调查

其他重大事项的范围涵盖较广，主要指在募集说明书指引等规范性文件的披露要求之外的事项。

1. 企业经营方针和经营范围发生重大变化

诸如在近期刚刚调整业务范围，造成主要业务板块的收入利润数据缺乏连续性。

2. 企业生产经营外部条件发生重大变化

诸如突发性自然灾害（地震、雪灾等），令部分发电、电网设备受损，发电企业暂时无法正常经营。

3. 企业涉及可能对其资产、负债、权益和经营成果产生重要影响的重大合同

诸如承揽到一笔合同金额远超过其总资产规模或一年主营业务收入的业务，如果顺利完成则将令资产、收入大幅增长，但如果该合同涉及未能履约的赔偿条款，可能会令该企业承担较大损失。

4. 企业占同类资产总额 20% 以上资产的抵押、质押、出售、转让或报废

诸如一些重大的重组或资产剥离情况。

5. 企业发生未能清偿到期债务的违约情况

诸如企业的银行借款发生违约，放款银行将违约记录通过人民银行或银监会通知其他同业，可能会引发整个银行业对该企业的信用紧缩。

6. 企业发生超过净资产 10% 以上的重大损失

诸如发生一些巨额亏损。

7. 企业作出减资、合并、分立、解散及申请破产的决定

诸如企业股东由于各类原因打算退出出资企业。

8. 企业涉及需要澄清的市场传闻

诸如新闻媒体报道出一些有关于企业经营财务管理的重大事项。

9. 企业涉及重大诉讼、仲裁事项或受到重大行政处罚

诸如发生一些巨额经济纠纷或经营涉嫌违背国家有关法律法规。

10. 企业高级管理人员涉及重大民事或刑事诉讼，或已就重大经济事件接受有关部门调查，诸如企业高管被双规。

11. 其他对投资者作出投资决策有重大影响的事项

（1）新公布的法律、法规、规章、行业政策可能对企业产生重大影响；

（2）主要资产被查封、扣押、冻结；

（3）主要或者全部业务陷入停顿；

（4）对外提供重大担保；

（5）可能对公司资产、负债、权益、营业收入等会计科目或者经营成果产生重大影响的事件；

（6）公司的重大投资行为和重大的购置财产的决定；

（7）公司预计经营业绩发生亏损或者发生大幅变动的，应当及时进行业绩预告；

（8）公司的董事、三分之一以上监事或者经理发生变动；董事长或者经理无法履行职责；

（9）变更会计政策、会计估计；

（10）因前期已披露的信息存在差错、未按规定披露或者虚假记载，被有关机关责令改正或者企业决定进行更正。

上述其他对投资者作出投资决策有重大影响的事项未在自律规则指引中明确要求，建议以规则指引内容为准。

## 案例分析

### 案例1　合并重组

某地区性钢铁企业A和B均曾注册发行过债务融资工具，随后，根据国家产业整合指引意见，当地政府牵头将上述两家钢铁企业合并成为某大型钢铁集团C，A、B公司的法人主体资格仍然保留，只是作为C集团下属并表企业。C集团在注册发行新的债务融资工具过程中，主承销商调查发现A、B公司仍存有部分债务融资工具注册额度，且具有续发意愿。为避免C集团整体债务融资工具注册额度超限，主承销商要求C集团统筹协调集团内部企业的融资安排，在核减注册额度后，推荐C集团发行新的债务融资工具。

### 案例2　分立重组

某地区性主要高速公路建设和营运企业，旗下各条高速公路均位于我国中部，是我国公路交通网的重要组成部分，具有高度的垄断性和较好的营运记录。在其注册发行短期融资券的过程中，根据有关政府部门的统一部署，拟将该企业旗下拥有其核心高速公路资产的上市子公司分立出去，成为直接归属地方国资委管理的公司。变更后，该企业与此上市公司就脱离了股权关系。当时，鉴于此次资产/股权剥离方案未定，且剥离后该企业将失去核心高速公路资产，资产负债结构变动较大，对其经营情况和盈利能力将有较大负面影响。在调查核实的基础上，主承销商建议暂缓了此次注册发行工作。

### 案例3　主体变更

某大型国有集团公司曾发行过短期融资券。在短期融资券存续期内，经国资委批准，该集团公司整体重组改制设立了股份有限公司，该集团公司为该股份有限公司的控股股东。鉴于重组后集团公司的部分资产变更为股份有限公司所有，为保护投资人利益，主承销商牵头，与该集团公司、股份有限公司共同召开了短期融资券债权人大会，会议通过了原属于集团公司的尚未到期的短期融资券债务转让给股份有限公司，股份有限公司承担此次短期融资券有关的所有责任。后续，在该股份有限公司再次注册发行短期融资券时，主承销商要求发行人在募集说明书中对其资产划转风险进行了风险提示。

### 案例 4　重大亏损

某大型石化企业，拥有较为先进的生产技术和当时全球产能最大的 PTA 生产线。公司生产 PTA 的主要原材料为对二甲苯（PX）和醋酸，其中 PX 采购成本约占公司 PTA 生产成本总额的 80% 左右。公司生产中所需 PX 量较大，且其价格与原油价格相关度很高（约为 0.76），2008 年度，受国际市场原油价格走高的影响，公司面临较大的原材料价格压力。同时，受下游聚酯和化纤企业除 PTA 外另一主要原材料乙二醇（MEG，约占聚酯和化纤企业生产成本的 40%）价格大幅上涨且居高不下、下游终端纺织企业不景气等因素影响，我国 PTA 生产企业无法向下游企业转移成本压力，盈利水平逐年下降。受上下游双层压力影响，该企业 2005—2007 年在主营业务收入逐年上升的同时，主营业务毛利逐年下降且降幅较大；2008 年度，该企业出现较大亏损。主承销商围绕企业 2008 年度亏损作了专项调查，建议其暂缓了此次注册发行工作。

### 案例 5　自然灾害

四川某化工企业注册发行中期票据，主承销商就 2008 年"5·12"地震对该企业的影响进行了专项调查，2008 年发生的汶川大地震造成该公司直接损失 1 252.31 万元，其中：房屋坍塌 3 440 平方米，房产受损 2.96 万平方米（其中生产性房产 3 115 平方米），设备受损 13 台，报废 4 台。该公司停产损失 4 023.14 万元，建设项目受损 170.00 万元。预计受震灾影响，2008 年该公司的营业收入将减少 2 968.00 万元，利润总额将减少 870.00 万元。

针对上述情况，主承销商要求该企业在募集说明书中就"5·12"地震对该企业的影响进行了披露。

## 3.9　募集资金用途调查

募集资金使用为发行人承诺的后续履行事项，前期尽职调查主要关注发行人提出的募集资金安排是否具有财务合理性，如涉及集团内部成员单位分派使用，还需关注集团资金管理制度。

调查资金用途需明确以下内容：

1. 具体用款主体（本部或是下属企业）及对应的用款额度

主要明确每家用款主体各自需要使用多少募集资金。

2. 募集资金投向是否符合国家相关法律法规及政策要求

主要为避免募集资金流向违背相关法律法规或违反国家产业政策导向的经营活动，需要发行人进行合规使用募集资金的承诺。

3. 用于补充营运资金的，需明确具体用途并说明资金缺口的合理性

例如，一家企业拟利用募集资金补充 5 亿元的营运资金，需用数据说明这 5 亿元的具体去向（如采购具体某种原材料，或作为某些项目前期的铺底流动资金），且需用数据说明上述用途所涉及的资金缺口不少于拟投入的募集资金。

4. 用于项目投资建设的，需明确发行人在项目中的权益比例、项目合规性情况，包括项目核准（或审批、备案）、土地审批、环境评价等行政审批情况、总投资规模、资本金落实进度。

例如，一家企业拟利用募集资金投入项目生产建设，需说明此项目是否完成有关审批手续、具备合法合规的开工条件，并列示发行人在项目中的股权比例、项目总投资规模、资本金比例、资本金到位情况（即工程进展情况），综合上述数据，可以推算出拟投入项目的募集资金规模是否合理。

**案例分析　募集资金用途的尽职调查**

某国有大型企业注册发行 40 亿元中期票据，主承销商在尽职调查中对该企业募集资金用途进行了详尽的调查，募集资金用于以下三个部分：

（一）补充公司营运资金

发行人作为 B 市基础设施与公用事业的投融资平台和主要运营主体，近年来发展迅速，业务规模持续扩大，但主营业务的不断发展也同时使公司面临较大的经营性流动资金需求。此外，发行人部分主营业务的经营模式也客观上进一步加大了发行人对营运资金的需求，以燃气业务为例，发行人燃气业务通常采用支付预付款的形式采购天然气，而对天然气销售端一般采用定期结算的方式回笼资金，从而造成一定规模的流动资金被占用，特别是为了保证充足的天然气供应，发行人近年来提高了天然气采购预付款的金额，2008 年底和 2009 年第三季度末预付款项分别达到了 9.06 亿元和 8.86 亿元。根据发行人测算，其2010 年全年面临的营运资金缺口约为 15 亿元，存在补充营运资金的现实需要。

综合以上情况，发行人以本期中期票据募集资金中的 13 亿元用于补充营运资金，其中，10 亿元由子公司燃气 A 公司使用，其余 3 亿元由子公司燃气 B 公司使用，以采购天然气等原材料，并提高公司整体的财务稳健性，保证生产经营活动的顺利进行。

（二）调整债务结构、偿还银行贷款

发行人通过积极开拓融资渠道，力求降低融资成本，节省财务费用，增强

公司经营效益，曾于2007年6月和2009年4月成功发行了10亿元企业债券和20亿元中期票据，取得了良好的发行效果。截至2009年9月30日，发行人合并口径的长、短期借款合计为90.40亿元，其中，短期借款为24.99亿元，长期借款为65.41亿元。本期中期票据募集资金中的5亿元将用于偿还发行人下属子公司的现有银行贷款（其中燃气A公司2亿元，燃气B公司3亿元），降低发行人整体银行贷款规模，提高直接融资比例。

（三）用于特定项目投资

本期中期票据募集资金中的22亿元将用于发行人燃气业务相关项目的投资，主要包括B市燃气管网基本建设项目投资、两市三线输气管线建设和两市二线增输工程以及Q市LPG项目。

1. B市燃气管网基本建设项目投资

发行人在B市燃气业务基本建设项目主要包括续建项目和新建项目投资，按照投资方向可分为六环路二期项目、市区项目和郊区项目三部分，其中，六环路二期项目的建设目的主要是建设供气主干线、保证通过六环路输气平台向B市区管网供气；市区项目的建设目的主要是为配合B市市区道路建设，进行管网加密、发展优质用户、改善工况；郊区项目是发行人燃气业务未来的重点建设对象，项目建设目的主要是为实现向B市郊区市场管网空白区供气，为郊区人民提供清洁高效能的能源供应、拓展郊区市场、发展工业用户、增加天然气利用的多样化。

发行人安排15.40亿元募集资金用于上述燃气管网基本建设项目投资，相关项目均履行了必要的审批或备案程序。

2. 两市三线输气管线及两市二线增输工程建设

发行人下属燃气A公司作为国内极少数进入天然气上游产业链的城市燃气供应商，与某石油天然气股份有限公司已经形成战略合作伙伴关系，通过参股某天然气管道公司40%的股本权益，共同拥有最高年输气量达153亿立方米的两市一、二线长输气管线及地下储气库，大大增强了其天然气供应的保障度。

根据发展规划，两市二线增输工程完成后，两市一、二线的总年输气能力将进一步提高至190亿立方米。目前两市二线增输工程的管线部分已基本完成，但地库建设尚在进行中。该项目总投资额约22亿元，其中某天然气管道公司自有资金投入占40%，燃气A公司相应承担的股权投资约3.5亿元，目前该等资本金投入已经落实到位。

同时，某天然气管道公司已经决定参与两市三线输气管线的投资与建设，该项目已经获得国家发改委的批准，建设内容包括两市的输气主干线以及B市境内支线、地下储气库群等。两市三线输气管线建设项目计划总投资额按2009年1月份价格水平测算约为213亿元，其中项目建设投资总计205.5亿元，投资额中40%为资本金投入，燃气A公司相应承担的股权投资约33亿元，目前均按照工程进度按时足额到位。该项目预计2011年下半年投入使用，年输气规模在150亿立方米以上。上述工程的建设和投产，将进一步提高地区的天然气供应保障程度，促进这些地区的清洁能源利用率进一步提高，并为发行人带来可观的社会和经济效益，两市三线输气管线工程的预计内部投资收益率（税后）达到12%。

发行人以本期募集资金中的4亿元，通过燃气A公司投入以上两市三线输气管线和两市二线增输工程建设。

3. Q市LPG项目

Q市LPG项目主要包括LPG地下储库、地面LPG球罐以及LPG加热升温设备等，由发行人下属燃气B公司通过其下属控股项目公司负责建设和运营，地下储库原设计储量为25万方，已获得相关主管机关的审批，计划于2010年年内开工建设；同时，还计划将地下储库库容进一步扩展到50万方，相关审批手续正在办理之中。该项目建成后将促进地区的清洁能源利用率，进一步满足地区对于清洁能源的需求，并为发行人带来一定经济效益，预计2011年6月投入使用。

Q市LPG项目总投资额预计为6.16亿元，其中燃气B公司需要承担的资本金投入为1.42亿元，目前均根据项目进度按时足额到位，此外该项目还存在4亿元左右的资金需求拟通过贷款解决。发行人以本期募集资金中的2.60亿元，通过燃气B公司投入LPG项目建设，满足该项目的贷款需求。

根据上述募集资金用途，主承销商注意到本期中期票据募集资金的使用主体主要为发行人下属子公司。发行人将通过股东贷款或委托贷款的形式，将募集资金提供给下属子公司使用，以推动发行人主营业务的稳步发展。

主承销商注意到，根据发行人拟定的募集资金使用和偿还安排，发行人在股东贷款或委托贷款合同中规定的利率水平将覆盖本期中期票据的融资成本，且合同中将明确规定下属子公司偿还股东贷款或委托贷款本息与发行人偿付中期票据本息之间的时间顺序安排，以确保中期票据本息的按时足额偿付。作为本期中期票据募集资金主要使用主体的发行人各相关下属子公司均经营业绩良好，具备较强的偿债能力。以募集资金使用单位之一的B市燃气集团有限责任公司为例，该公司是目前国内最大的城市管道天然气供应商与服务商，业务发展稳定，财务实力雄厚，截至2009年9月末，其总资产达到167.76亿元，2009年前三个季度共实现营业收入66.73亿元，实现净利润（包含少数股东损益）9.94亿元。

因此，发行人下属子公司日常经营活动收益将成为其偿付发行人对其股东贷款或委托贷款本息的稳定资金来源，从而进一步保证本期中期票据本息的顺利偿付。此外，由于股东贷款或委托贷款的利率将比照本期中期票据的发行成本确定，因此将不会造成 B 子公司承担不合理高额利息的情况出现，从而避免对上市公司及其股东利益造成损害。

针对上述情况，主承销商要求发行人在募集说明书中对上述募集资金用途及募集资金使用安排进行了详细的披露。此外，主承销商还要求发行人在募集说明书中作出承诺，在本期中期票据存续期间变更资金用途前及时披露有关信息。

## 3.10  资信状况调查

主要通过人民银行征信系统及银行间市场的公开信息等外部渠道以及企业各家授信合作银行所提供的内部数据，进行资信情况的调查：

1. 调查发行人获得主要贷款银行的授信情况

需列示各家授信银行分别给予的授信总额及剩余可用授信额度。

2. 近三年是否有债务违约记录

如存在债务违约记录，需披露成因、可能的解决举措等信息。

3. 近三年债务融资工具、企业债券、公司债券及可转换债券等的偿还情况

如存在未及时偿付的情况，需披露相关背景情况。

4. 征信系统的调查以及其他与企业有关的资信情况

主要通过人民银行信贷咨询系统（征信系统）调查发行人在各家银行的信用记录。

5. 参考评级机构对发行人作出的资信情况判断

如发行人频繁更换评级机构且评级结果变化较大，需列示历史评级结果记录；如发行人获得同一家评级机构的评级结果连续上调或下降，或评级展望发生变化，也需予以关注。

**案例分析 1  评级结果变化**

某大型央企，曾有注册发行短期融资券记录，当时主体信用等级为 AA + 级。在该企业注册发行中期票据时，根据其最新经营情况和财务状况，评级公司将其主体信用等级上调为 AAA 级。为此，主承销商主要做了如下核实工作：第一，与评级机构沟通，咨询其上调该企业主体评级的主要理由和依据；第二，查询已公开披露的同行业、相近资质企业的评级报告，对比该企业与上述企业之间的经营情况和财务状况。在通过上述工作确认上调评级结果在合理可信范围内后，要求企业在其发行中期票据的募集说明书的相关章节，较为详细地披露了该企业主体信用等级上调的情况。

**案例分析 2　发债额度计算考虑集团公司及并表范围内子公司**

　　某大型国有煤炭企业旗下拥有多家子公司，最近一期审计报告合并报表净资产为 100 亿元。该企业已获得注册额度合计 20 亿元短期融资券，此外，其下属控股上市子公司已注册发行 7 亿元可转换公司债券，其控股的另一家非上市子公司已注册发行 10 亿元企业债券。在尽职调查过程中，主承销商针对集团公司及并表范围内子公司注册发行情况一一做了调查核实，以集团公司及并表范围内子公司合计注册发行额度判断集团总体融资能力。

# 3.11　信息披露能力调查

　　主要调查企业现行的信息披露体系能否满足银行间债券市场的持续信息披露要求，了解其相关信息披露内部制度。主要关注点如下：

　　1. 发行人或其子公司涉及在多地上市，而各地对信息披露的要求存在不一致的情况，对此情况发行人如何协调解决。

　　2. 发行人为涉及国家安全的企业，如军工企业，可能需要豁免部分信息披露义务。

**案例分析 1　需要多地进行信息披露的企业**

　　某大型央企，其旗下拥有多家在内地或香港上市的子公司。在尽职调查过程中，主承销商就其信息披露能力主要作了如下调查核实：第一，细致查询了国资委、内地及香港证券管理部门及证交所对该集团及相应子公司信息披露之要求；第二，细致核查了该集团向国资委上报其经营情况、审计报告及财务报表、重大事项等的历史记录，并在相应证交所官方网站上核查了其相应子公司公开履行信息披露义务的历史记录。在上述两项工作的基础上，主承销商就其注册发行债务融资工具时需要履行的信息披露义务情况，向该集团作了专项发行辅导，并与该集团相关部门一道，梳理并制定了同时满足各方面信息披露要求的工作机制。

**案例分析 2　涉及国家安全企业的信息披露**

　　某军工企业注册发行 50 亿元中期票据，其主业涉及国家安全，需要进行严格的脱密处理，豁免部分信息披露义务。主承销商在尽职调查中对于必须披露的关键涉密数据，在不影响投资者判断的情况下，应进行模糊处理（如军工业务产值等敏感数据可与民用产品数据合并披露，不单独列示），无法进行模糊处理的信息统一于注册时向交易商协会申请豁免披露。在完成尽职调查后，主承销商应将全套注册文件提交该企业或集团公司的保密委员会审查，由保密委员会出具关于发行本次中期票据所公开披露的全部信息不涉及国家机密的专项说明，并督促发行人在《注册报告》、《发行人信息披露承诺书》中声明："本公司承诺，本次注册文件已按有关规定经本公司/集团公司保密委员会进行了脱密处理，本公司就注册文件所披露信息承担全部保密法律责任"；在募集说明书的扉页上作出承诺："本公司发行本次中期票据所公开披露的全部信息不涉及国家机密，因公开信息产生的一切后果由本公司自行承担。"

## 3.12　跟踪尽职调查

《尽职调查指引》第十九条规定："主承销商应指派专人对已经注册的企业的情况进行跟踪，关注企业经营和财务状况的重大变化，并进行定期和不定期的调查。"

《后续管理工作指引》第三条规定："主承销商应遵循勤勉尽责、审慎判断、及时预警、稳妥处置的原则，有组织、有计划、有步骤地开展后续管理工作。企业和提供信用增进服务的机构应积极配合主承销商开展后续管理工作。"

主承销商应对企业经营情况、影响企业经营的政策变动、企业财务状况、企业及其高管人员的重大诉讼、信用评级是否下调、债务融资工具募集资金的使用等重大事项进行跟踪尽职调查并向交易商协会做专项报告。

**案例分析1　未披露重大资产划转情况**

某大型国企存续期内有短期融资券20亿元。主承销商在风险排查工作时发现该企业已根据相关部门文件将部分主业资产划转至另一非关联企业，导致其所有者权益减少10亿元，转让的资产占同类资产总额的20%以上，而发行人未及时将该重大事项向投资者公告。根据这一情况，主承销商依据有关自律规则的规定，要求发行人公告上述事项，并向该发行人作了专项信息披露辅导。

**案例分析2　募集资金用途**

在交易商协会的统一部署下，各主承销商就存续期内发行人是否符合《关于抑制部分行业产能过剩和重复建设引导产业健康发展的若干意见》（国发〔2009〕38号）相关政策精神进行了一次全面排查。以某钢铁企业为例，主承销商对照国发〔2009〕38号文的相关要求，在以前尽职调查的基础上，对该企业淘汰落后产能情况、现有产能和技术水平、节能减排项目建设和使用情况、目前能耗水平（吨钢综合能耗、吨钢新水消耗、吨钢烟粉尘排放量、吨钢$SO_2$排放量、二次能源回收利用率等）、在建和拟建项目情况及其应用技术和能耗水平、募集资金使用是否涉及落后或过剩产能项目建设等进行了全面、细致的排查，并出具了补充尽职调查报告。

# 4 债务融资工具尽职调查报告

## 4.1 债务融资工具尽职调查报告

### 4.1.1 《尽职调查指引》对尽职调查报告的有关规定

《尽职调查指引》有三个条款对主承销商的尽职调查报告提出要求：

"第三条 主承销商应按本指引的要求对企业进行尽职调查，并撰写企业债务融资工具尽职调查报告（以下简称尽职调查报告），作为向交易商协会注册发行债务融资工具的备查文件。"

第三条规定的备查文件不是上报注册的必备文件，主承销商必须制作尽职调查报告，交易商协会在注册时可以要求主承销商提供。

"第十八条 主承销商应按照工作计划收集详尽的资料，进行充分调查，编写工作底稿，并在此基础上撰写尽职调查报告。尽职调查报告应层次分明、条理清晰、具体明确，突出体现尽职调查的重点及结论，充分反映尽职调查的过程和结果，包括尽职调查的计划、步骤、时间、内容及结论性意见。尽职调查报告应由调查人、审核人和审定人签字。"

第十八条提出了对尽职调查和尽职调查报告的要求，需要编写尽职调查计划，收集资料，编写工作底稿，尽职调查报告要突出体现尽职调查的重点和结论。所提出的尽职调查的计划、步骤、时间、内容及结论性意见应该在尽职调查报告中明确说明。对于报告的三个签字人，主承销商应根据各自尽职调查的内部管理制度自主决定。

"第二十条 主承销商应于每期债务融资工具发行前，撰写补充尽职调查报告，反映企业注册生效以来发生的重大变化的尽职调查情况。"

第二十条提出了每期债务融资工具发行前，主承销商需要撰写补充尽职调查报告。主要是反映上一期债务融资工具发行后，到本次备案前，针对企业相关情况发生的变化而进行尽职调查的情况。

### 4.1.2 补充的尽职调查报告

按照交易商协会的规定，主承销商尽职调查报告分注册前的尽职调查报告和补充的尽职调查报告,前者是上报注册文件前制作的尽职调查报告,后者是在备案发行时,反映发行人注册生效之后到本次备案发行期间对企业进行尽职调查的情况。

按照规定,发行人在每一期备案发行前,主承销商都需要对发行人就前期发行后的时段内,最新的基本情况、经营业绩、财务状况、融资情况等方面进行尽职调查,重点调查发行人是否出现重大变化或异常情况,从而制作补充的尽职调查报告,并藉此完成主承销商内部的审批流程。

各主承销商一般都要求在发行人每期发行前进行最新情况的尽职调查,传统银行业务与债务融资工具业务在此方面的要求是一致的。特别是每期发行前都需要进行内部审批的主承销商,补充的尽职调查报告是本次发行内部审批的主要依据。

## 4.2　尽职调查报告与发行人募集说明书的比较

### 4.2.1　主承销商尽职调查报告与募集说明书的不同

主承销商的尽职调查报告与募集说明书指引规定的内容比较,有许多重复和相同的地方,尤其是对企业基本情况的表述方面,但由于两份文件的角度不同,实际上存在本质的区别。

1. 出具主体不同

尽职调查报告由主承销商出具,并由主承销商的相关人员签字;募集说明书由发行人出具,盖发行人公章,一般做法是,主承销商需要协助发行人制作募集说明书。

2. 使用对象不同

尽职调查报告由尽职调查人制作,阅读对象是主承销商内部项目决策人员,必要时交易商协会可以调阅,按照目前的相关规定属于交易商协会备查文件,不属于公开披露的文件;募集说明书是办理注册手续时发行人最重要的文件之一,同时也是公开披露的文件,公告后的使用对象主要为市场投资者。

3. 文件目的不同

尽职调查报告是对主承销商关注的企业情况和各类风险进行分析、判断并得出相应的结论,是主承销商对项目进行审查的重要依据;募集说明书既要披露企业情况和揭示风险,又要对发行安排、投资者保护等进行具体的约定和说明。

4. 法律关系不同

尽职调查报告是主承销商履行勤勉尽职的责任而对企业进行充分调查,以合理确信企业注册文件真实性、准确性和完整性的文件,是主承销商勤勉尽职的重要证明性文件;募集说明书是发行人面向投资者发布的债务融资工具邀约,是发行人与投资人之间重要的法律文件,如果投资者投资了本债务融资工具就意味着投资者接受了该邀约。

5. 内容要求不同

尽职调查报告应体现尽职调查的重点及结论,充分反映尽职调查的过程和结果,明确提出主承销商调查后的结论性意见;募集说明书是企业对自身生产经营情况进行充分信息披露,本身并不包含任何主观判断和结论性意见。

### 4.2.2　主承销商尽职调查报告与募集说明书的衔接关系

1. 尽职调查报告是募集说明书的基础

从逻辑和时间顺序看,需先做尽职调查报告,后做募集说明书。从内容上看,主承销商通过尽职调查掌握企业情况,并在此基础上,协助企业编制募集说明书。

2. 尽职调查报告是募集说明书的保证,是充分揭示债务融资工具的风险,保护投资者利益的保证

尽职调查报告要反映调查内容和结果,力求详尽,可能涉及企业商业机密、存在的缺陷和问题,包括整改情况;募集说明书对于商业机密必须进行技术处理,缺陷和问题根据整改情况、整改结果以及是否对投资者产生影响等因素决定是否进行披露。

3.《尽职调查指引》(NAFMII002)和《募集说明书指引》NAFMII001内容部分的对比

| NAFMII002第八条规定的尽职调查内容 | NAFMII001募集说明书指引对应的章节 |
| --- | --- |
| 主体资格 | 第六章企业基本情况 |
| 历史沿革 | 第六章企业基本情况 |
| 股权结构、控股股东和实际控制人情况 | 第六章企业基本情况 |
| 公司治理结构 | 第六章企业基本情况 |
| 信息披露能力 | 无 |
| 经营范围和主营业务情况 | 第六章企业基本情况 |
| 财务状况 | 第七章企业主要财务状况 |
| 信用记录调查 | 第八章企业资信状况 |
| 或有事项及其他重大事项情况 | 第八章企业资信状况 |
| | 第三章风险提示、第五章募集资金 |

## 4.3   债务融资工具尽职调查报告的主要内容

我们通过尽职调查报告的一般章节来说明尽职调查报告的内容和结论，应该说，尽职调查的尺度和尽职调查报告的制作是每个主承销商自主决定的，也是主承销商业务能力的反映，我们所说的尺度是基于主承销商对交易商协会相关制度的理解和工作经验作出的，并不是每个主承销商尽职调查的标准就完全一致。我们认为，从发挥各主承销商的主观能动性的角度出发，尽职调查应根据各主承销商的情况自主决定。

一般情况，尽职调查报告可包括以下第一章至第十三章内容：

### 第一章   尽职调查工作的具体说明

说明主承销商尽职调查的工作计划和实施情况，包括主承销商项目小组确定；尽职调查的具体时间；尽职调查的具体方法，包括企业访谈的人员和部门，查阅的相关资料和文件；尽职调查的流程；与其他中介机构的配合工作等内容。

### 第二章   发行人基本情况

说明发行人名称、注册地址、办公地址、法定代表人、设立日期、经营范围等基本情况；历史沿革；股权结构和实际控制人。

发行人历史沿革、经历的改制重组情况及股本结构的历次变动情况；历史上改制、重大增减资及更名事项等代表企业阶段性进程的重要事件。

主要下属企业的基本情况，包括全资、控股子公司和参股公司的情况，具体包括：公司名称、注册资本、成立时间、注册地址、法定代表人、经营范围、持股比例、主营业务等。

对发行人影响重大的下属公司，对上市公司必须说明，并分析子公司基本情况、主要业务范围、经营情况，近一年一期的财务状况（包括资产、负债、所有者权益、收入、净利润、经营活动净现金流等）及重大增减变动原因。

### 第三章   发行人股东结构和实际控制人

发行人股东和股权比例，控股股东和实际控制人的基本情况及持股比例。作为法人的应说明法人的名称、成立日期、注册资本、主要业务、资产规模、收入、利润及所持有的企业股份被质押的情况及持有发行人股份增减变动的情况。自然人的需要说明姓名、简要背景、对其他企业的主要投资情况、与其他主要股东的关系及所持有的企业股份被质押的情况。

说明企业控股股东之间在资产、人员、机构、财务、业务经营等方面的相互独立情况。

## 第四章　发行人公司治理结构和规范运作情况

发行人股东会、董事会、监事会组成和规则，管理层的管理权限；没有"三会"的发行人说明其决策机构和权限；内部组织机构设置及运行情况，包括各主要职能部门、业务或事业部和分公司的情况。说明发行人内部决议程序的合法性。

发行人的管理制度，下属公司的预算管理，财务管理，重大投、融资决策，担保制度，关联交易制度，安全生产制度，对下属子公司资产、人员、财务的内部控制等。

董事、监事、高管人员情况和任职资格，员工组成和年龄及知识结构等。说明有无高管人员缺位情况，以及高管缺位的原因和代缺位高管行使职责的情况。

## 第五章　发行人主营业务及行业地位

说明发行人主营业务构成，包括各业务板块近三年又一期营业收入、营业成本、毛利及毛利率的数额及占比。说明业务板块详细情况，包括上下游产业链情况、产销区域、盈利模式、关键技术工艺等。

说明发行人战略规划及发展前景；主要在建工程项目情况，包括项目名称、投资金额、已投资金额、批复情况等，对于项目的合规性和符合国家产业政策的情况可参考律师意见。对于重大的在建项目，除说明项目基本情况外，还需要说明项目建设计划及现状，项目资金筹措情况（包括自有资本金情况、资本金到位情况）等。

说明企业未来投资计划，包括未来拟投资项目名称、投资金额、投资计划的内容及投资进度安排等。

发行人所涉及的主要行业状况、行业前景、行业政策、行业格局；发行人的行业地位及面临的主要竞争状况。与同行业相关企业的比较，以及企业的经营优势、劣势。

## 第六章　发行人会计政策、财务状况及偿债能力

简要说明发行人主要会计政策，并对该会计政策给予评价。是否出具了非标准审计意见，并说明非标准的具体内容。

财务指标分析，主要财务指标的变动幅度是否正常，并说明变动原因。近三年又一期偿债能力指标、盈利能力指标、运营效率指标等财务指标情况及变动原因。

经营活动现金净流量、投资活动现金净流量、筹资活动现金净流量的科目变动，以及现金流预测的主要因素及债务覆盖分析；分析企业仅依靠自身现金的来源能否与对现金的需求相匹配，说明企业对外部融资环境恶化的承受能力。

企业应说明最近一个会计年度期末有息债务的总余额、债务期限结构、信用融资与担保融资的结构等情况及主要债务起息日、到期日及融资利率情况。

具体偿债计划安排及备用授信情况。

通过对企业自身数据的纵向比较和与同行业同类型相似的企业横向比较相结合的方法，说明企业财务指标的合理性和存在的问题。

## 第七章　发行人信用记录

说明近三年对外融资情况，直接融资工具包括企业债、公司债、短期融资券、中期票据等发行情况；发行人和下属子公司银行贷款情况，近三年发行人有无信用违约记录以及人民银行征信系统的相关记录的调查情况。

## 第八章　发行人或有事项和其他重大事项

企业的重大资产抵押、质押、担保和其他限制用途安排，以及除此以外的其他具有可对抗第三人的优先偿付负债的情况。

发行人衍生产品交易、投资理财产品、海外投资、金融性资产投资情况。

重大的未决仲裁、诉讼的调查情况；可对"重大"做相应的范围界定。

其他承诺事项，并说明发行人的或有风险。

## 第九章　发行人关联交易和税收情况

说明发行人与其关联企业的重大关联交易的调查情况，主要包括产品销售、原材料采购、劳务提供、资产租赁、应收应付款项、融资、担保等的关联交易及金额。

说明是否存在影响发行人的盈利能力和偿债能力的关联交易，说明控股股东是否存在占用、使用资金的问题，对于民营企业应重点说明。

说明发行人税收政策和纳税情况的调查，是否存在税收优惠政策和具体优惠情况。

## 第十章　发行人募集资金用途

说明发行人本次募集资金用途，并说明其合规性和合理性。说明所募集资金用于符合国家法律法规及政策要求的企业生产经营活动。

募集资金用于补充营运资金的，需要说明匡算营运资金缺口的依据。

募集资金用于项目资金的，需说明项目基本情况、项目合规情况、资金筹措情况等。其中，项目基本情况包括项目基本内容、项目投资额、项目建设计划及现状；项目合规情况包括项目土地、环保、发改委批复情况等；项目资金筹措情况包括自有资本金情况、资本金到位情况、项目资金缺口匡算等。

### 第十一章　发行人信息披露能力

说明发行人负责信息披露的专门机构或人员，是否具有信息披露的相关制度，从企业合并财务报表的难度，判断发行人是否能够按照规定进行信息披露。

### 第十二章　发行人所面临的风险

就发行人的财务风险、经营风险、管理风险和政策风险进行说明和分析，在最近一个完整会计年度受其影响的情况及程度，并根据风险的重要程度进行排序，可进一步分析发行人对于风险的应对能力和措施。

上述因素及其对这些风险因素能作出定量分析的，应进行定量分析和披露可以量化的指标；不能作出定量分析的，应进行客观的定性描述。

这里的风险分析在比照募集说明书中的风险章节时应更加明确、详尽和透彻，同时可以省略关于债务融资工具本身的风险内容。

### 第十三章　主承销商尽职调查的结论性意见

主承销商对上述问题的结论意见，企业偿还债务融资工具的主要风险以及相关的应对措施，作为主承销商作出是否承销的重要依据。

对于企业存在的问题，说明整改和解决的办法，如果整改结束的，说明需要持续关注的问题。

主承销商内部规定需要说明的问题。

## 4.4　尽职调查报告的作用

### 4.4.1　尽职调查报告的作用

尽职调查报告应突出尽职调查的重点及结论，充分反映尽职调查过程和结果。

尽职调查报告需要主承销商按照《尽职调查指引》要求制作，既包括尽职调查的具体安排和过程的说明，如时间、方案、人员、方式、内容，又包括尽职调查的内容和结论。尽职调查报告也能反映主承销商尽职调查的敬业态度和业务水平。

1. 尽职调查报告的关键是尽职调查的结论，是主承销商决策的依据，是主

承销商进行内部审批的依据

项目负责人是尽职调查的第一责任人和现场负责人，主承销商承做债务融资工具业务的部门负责人或相关组织是尽职调查的核查、复查人，内部审批机构在尽职调查结果的基础上判断项目可行性。因此，尽职调查报告是项目小组、项目负责人、主承销商履行职责的书面凭证，更是免责的依据，具有重要的意义。

2. 尽职调查报告是项目人员勤勉尽责的依据

尽职调查报告要在尽职调查基础上制作，而不是在模板的基础上制作。项目人员必须反映尽职调查的情况，将所得到的资料和信息进行分析和判断。没有一定的分析和判断，不能得出结论。

3. 尽职调查报告是交易商协会判断发行人情况的重要依据，也是评价主承销商勤勉尽责的重要依据

尽职调查报告不是上报注册的文件，主承销商不可因此忽视尽职调查报告的制作，交易商协会在企业办理注册手续时，如果对企业的有些情况不明确，或者需要主承销商尽职调查结论的，都需要参考主承销商尽职调查报告，交易商协会有权随时调阅，主承销商应随时提供。如果在债务融资工具存续期内，发行人出现重大问题时，交易商协会需要了解主承销商尽职调查过程的，也需要参考尽职调查报告，因此尽职调查报告是主承销商履行职责的重要证明文件。

## 4.4.2 如何做好尽职调查报告

1. 做好尽职调查报告的前提是做好尽职调查

做好尽职调查的计划是重要的步骤，按照尽职调查的计划和程序进行尽职调查，不随意改变计划和简化程序。

大部分的债务融资工具客户都是从主承销商的银行传统业务的客户发展而来，对于传统业务来讲，企业是我们熟悉的客户，银行传统业务也需要进行尽职调查，但是对公业务和投行业务尽职调查不是完全相同的，银行传统业务和债务融资工具业务的尽职调查有交叉，但不可替代。

由于主承销商内部业务机制的不同，有些银行是对公业务部门承做债务融资工具业务，有些是单独的投行部门承做债务融资工具业务，对于单独部门往往是投行业务人员负责尽职调查，不与传统业务交叉。对公业务部门需要建立单独的债务融资工具业务尽职调查标准，同时对分支行的客户经理进行全面的培训，务必使分支行负责尽职调查的项目人员通晓债务融资工具业务尽职调查的程序、职责，以及尽职调查的内容和标准。

一般情况下，对于首次注册，尤其是评级机构首次评级的企业，各中介机构合作进行尽职调查时，很少出现简化程序的问题，但短期融资券和中期票据

的特点是分期发行，如果是多次发行的企业，每次注册或备案文件主要是增加企业最新的经营情况、重大重组等可能影响企业偿债能力的情况和近一期的财务分析，在尽职调查中难免会省略步骤和简化程序。如果简化尽职调查的步骤，有些情况未了解清楚，制作出的文件内容与企业事实不符合的风险很大，很容易演变成披露不当，甚至性质恶劣的隐瞒、篡改等，因此简化程序必须是建立在避免重复的基础上，必须强调尽职调查的持续性和严肃性，同时把后一次尽职调查当做对前一次尽职调查的检验，查遗补漏。

2. 主承销商每个项目人员要保持职业的怀疑态度对待尽职调查工作

发行人需要在债券市场上建立自己的正面市场形象，对于自己的弱点和问题不希望暴露，或者在介绍企业情况时用些溢美之词是可以理解的。主承销商的一个重要工作就是作为中介机构，本着保护投资者利益的原则，进行还原企业本来面目的工作，去粗取精、去伪存真，保证文件的真实性、准确性、完整性，做到文件不存在虚假记载、误导性陈述或重大遗漏。

对于企业提供的资料，主承销商不可不加分析地一概引用，必须站在中介机构的立场上，运用自己的分析、判断得出符合逻辑的尽职调查结论。

主承销商可以运用对比的方法，通过与同行业规模、产品、技术等方面相类似的企业对比分析，增强对发行人的认识，增加发行人行业地位的可信度。通过与企业历史数据的对比，增强对企业经营规律性的认识，发现问题。

3. 充分利用中介机构团队的力量

主承销商负责中介机构的牵头工作，负责协调律师、审计机构的工作。在尽职调查遇到困难和问题时，主承销商必须善于运用各中介机构的专业能力，发挥其最大的效用。

在尽职调查报告中合理利用其他中介机构的结论并将其作为佐证材料，这与履行勤勉尽责的要求不矛盾。各中介机构虽然分别按照各自的标准进行尽职调查，但不代表中介机构之间是保密和封闭的，重大疑难问题需要主承销商组织各中介机构讨论，交换意见，得出结论和共识。

比如对于"重大诉讼"的界定，可按律师意见定标准，界定诉讼标的金额多少为重大；对于"关联方和关联交易的界定"可借助审计机构的结论。如果在重大疑难问题上中介机构不能达成一致的意见，那么各中介机构都可以根据自己制作的文件发表不同的看法和意见，主承销商可在提交给交易商协会的推荐函中发表自己的意见。

4. 主承销商应不断积累尽职调查的经验，不断提高尽职调查的水平

主承销商尽职调查工作需要不断地积累债务融资工具尽职调查的经验，不断地梳理流程，不断地提高尽职调查的水平。

主承销商应致力于行业研究，建立行业分析模型和行业财务数据资料体系，

建立发行人档案制度，不断积累数据和资料库。一般银行都具有各自的客户档案系统，但这些客户档案的信息往往是内部使用的，客户档案的内容能否符合公开披露要求的真实、准确、完整，需要银行对客户的档案系统进行不断地完善和补充。在债务融资工具业务中，银行既是投资者，也是承销商，对公开市场上发行人，需要不断跟踪和分析研究。

主承销商需要不断地从债务融资工具业务中积累经验，培养专业队伍，不断提高尽职调查的整体水平，才能将尽职调查工作越做越好。

# 4.5　债务融资工具尽职调查工作底稿

## 4.5.1　一般的尽职调查工作底稿

一般的尽职调查工作底稿是指项目小组对制订的调查计划、实施的调查程序、获取的调查证据、得出的调查结论所作出的记录。

获取的调查证据是指发行人的基础资料，包括发行人内部材料及佐证材料、发行人内部管理制度、发行人及行业的外部公开资料、有关法律文件、中介机构文件、管理层访谈记录、中介机构协调会会议记录、工作调查记录、工作备忘录、承诺函等用于支持尽职调查报告的材料。

债务融资工具尽职调查工作底稿在交易商协会的规则和指引中并没有详细的要求，但是尽职调查的基础资料、全面尽职调查的工作过程及结论、尽职调查工作日志等工作底稿的完整性和准确性是判断项目人员是否勤勉尽责的主要依据。交易商协会要求主承销商建立各自的尽职调查管理办法，主承销商应对上述工作底稿提出具体的要求，并予以细化说明，以便项目人员比照要求，做好尽职调查的工作。如果项目人员按照主承销商的规定要求进行尽职调查，可以提供自己履行了尽职调查的工作底稿，用以证明项目人员是勤勉尽责的。

债务融资工具尽职调查的工作底稿一般由主承销商制定具体的要求，在银行，一般工作底稿的要求可以在传统银行业务尽职调查资料要求的基础上，增加制定适合债务融资工具业务的工作底稿要求即可，因为这些企业的基本资料银行已经取得。

债务融资工具尽职调查工作越深入，获得的工作底稿就越丰富翔实。实际上各主承销商在实际操作中都会存在提高尽职调查效率的问题，尽职调查工作深入，必然用时多，如何把握将尽职调查做到既符合勤勉尽责的要求，又能提高尽职调查的效率，也是每个主承销商需要不断探索和研究的问题。

## 4.5.2 工作底稿的内容

债务融资工具业务工作底稿主要是获取调查的证据，即指发行人的基础资料，根据债务融资工具业务的特点和相关管理规定，我们认为以下内容属于债务融资工具业务最基本的工作底稿，这些内容并不代表债务融资工具工作底稿的标准，而是在工作中逐步积累的、比较公认的工作底稿内容。

### 1. 发行人基本情况

| 调查内容 | 主要资料 |
|---|---|
| 设立情况和历史沿革情况 | 1. 发行人设立时的政府批准文件、营业执照、公司章程等<br>2. 发行人的历史沿革情况<br>3. 发行人重大股权变动情况、重大重组情况<br>4. 实际控制人的营业执照和证明文件、公司章程、财务报告及审计报告（如有），业务经营情况和关联关系及演变情况<br>5. 员工情况和统计表 |
| 独立情况 | 1. 控股股东或实际控制人的组织结构资料、发行人组织结构资料、下属公司工商登记和财务资料等<br>2. 发行人关联采购和关联销售情况<br>3. 发行人无形资产以及房产、土地使用权、主要生产经营设备等主要财产等资料<br>4. 金额较大、期限较长的其他应收款、其他应付款、预收及预付账款<br>5. 发行人财务会计制度、银行开户资料、纳税资料 |
| 商业信用情况 | 发行人完税和税收优惠证明文件、人民银行的信用征信系统的监管记录和处罚文件等 |

### 2. 发行人业务和所在行业情况

| 调查内容 | 主要资料 |
|---|---|
| 行业情况及竞争状况 | 1. 行业主管部门制定的发展规划、行业管理方面的法律法规及规范性文件<br>2. 行业杂志、行业分析报告、主要竞争对手意见、行业专家意见、行业协会意见等<br>3. 相关研究报告 |
| 采购情况 | 1. 相关研究报告和统计资料<br>2. 发行人主要原材料和采购模式、主要供应商的相关资料 |
| 生产情况 | 1. 生产流程资料<br>2. 主要产品的设计生产能力和历年产量有关资料<br>3. 主要设备、房产等资产在发行人及其下属公司的分布情况<br>4. 设备抵押情况<br>5. 专利、非专利技术、土地使用权等主要无形资产的说明<br>6. 发行人质量控制制度、安全生产及以往安全事故处理等方面的资料<br>7. 历年来在环境保护方面的投入及未来可能的投入情况<br>8. 未来3~5年主要在建和拟建项目情况（可研报告、项目审批文件、项目预算、资金来源，施工计划等） |

续表

| 调查内容 | 主要资料 |
|---|---|
| 销售情况 | 1. 发行人的销售模式、定价策略、销售区域<br>2. 注册商标<br>3. 主要产品市场的地域分布和市场占有率资料<br>4. 发行人产品销售价格的变动情况<br>5. 主要客户和销售额及回款情况<br>6. 关联销售合同 |
| 技术与研发情况 | 1. 研发体制、研发机构设置、激励制度等资料<br>2. 研发模式和研发系统的设置和运行情况<br>3. 主要研发成果、在研项目、研发目标等资料 |
| 关联方及关联交易情况 | 1. 发行人的关联方及关联方关系<br>2. 发行人及其控股股东或实际控制人的股权结构和组织结构 |

### 3. 发行人高级管理人员

| 调查内容 | 主要资料 |
|---|---|
| 高管人员任职情况及任职资格 | 董事会、监事会、总经理及公司其他决策运营机构的文件 |
| 高管人员的经历及行为操守 | 1. 高管人员个人履历资料<br>2. 发行人与高管人员所签订的协议或承诺文件<br>3. 高管人员诚信记录<br>4. 发行人为高管人员制定的薪酬方案、股权激励方案 |
| 报告期内高管人员变动 | 变动经过、变动原因 |

### 4. 发行人组织结构和内部控制

| 调查内容 | 主要资料 |
|---|---|
| 公司章程及其规范运行情况 | 1. 公司章程<br>2. "三会"文件或公司决策运行机构的资料 |
| 组织结构和运作情况 | 1. 发行人的内部组织结构<br>2. 总部与分（子）公司、董事会、专门委员会、总部职能部门与分（子）公司内部控制决策的形式、层次、实施和反馈的情况<br>3. 发行人公司治理制度规定，包括"三会"议事规则、董事会专门委员会议事规则、总经理工作制度、内部审计制度等文件资料 |

续表

| 调查内容 | 主要资料 |
|---|---|
| 内部控制环境 | 发行人各项业务及管理规章制度 |
| 业务控制 | 1. 关于各类业务管理的相关制度规定<br>2. 由于风险控制不力所导致的损失事件 |
| 信息系统控制 | 信息系统建设情况、管理制度、操作流程和风险防范制度 |
| 会计管理控制 | 会计管理的相关规章制度 |
| 内部控制的监督 | 内部审计队伍建设情况 |

### 5. 财务和会计

| 调查内容 | 主要资料 |
|---|---|
| 财务报告及相关财务资料 | 1. 经审计机构审计或发表专业意见的财务报告及相关财务资料<br>2. 纳入合并范围的重要控股子公司的财务报告及审计报告（如有）<br>3. 参股子公司的最近一年及一期的财务报告及审计报告（如有）<br>4. 财务部门近三年年终财务分析报告 |
| 会计政策和会计估计 | 会计制度、财务制度 |
| 财务比率 | 1. 各年度毛利率、资产收益率、利润率指标等<br>2. 各年度资产负债率、流动比率、速动比率、利息保障倍数<br>3. 各年度资产周转率、存货周转率和应收账款周转率 |
| 销售收入 | 1. 发行人确认收入的具体标准<br>2. 银行存款、应收账款、销售收入等相关科目明细表<br>3. 收入的产品构成、地域构成及其变动情况的资料<br>4. 主要产品报告期价格变动的资料 |
| 货币资金 | 发行人银行账户资料 |
| 应收款项 | 1. 应收款项明细表和账龄分析表<br>2. 主要债务人及主要逾期债务人名单等资料 |
| 存货 | 存货明细表 |
| 对外投资 | 1. 发行人股权投资的相关资料<br>2. 被投资公司的营业执照、报告期的财务报告、投资协议等文件<br>3. 报告期发行人购买或出售被投资公司股权时的财务报告、审计报告及评估报告（如有）<br>4. 交易性投资相关资料<br>5. 重大委托理财的相关合同及发行人内部的批准文件<br>6. 重大项目的投资合同及发行人内部的批准文件 |

| 调查内容 | 主要资料 |
|---|---|
| 主要债务 | 1. 发行人主要银行借款资料<br>2. 贷款合同和授信证明文件<br>3. 应付款项明细表 |
| 或有负债 | 1. 对外担保的相关资料<br>2. 重大仲裁、诉讼和其他重大或有事项的相关资料<br>3. 海外投资资料、金融衍生品投资资料<br>4. 发行人的重大资产抵押、质押和限制用途等情况 |
| 融资情况 | 1. 发行人和下属企业直接债务融资情况<br>2. 发行人和下属企业主要商业银行授信的明细表 |
| 合并报表的范围 | 合并报表的范围 |
| 纳税情况 | 1. 发行人报告期的纳税资料<br>2. 发行人税收优惠或财政补贴资料 |

## 6. 业务发展目标

| 调查内容 | 主要资料 |
|---|---|
| 发展战略 | 中长期发展战略的相关文件 |
| 经营理念和经营模式 | 发行人经营理念、经营模式的相关资料 |
| 近三年发展计划的执行和实现情况 | 发行人近三年发展计划、年度报告等资料 |
| 业务发展目标 | 发行人未来二至三年的发展计划和业务发展目标及其依据等资料（中期票据可酌情延长） |

## 7. 募集资金使用情况

| 调查内容 | 主要资料 |
|---|---|
| 本次募集资金使用情况 | 1. 关于本次募集资金使用的决策文件<br>2. 关于募集资金运用的具体匡算<br>3. 发行人关于建立募集资金专项存储制度的文件，募集资金专项账户（如有）<br>4. 用于项目的，需要项目的相关资料 |
| 募集资金使用主体 | 募集资金由下属公司使用的，说明对下属公司资金调拨和归集的制度 |

　　8. 风险因素和其他重要事项

| 调查内容 | 主要资料 |
|---|---|
| 风险因素 | 1. 网站、政府文件、专业报刊、专业机构报告<br>2. 发行人既往经营业绩发生重大变动或历次重大事件的相关资料<br>3. 发行人针对相关风险的主要应对措施以及这些措施实际发挥作用的情况 |
| 重大合同 | 重大合同 |
| 诉讼和担保情况 | 1. 发行人及控股子公司、参股子公司的对外担保（包括抵押、质押、保证等）资料<br>2. 发行人及其控股股东或实际控制人、控股子公司的诉讼情况 |
| 信息披露制度的建设和执行情况 | 信息披露制度 |

## 4.5.3　实施的调查程序、得出的调查结论

　　实施的调查程序、得出的调查结论是需要项目负责人记录的内容，一般可以采取表格的形式，由项目负责人填写。调查过程是指项目负责人对所调查内容，运用了哪些方法，查阅了哪些资料，以及对调查程序进行的描述。调查结论是指对调查内容的结论性意见，所调查的内容是否符合法律法规的规定，有无存在的问题、瑕疵和调查人的看法及整改建议。

　　格式举例：调查内容与4.5.2表格中调查内容栏目一致。

### 发行人基本情况

填表人：

| 调查内容 | 调查过程 | 调查结论 | 备注 |
|---|---|---|---|
| 设立情况和历史沿革情况 | | | |
| 独立情况 | | | |
| 商业信用情况 | | | |

## 4.5.4 尽职调查工作日志

　　尽职调查工作日志是指项目小组对实施全面尽职调查的记录，是当日调查工作的小结，是尽职调查工作底稿的组成部分。尽职调查工作日志应包括项目小组当天的工作内容、发现的主要问题以及对问题的处理建议等方面。

　　对于债务融资工具的尽职调查工作，尽职调查工作日志不属于必要的工作底稿，并不是每个项目工作底稿必须具备的内容，但是如果在项目尽职调查中遇到了需要处理的问题或难题，预计有可能影响到项目的注册，或者该问题不

解决就不符合主承销商内部的审批条件时，这样的内容需要主承销商进行专门的调查时，项目负责人为了保证日后对问题的调查有一个完整和明确的记录，可以采用尽职调查工作日志的形式进行工作底稿的记录。因此尽职调查工作日志一般可作为疑难问题的调查和处置记录。

格式举例：

### 债务融资工具业务尽职调查工作日志

| 发行人名称： | 承做部门： | 项目组成员： |
|---|---|---|
| 当日工作内容： | | |
| 发行人需要解决的主要问题及建议： | | |
| 备注： | | |
| | 项目负责人： | |
| | 记录时间：　年　月　日 | |

## 4.5.5  尽职调查工作底稿的整理、归档

项目小组应按主承销商尽职调查工作的规定，对尽职调查的基础资料、全面尽职调查工作过程及结论等工作底稿进行分类收集、整理。尽职调查工作底稿应当真实、准确、完整地反映整个尽职调查工作的全过程。对书面资料应编制目录并装订成册，尽职调查工作底稿还可以电子或其他介质形式存在。

《中介服务规则》第十八条规定：中介机构应当归类整理尽职调查过程中形成的工作记录和获取的基础资料，形成记录清晰的工作底稿。工作底稿至少应保存至债务融资工具到期后五年。

各主承销商应建立对项目人员的债务融资工具业务尽职调查工作底稿的管理制度，对尽职调查工作底稿整理、归档提出要求，建立每个项目的工作底稿档案；对工作底稿不完整的，应督促项目人员补充；对尽职调查工作底稿不充分的，或工作底稿缺失的，主承销商应采取措施予以纠正，并针对相关人员予以处罚。

# 5 尽职调查专题报告

我们认为，债务融资工具的尽职调查是主承销商承销能力、业务经验的综合反映。自从债务融资工具问世以来，债务融资工具市场成绩斐然，仅2010年，经交易商协会注册发行的非金融企业债务融资工具年发行量1.3万亿元，占我国企业全部直接债务融资规模的76%，累计发行量达到3.8万亿元，占比68%，存量规模达2.1万亿元，占比55%。截止到目前的24家主承销商已经分别建立了各自债务融资工具尽职调查的制度和体系，形成了一套尽职调查的工作流程和规则，也积累了债务融资工具尽职调查的经验和教训。

本章收录了8篇中介机构对债务融资工具尽职调查的理解、体会，这些内容是各中介机构在债务融资工具市场上多年"摸爬滚打"的经验总结，实属宝贵财富。

## 5.1 某银行关于债务融资工具尽职调查难点的专题报告

本节内容阐述了作为银行的主承销商，在债务融资工具尽职调查和传统银行业务的尽职调查的不同特点和区别，说明两种业务结合的客户在尽职调查方面的侧重点，以提高工作效率，进而通过提出债务融资工具业务的尽职调查中存在的时间、效率、配合程度等方面的局限性、主承销商如何做到勤勉尽责，来阐述债务融资工具尽职调查的难点和困难。

### 5.1.1 债务融资工具与传统银行业务尽职调查的区别

各主承销商的内部审批程序各不相同。有些主承销商的债务融资工具业务需要通过行内的信贷审批程序，即为发行人申请一定比例的包销授信额度，一旦发行人的债务融资工具在销售出现余额时，银行需要履行余额包销义务。这种授信在不出现主承销商余额包销时是不需要使用的，一般在债务融资工具业务发行时，主承销商可以与发行人协商在市场发行困难时，采取推迟发行，或减少发行量等方法，避免出现包销的情况，因此有些主承销商不采取信贷审批程序，而用其他方式进行内部审批。不论是否需要授信的审批，各银行的信贷业务与承销业务都需要尽职调查，由于两个业务品种的特点不同，尽职调查也各有其特点。

我们研究两个业务尽职调查的特点，主要是债务融资工具业务与信贷业务的尽职调查有相同之处，尽职调查的重点都是关注企业的性质、经营业绩和偿债能力。各银行为了提高尽职调查的效率，都会在信贷业务的基础上制定债务融资工具业务尽职调查的标准，以避免重复标准和重复劳动。

1. 信贷业务和债务融资工具业务特点决定尽职调查侧重点不同

信贷业务需要占用银行风险资产，放贷资金直接影响银行的不良率和一系列风险指标；债务融资工具业务一般不需要使用银行资金，只有在余额包销时才需要，而且债务融资工具产品可以在市场上流动，产品具有一定的流动性，市场需求增加时可以在市场上卖出债务融资工具产品。另外银行是一个媒介，如果出现发行人债务融资工具不能偿还的情况，尽管银行不承担担保义务，但存在着声誉风险。

债务融资工具和信贷业务的尽职调查均需要关注企业经营业绩和现金流对债务的覆盖能力，在债权债务关系存续期内跟踪企业的经营情况和周围环境的变化。信贷业务的尽职调查更加关注贷款到期前企业能否通过自身经营偿还贷款，债务融资工具尽职调查虽然也需要对上述情况进行判断，但毕竟是投资者出资购买债务融资工具。主承销商尽职调查重点还包括"合理确信企业注册文件真实性、准确性和完整性的行为"，债务融资工具业务本身需要投资者知晓的内容也需尽职调查，比如企业信息披露能力的调查，财务报表是否能在规定时间内披露等。主承销商更需要关注的是企业信息的充分披露，让投资人自行判断风险，除关注企业自身经营产生的现金流对偿还的保障外，还需要判断企业的融资能力，包括直接融资能力和商业银行未使用的授信额度。

2. 两者尽职调查团队构成不同

银行信贷业务作为间接融资，其尽职调查团队即由银行内部的客户经理负责；债务融资工具承销业务作为直接融资，需要在公开市场上交易，其尽职调查团队除银行内部的客户经理和总行的从事债务融资工具业务的专业人士外，还包括独立于交易双方的第三方中介机构的参与，包括审计机构、评级机构和律师事务所。债务融资工具尽职调查工作比信贷业务尽职调查工作更加强调公开的原则，企业通过募集说明书公开企业资料和信息，所有机构的意见也需要公开披露。

3. 尽职调查程序的不同

各家银行的信贷评审标准不一，其对企业进行尽职调查的程序、审查重点也不尽相同，取决于各家银行的内部程序；债务融资工具作为可交易流通的标准化金融产品，产品需要面向公开市场中的各类投资者，交易商协会对于公开披露的文件和尽职调查工作都有指导性的要求和规定，而且债务融资工具业务的尽职调查要求、基本原则、方式方法是一致的，只是各银行在执行中的细节存在差异。

另外在债务融资工具存续期间，发生任何可能影响债务融资工具偿还的情况时，都需要主承销商牵头组织和协调投资者和发行人，共同采取措施，按照市场通行的做法处置问题并向交易商协会报告相关情况，因此，主承销商除根据情况进行持续的尽职调查工作外，还需要持续地进行信息披露工作，而贷款业务只涉及银行与贷款企业之间的协调工作。

4. 对隐秘性信息的处理方式不同

银行内部使用尽职调查所获取的各类信息，隐秘性相对较强，且影响最终信贷决策的还有很多财务之外的"软信息"。隐秘性信息需要银行进行核实和确认，但如果不能核实和确认的信息，银行可以因为不能识别真假为由而拒绝给予企业贷款。这与债务融资工具业务存在很大不同。

比如信贷业务中大部分企业财务报表是企业直接提供，财务数字准确性需要银行自己核实，但债务融资工具每年的财务报表是经过审计的，对于财务报表的准确性由审计机构核实和确认。如果银行认为不信任企业的财务数字，可以拒绝为企业提供贷款。

债务融资工具业务尽职调查获取的信息一般是可以公开披露的，而且这些信息必须从正常的渠道获得，任何隐秘性的信息不能作为信息披露的依据。所有公开披露的信息必须由发行人和所有中介机构保证其真实、准确、完整，否则需要承担相应的责任。如果主承销商遇到不能核实的某些情况，且这些情况足以影响债务融资工具的发行，主承销商是不会推荐该企业注册，或者不能注册成功。

债务融资工具发行必须充分披露可能影响投资者决策的重要信息，但也要避免"粉饰"和夸大披露，而对投资者的判断造成负面影响。这些情况必须由主承销商进行判断和处理，而这些判断必须依据尽职调查的结论而得出。

## 5.1.2　债务融资工具尽职调查局限性

债务融资工具产品自 2005 年发行以来，发行量不断扩大，但毕竟是新产品，各市场参与者还处于不断积累经验的阶段，尤其在银行系统，债务融资工具产品无论从规模还是收入看，只是银行业务中的一小部分，处于起步阶段，尽职调查工作也存在着很多需要大家探索和解决的问题。

由于发行债务融资工具产品本身的特点和企业的具体情况，银行作为主承销商角色的特点，尽职调查存在很多的局限性，我们必须正确认识这些局限性，选择正确的尽职调查的方式方法，只有遵循勤勉尽责的原则，才能把尽职调查工作做好。

1. 尽职调查对象的配合程度决定尽职调查的效果

发行人管理层的合作程度会决定尽职调查的开展速度与效果，对公司的经营理念、未来的展望很大程度上来自于对管理层调查的结果；发行人相关资料质量来自于管理层的重视程度。尽职调查不可避免地与发行人扬长避短心态发生一定冲突，如何有效地与发行人沟通是主承销商必须解决的问题。

主承销商应善于与发行人建立有效的沟通机制，努力化解不必要的矛盾。只有通过充分沟通，与公司管理层产生默契与信任，才能全力推进尽职调查进程，取得最好的效果。主承销商应该做到：

（1）向发行人充分解释有关政策，树立"合规操作、事半功倍"理念；

（2）充分理解交易商协会要求的尽职调查重点，协助企业搜集重要信息，提高工作效率，降低工作成本；

（3）了解企业，细心研究企业特点，坚持掌握第一手关键信息；

（4）在工作实践中逐渐摸索有效的方法，在充分信任的基础上建立合作共赢的银企关系，使银行成为企业财务筹划的合作伙伴。

2. 时间限制着尽职调查工作的全面深入

由于时间有限，所能够覆盖的尽职调查内容也会相应受到限制。

除了尽量安排足够的时间与人力进行尽职调查工作外，如何在有限的时间内提高尽职调查效率是每个主承销商需要研究的问题。主承销商应与其他中介机构在各自独立调查基础上充分交换意见，对企业宣传和培训到位，主承销商项目人员必须进行充分的前期准备，还需要不断学习提高自身业务水平，还要致力于自身业务水平的提高，等等。这些工作都是提高尽职调查效率的方法和途径，主承销商如何平衡时间要求和项目质量上的冲突是不能回避的问题。

3. 保密与信息的完整性限制了投资者知情权

出于商业秘密和国家机密或其他原因，发行人不愿或不能完整地提供资料，发行人资料的完整性取决于公司的合作和诚信，各主承销商虽然采取了各种措施应对，比如注重社会信息的收集；向工商、税务、监管及其他第三方进行验证了解；在承销协议中规避风险责任，签署附加条款等，但发行人信息的不完整影响主承销商对发行人的判断，对投资者也是不公平的。

如果出于保密原因，在存在信息披露受限的情况时，主承销商认为不影响对发行人的判断，可以在公开披露的文件中对投资者进行信息披露受限的提示，如果投资者在知晓因保密问题不能全面披露的前提下，投资者可决定是否进行投资。如果投资者仍然决定投资的，说明投资者的意愿是认可这一信息披露受限条件的。

## 5.1.3  债务融资工具尽职调查难点

尽职调查证据的充分性和适当性是衡量该工作质量的重要标准，也是发行人注册文件真实、准确和完整的重要前提。调查证据的充分性主要针对证据的数量，适当性则主要针对证据的质量；充分性与适当性与被调查内容的重要性有关，越重要的内容，越要取得详细可靠的资料。如何把握好充分性和适当性是尽职调查的最主要困难。

以下提出的这些尽职调查中的工作难点，以及处理的办法或采取的措施是我们在工作中的感想和体会，仅供参考。

1. 关于拒绝委托或者降低尽职调查的标准

交易商协会《中介服务规则》第二十条规定："中介机构发现企业提供的材料有虚假记载、误导性陈述或重大遗漏，企业拒不补充纠正的，中介机构应拒绝继续接受委托，并及时向交易商协会报告。"

在承做各类投行业务时，主承销商遇到客户有上述行为的是少数，但是客户提出必须在某时间上报的情况十分普遍，或者客户提供的材料是简单汇总可能存在不准确、有遗漏等情形。有时候存在尽职调查时间太紧的困难，由于银行之间的竞争，银行必须要为客户提供最好的服务，不能给客户添麻烦，因此很可能迁就客户的要求而简化尽职调查程序或降低尽职调查的标准。

债务融资工具业务尽职调查必须力争全面了解客户经营及财务情况，充分反映客户价值，控制风险，因此不能降低尽职调查的标准，也不能自以为了解客户情况而放松尽职调查要求，项目负责人必须摒弃那种尽职调查会给企业添麻烦的错误想法。对于客户，全面提升服务质量不以放弃原则为代价，一味地迁就客户的错误只能说明主承销商不够专业。如果我们能够一贯地坚持原则，为发行人提供专业的服务，长此以往，相信一定可以得到发行人的尊重和理解。

2. 关于募集资金在集团和下属公司之间流转问题

以母公司作为发行人时，募集资金用途由下属子公司使用的较为普遍，一般因为公司内部层级多，区域跨度大，难以做到有效管理募集资金的实际用途，对企业资金流向的调查问题一直是个难题。以母公司下属公司作为发行人时，母公司与发行人之间存在着较多的关联交易，如何判断母公司不存在占用资金的问题，具体如何调查一直存在困难，尤其是民营企业，有些个人有把公司当"储蓄所"的习惯。

主承销商和项目负责人要充分调查母公司和下属公司资金使用的内部机制，不同法人之间资金往来的模式、记账方法的历史变化，等等，同时对发行人进行注册规则和信息披露的政策宣传，让发行人了解哪些做法是不被允许的，或者是发行人必须披露的。

一般情况母公司和下属公司资金往来主要通过三种方式：第一种情况是集团有独立的财务公司的，财务公司具有在集团内进行资金业务的资格，通过财务公司进行不同法人之间的资金往来，财务公司制定合理的利率；第二种情况是通过银行委托贷款办理资金使用的业务；第三种情况是不同法人之间签订资金使用协议实现资金往来，通过协议制定资金使用成本。

以母公司为发行人时，募集资金由下属公司使用的，需要区别下属公司具体情况，一般下属公司分三种：全资子公司、控股子公司和参股子公司，由于发行人在下属子公司的权益比例不同，对子公司的控制力也存在差别。母公司对全资子公司有足够的控制能力，因此资金往来和使用视同母公司使用；对于控股子公司，由于是合并财务报表的下属公司，母公司具有控制能力，但毕竟属于不同的法人，尤其是控股子公司还有其他股东存在，因此如果母公司发行的债务融资工具的资金给控股子公司使用的，可以要求该控股子公司的其他股东给予相应承诺或其他保护母公司利益的内部措施；对于参股公司，不鼓励发行人将募集资金给其使用，因为发行人不具备控制能力，到期归还募集资金的责任在发行人。

以上提到的三种方式是比较正常的资金往来。对于第三种情况，根据律师意见，由于企业之间不能进行有偿的资金使用，如果发生纠纷，法院将不支持企业之间收取的资金使用费。由于不同法人之间的资金往来十分复杂，我们还需要关注企业类似应收和应付款项等财务指标的变化情况，尤其关注是否存在关联交易，如果关联交易金额较大，或者出现较大波动，应进一步调查具体款项变化情况。

3. 如何做到合理确信企业注册文件真实性、准确性和完整性

这是尽职调查的难点。首先我们与企业在进场前签订保密协议或合作协议时，需要企业承诺保证提供的资料是真实、准确和完整的。其次对于企业提供的资料主承销商应进行记录，并请企业签字确认或盖章确认。最后主承销商需要对企业提供的资料进行核实和确认。

举例说明，募集说明书需要披露企业已经获得的授信情况。主承销商需要告知企业授信必须是有实质内容的授信，意向性授信由于需要履行银行内部审批程序，不属于已经获得的授信，企业需要提供所有银行的授信承诺或相关证明文件，主承销商应一一核对这些文件。对于未使用的授信金额，根据重要性的原则，主承销商需要逐一确认。如果一个企业未使用的授信上百亿元，核对需要足够的时间，我们建议可以进行抽查的方法，但如果金额较小，仍需要逐一确认，只有这样才能保证尽职调查的质量。

做到合理确信企业注册文件真实性、准确性和完整性，是一个不断沟通和磨合的过程。如果主承销商可以提供尽职调查工作底稿等证据资料，这些资料能够证明主承销商和项目负责人履行了尽职调查的责任，即可认为其做到了勤勉尽责的要求。

### 5.1.4　中小企业与大型企业尽职调查的区别

中小企业在业务结构、公司治理结构、信息披露制度等方面与大型企业存在一定差距，这些差距主要体现在以下三个方面：

第一，中小企业经营规范性弱于大型企业。

大型企业存续期比较长，公司内部制度随企业发展而不断完善规范，有部分企业甚至完成了股份制改造，建立了现代企业制度，形成了良好的治理结构。此外，在财务制度方面，大型企业通常聘用专业的财务会计人员，形成了完善的会计、税务制度，甚至采购专业财务会计软件，内部财务控制良好，财务信息透明度高、合规性好。

中小企业经营历史往往比较短，没有完整的企业发展规划和完善的业务流程，而且由于中小企业投资和经营规模都较小，公司管理人在考虑用人方面通常较为精简，许多企业缺乏完整的公司治理结构。在财务机构设置上，有的中小企业可能不设专门的会计机构而聘用兼职会计，有的企业即使设置会计机构，也是层次不清，分工不明，信息透明度比较低。

第二，中小企业经营风险高于大型企业。

大型企业经过多年的经营，在公司的主要经营领域已形成一定的竞争优势，有较为稳定的销售收入。公司产品和服务市场占有率较高，对产业上游供应商和下游渠道都有很高的议价能力，经营持续性和独立性强。此外，大型企业往往进行了多元化发展，以主业为基础进行了横向或纵向整合，公司经营风险较低。

中小企业多集中在一些快速成长行业或者成熟行业中的某一细分领域，易受国家政策变动、宏观经济波动和行业发展变化的影响。中小企业在技术、业务、利润来源容易过度依赖于其他公司、相关政策及补贴收入。此外，许多中小企业的产品销售收入依赖于个别大客户，对上下游的议价能力低。因此，中小企业在经营的持续性上弱于大型企业，公司的经营风险相对较高。

第三，中小企业信息披露程度不如大型企业。

大型企业所处行业发展较为成熟，行业信息完备，易于深入理解公司的生产状况和经营前景。特别是那些有融资记录的大型企业，通常具有规范的信息披露制度，其相关信息可通过公司研究报告、银行信用记录、公司公告、公司年报、评级报告或募集说明书等渠道获取。

中小企业成立时间较短，资产规模较小，没有向资本市场直接融资的经验，融资记录较少，相关信息披露制度还没形成，信息获取渠道匮乏。

基于中小企业存在的特殊性，主承销商在对中小企业的尽职调查中应遵循不同的原则，采用有别于对大型企业进行尽职调查的方法，侧重不同的内容，并尽可能扩大信息来源。

1. 遵循的调查原则侧重点不同

鉴于大型企业经营体系规范，在进行尽职调查时，主承销商可侧重于调查文件的齐备性，对文件真实性的核查相对较少。中小企业公司治理不成熟，相关经营制度建设还不完善，公司经营的规范性相比大型企业存在较大差距。因此，主承销商在对中小企业进行尽职调查时应更强调调查的谨慎性，在检验相关尽调文件齐备性的基础上，还需关注文件的真实性。

2. 采取的调查方法不同

大型企业尽职调查的很多内容可通过书面调查和访谈的形式完成，必要时才进行实地走访，并寻求相关部门出具证明。中小企业的文件从谨慎角度出发，需进行更多的实地调查。公司重要政府批文、执照需要向有关政府部门查证，重要合同需要得到合同方证实；公司重要关联方、经销商、供货商需要走访等。

3. 调查内容的侧重点不同

由于大型企业通常成立时间较长，已具备相对完善而规范的公司治理结构，在资本市场上已有多次直接债务融资经历，主承销商在调查大型企业时，关注的重心可以放在影响公司偿债能力的主营业务领域，从而把控公司的债务融资风险，无须将过多的精力放在对公司治理结构和经营独立性等方面调查。但对中小企业进行尽职调查时，很多时候必须在经营独立性、经营持续性、财务规范性和公司治理完备性等方面进行更为细致的调查，例如通过详细调查公司历史沿革、挖掘梳理公司各关联公司的勾稽关系，核查公司是否存在独立的经营能力。必要时，主承销商还需要辅助企业建立相关企业内部控制制度，完善公司治理结构。此外，大型企业主营业务众多，且大多数主营业务通常属于成熟行业，主承销商虽然需对较多的行业运行状况进行分析，但因为行业资料翔实，对行业风险的分析能力较为到位。而中小企业主营业务比较单一，很多处于细分子行业或快速成长的行业，行业资料较为匮乏且行业发展前景不明朗，需要主承销商更深入地了解行业运行状况，把握行业的发展前景和运行风险。

4. 获取信息的来源不同

大型企业影响力大，信息来源广泛，尽职调查获取信息的手段也较为多样化。主承销商对大型企业进行尽职调查，既可以通过公开媒体报道，也可以向公司贷款银行查询信贷记录或直接向公司提取审计报告，对那些已在资本市场融资的公司，可以通过查阅证券公司研究报告、公司公告、公司年报、评级公告和以前融资的发行材料等资料获得大量基本信息，相比之下，主承销商获取中小企业信息的渠道却较为单一，大多数中小企业媒体关注度低，也从未在资本市场直接融资，无法获取大量公开披露信息，部分中小企业的财务报表甚至未经规范的审计。因此，主承销商一方面要通过银行获取授信资料，另一方面也必须深入企业及其相关上下游，结合访谈和现场调查，获取有关信息，获取信息的周期也相对较长。

## 5.2 某银行债务融资工具业务工作流程简述

作为一家国家控股的大型股份制商业银行，某银行拥有较丰富的客户资源和分支机构资源，信贷业务经验积累较多，信贷业务流程和风控体系较为完善。迄今为止，该银行非金融企业债务融资工具业务客户基本为其信贷客户，某银行与相关企业保持着长期持续的合作关系，对相关企业的理解、资料收集与整理、各项业务开展及后续管理是一个长期进行的日常性工作。基于常年业务合作和积累，某银行借鉴较为成熟的信贷业务工作流程和风险控制机制，制定了涵盖债务融资工具业务营销、尽职调查、行内审批、注册发行、后续管理等各个工作环节的全面管理办法，从近六年的实践来看，总体运行情况较好。本文将简要介绍某银行债务融资工具业务工作流程，以供同业参考和指正。

某银行债务融资工具业务工作流程（截至具体项目注册发行前）如图 5-1 所示，各环节工作简述如下：

### 5.2.1 项目可行性判断

1. 潜在目标客户基本资质：（1）非金融企业法人；（2）符合国家宏观经济及产业发展的有关政策精神；（3）符合交易商协会指导性意见；（4）符合某银行信贷政策；（5）拟发行债务融资工具募集的资金用于本企业生产经营，资金用途合理有据；（6）经营情况和财务状况较好，本息偿付来源及保障措施合理可靠；（7）近三年，客户没有违法和重大违规行为，没有延迟支付到期债务本息的不良记录；（8）客户具有健全的内部管理体系和募集资金的使用偿付管理制度。

2. 总分行项目信息沟通：（1）了解客户需求之后、全面营销工作开始之前，分行宜就项目相关信息（非正式）递交总行尽调部门，材料一般为客户最新授信报告等已有资料；（2）如需其他材料作为项目可行性判断依据，总行尽调部门将要求分行补充相关信息。

3. 项目可行性初步判断。总行尽调部门将综合考虑各项政策/指导意见、市场情况、企业情况及业务需求、与审查部门沟通情况等因素，出具项目可行性初步判断意见。对于可推进项目，同时出具需要落实的项目前提条件。

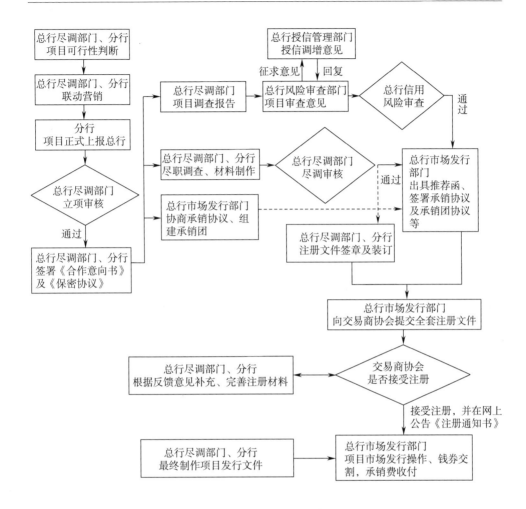

注释:

1. 遇有以下情况之一者,项目不应继续推进:(1)总行尽调部门立项审核未通过;(2)总行信用风险审查未通过;(3)总行尽调部门尽职调查审核未通过;(4)交易商协会注册委员会作出不接受注册结论。

2. 非金融企业债务融资工具业务流程,以银行该项业务各项管理文件或其修订版本为准,上述流程图及本文其他内容仅供参考。

**图 5-1　某银行非金融企业债务融资工具业务工作流程示意图**
**(截至具体项目注册发行前)**

## 5.2.2　项目联动营销

1. 营销及总行支持

对于初步判断可行的项目,总行尽调部门将会同相关分行组成工作团队,提供技术支持，开展总分行联动营销。

2. 服务方案制定

项目工作团队将结合各项政策/指导意见、市场情况、企业情况及业务需求、与审查部门沟通情况等因素，初步确定项目发行要件（包括但不限于注册额度、发行计划、含权与否等），并以此为基础形成个性化服务方案。必要时，可咨询评级机构等中介机构专业意见。

### 5.2.3　项目正式上报总行

截至目前，某银行债务融资工具业务均须报总行统一审批。对于营销成功项目，分行根据总行尽调部门制作的统一模板制作正式上报文件，正式启动具体项目的尽职调查和行内审批工作。需要说明的是，由于某银行与相关企业保持常年持续合作，对企业的基本情况、经营情况、财务报告等信息有持续跟踪和积累，在基本确定项目要件后，即可较快地形成相关上报文件。

### 5.2.4　总行尽调部门立项审核

接到分行相关项目的正式上报文件后，总行尽调部门将启动项目立项审核工作，主要从各项政策/指导意见、市场情况、企业情况及业务需求、与审查部门沟通情况等各方面进行全面的可行性分析，以便从源头把握项目风险。

### 5.2.5　签署《合作意向书》和《保密协议》

对总行尽调部门立项审核通过项目，总行尽调部门负责人将根据授权与企业签订《合作意向书》和《保密协议》。某银行已对制定《合作意向书》和《保密协议》的格式文本，如企业提出修改意见的，需经双方法律部门审核认可。

### 5.2.6　尽职调查及注册材料制作

1. 尽职调查前要落实的事项

（1）原则上，需要企业上级主管部门/机构（如有）、内部有权机构初步认可此次债务融资工具注册发行事宜。

（2）原则上，需要企业已与某银行签订（或已承诺签订）《合作意向书》和《保密协议》。

（3）企业已选定注册发行所需各家中介机构。在企业需要时，某银行可协助企业选聘中介机构。为保持各中介机构工作独立性，某银行不参与、不干涉企业的中介机构选定工作。

（4）某银行工作团队应仔细整理和分析已有企业资料，比照《尽职调查清单》（格式文本），形成《补充尽职调查清单》、《管理层访谈问题清单》并提交企业（必要时，抄送相关中介机构），已提高尽职调查有效性和针对性。

（5）某银行工作团队制订工作计划，主要包括工作目标、工作范围、工作方式、工作时间、工作流程、参与人员等。

2. 现场调查和管理层访谈

某银行应与企业选定的所有中介机构一道，开展现场调查和管理层访谈。

3. 尽职调查资料分析

工作团队整理已有材料、《补充尽职调查清单》的企业反馈材料、现场调查和管理层访谈收集材料，并综合运用查阅、信息分析、印证和讨论等方法对上述信息进行分析，必要时，重复开展现场调查、管理层访谈等工作程序，以保证尽职调查掌握信息的真实性、准确性、完整性。

4. 注册材料制作

在较为充分地掌握所需信息的基础上，某银行将辅导企业、协调各中介机构起草各自负责的注册材料，并根据制定的工作日程在企业和各中介机构之间、在法律法规许可的范围内交换审阅相关注册文件。对其中存在的问题，某银行将协调各方讨论、解决，以保证通过尽职调查掌握企业的主体资格、资产权属、债权债务等重大事项的法律状态和企业的业务、管理及财务状况等，对企业的还款意愿和还款能力作出判断，以合理确信企业注册文件的真实性、准确性和完整性。

5. 尽调部门的尽职调查审核

尽调部门将依据内部管理文件，对项目的尽职调查和注册材料进行全面审核。必要时，提出进一步补充尽职调查要求。

## 5.2.7 行内审批

1. 总行尽调部门将结合分行正式上报文件及工作团队在各尽职调查环节掌握的信息，综合形成调查报告，提交总行风险审查部门，启动行内审批工作。需要说明的是，在行内审批进行中（甚至是完成后），如尽职调查获得的最新信息可能影响到行内审批决策或企业偿付能力的，总行尽职调查部门必须及时向总行风险审查部门递交补充报告。另外，总行尽职调查部门也需要根据总行风险审查部门的要求落实相关补充尽职调查工作。

2. 总行风险审查部门出具项目审查意见后，将会同总行尽调部门一道，向总行有权审查机构汇报。必要时，总行风险审查部门和尽调部门要根据有权审查机构的要求开展补充尽职调查工作或落实相关前提条件。

## 5.2.8 签署《承销协议》和《承销团协议》

总行有权审查机构审查通过并经总行有权签批人签批同意的债务融资工具

项目，方可由总行市场发行部门负责人根据授权与企业签署《承销协议》，组建承销团并与相关各方签署《承销团协议》。目前，某银行与企业签署的《承销协议》和《承销团协议》，均采用交易商协会组织各成员制定的格式文本，确需要修改或增加相关条款的，需经双方法律部门审核通过。

### 5.2.9　提交交易商协会注册

总行尽调部门收集企业及各中介机构出具的全套注册材料，并复核通过后，提交交易商协会。根据交易商协会注册办公室或注册会议委员的意见，总行尽调部门责成工作团队进行补充尽职调查，并形成相关专项报告（如需要）和修改相关注册文件，提交交易商协会。

对于注册通过项目，总行尽调部门和市场发行部门将陪同企业高管接受交易商协会聆讯并领取《注册通知书》。随后，总行尽调部门协助企业完成发行需披露的文件，总行市场发行部门协助企业确定发行时间并实施市场发行操作。

### 5.2.10　后续管理

某银行针对债务融资工具业务后续管理制订了专门的管理办法，明确了总行市场发行部门、贷后管理部门、尽调部门及分行各自工作职责，明确了专岗专人和责任人，明确了后续管理办法的工作内容、工作方法和后续管理工作报告等项内容。总体上，要求相关分行在总行有关部门的指导下，积极了解和掌握并上报企业及信用增进机构的风险状况及偿债能力（含日常监测、风险排查、压力测试等）、督导企业按时还本付息、督导企业及时进行信息披露、督导企业依法合规使用募集资金等后续管理工作。

### 5.2.11　应急管理

某银行针对债务融资工具业务应急管理制订了专门的管理办法，明确了应急管理的内涵和原则、组织架构和工作机制（应急领导小组、有关部门及其工作机制）、突发事件分级、应急预案操作流程（包括预警监测与上报、预警启动、预警终止、应急响应、应急响应终止、外部协调、声誉风险应对等），还规定了宣传、培训和演练的有关内容。总体上，要求总行应急领导小组和相关部门、有关分行高度重视应急管理，在应急事件发生后，要做到及时预警、快速响应、统一领导和协同配合，以达到稳妥处置的目的。

## 5.3　某银行关于债务融资工具尽职调查的专题报告

根据《债务融资工具管理办法》及《尽职调查指引》等相关规则指引的要

求，主承销商遵循勤勉尽责、诚实信用原则，通过各种有效方法和步骤对发行人进行充分调查，掌握发行人的主体资格、资产权属、债权债务等重大事项的法律状态和发行人的业务、管理及财务状况等，对发行人的还款意愿和还款能力作出判断，以合理确信发行人文件的真实性、准确性和完整性。

## 5.3.1 尽职调查范围

尽职调查范围包括以下方面：发行人主体资格；发行人历史沿革；发行人股权结构、控股股东和实际控制人情况；发行人公司治理结构；发行人信息披露能力；发行人经营范围和主营业务情况；发行人财务状况；发行人信用记录；发行人或有事项及其他重大事项情况。

## 5.3.2 尽职调查方式

某银行作为发行的主承销商委派人员组成尽职调查工作小组，按照尽职调查工作计划收集资料，进行调查，编写工作底稿，并在此基础上撰写尽职调查报告。尽职调查的方式包括但不限于查阅、访谈、列席会议、实地调查、信息分析、印证和讨论等。

## 5.3.3 尽职调查流程

尽职调查工作流程如下：收集、查阅、汇总、分析发行人提供的相关资料；对发行人进行实地调查；查阅、分析评级和律师等中介机构工作文件；对尽职调查中涉及的问题和分析进行讨论；整理尽职调查工作底稿；撰写《尽职调查工作报告》。

## 5.3.4 尽职调查内容

1. 主体资格

通过查阅企业营业执照、组织机构代码证、公司章程、有关股东会（股东大会）决议、董事会决议、高级管理层办公会决议等文件以及咨询中介机构等，查阅企业最近三年及一期财务报表和审计报告核查企业拟发行与待偿还债务融资工具总额是否符合余额管理的要求。

2. 历史沿革

查阅企业设立时的政府批准文件、营业执照、验资报告、工商登记文件等资料，及企业重大股权变动相关的有关文件以及验资报告、评估报告、股权转让协议、工商变更登记文件等。

3. 股权结构、控股股东和实际控制人情况

通过现场调查、咨询中介机构、查询验资报告、审计报告等方式，核实企

业的股权结构及实际控制人情况。

4. 公司治理结构

通过查阅企业控股股东或实际控制人的组织结构资料，各种资产权属凭证，相关人事、财务制度等，结合企业的生产、采购和销售记录实地考察其产、供、销系统，进行调查分析，并通过查阅企业公司章程、咨询企业律师等方法，调查公司章程是否符合《公司法》、《企业法》等有关法律法规，关注董事会授权情况是否符合规定。

5. 信息披露能力

通过与信息披露和投资者关系的部门负责人和工作人员谈话等方法，核查企业是否已建立起有关信息披露和投资者关系的负责部门及制度。

6. 经营范围和主营业务情况

通过收集行业主管部门制定的发展规划、行业管理方面的法律法规及规范性文件，行业杂志、行业分析报告、主要竞争对手情况、行业专家意见、行业协会意见、相关统计数据分析等方法，了解所处行业状况。

调查企业的采购、生产、销售模式，与采购部门、生产计划部门、销售部门人员沟通，调查企业的生产工艺是否符合环境保护相关法规，并查阅制度文件、现场实地考察，调查企业历年来在环境保护方面的投入及未来可能的投入情况。取得企业未来二至三年的发展计划和业务发展目标及其依据等资料，并通过与高管人员及员工谈话等方法，调查企业未来发展目标是否与企业发展战略一致。

7. 财务状况

对经审计机构审计或发表专业意见的财务报告及相关财务资料的内容进行审慎核查。发现异常财务事项应与审计机构进行沟通，或请审计机构作出书面解释，必要时可提议企业聘请其他中介机构提供专业服务，并与相关财务人员和审计机构沟通。通过分析各项会计科目、财务比率分析是否与企业实际经营情况相一致。通过与企业高管人员、财务部门和主要业务部门负责人交谈，查阅审计报告，咨询律师及审计机构意见等方法，调查企业关联交易是否对企业生产经营独立性、稳定性造成影响。

8. 信用记录调查

通过与企业高管人员和员工谈话，咨询中介机构，查阅企业工商登记及相关资料、征信系统等方法，调查企业贷款履约情况，关注企业是否存在重大违法、违规或不诚信行为。

9. 或有事项及其他重大事项情况

通过查阅合同、与高管人员或财务人员谈话、咨询中介机构等方法，核查企业所有对外担保（包括抵押、质押、保证等）合同，调查企业及其控股股东或实际控制人、控股子公司、企业高管人员和核心技术人员是否存在作为一方当事人的重大诉讼或仲裁事项以及企业高管人员和核心技术人员是否存在涉及刑事诉讼的情况，评价其对企业经营是否产生重大影响。

10. 中介机构执业资格情况

调查与本次发行有关中介机构是否具有相应的资格，通过与项目签名人员沟通等方法，了解中介机构及其经办人员的诚信状况、执业水平。

### 5.3.5 调查案例——××中小企业集合票据

1. 调查发行人的基本情况及发行前辅导

工作开始，某银行及其工作人员已与发行人就集合票据发行事宜进行了全面沟通。由于发行人为多家小企业，该产品又为创新产品，某银行针对小企业量身制作了尽职调查资料清单。按照清单收集完初步资料后，项目团队仔细研究了各企业情况。对各企业有了初步了解后，项目团队赴当地准备项目的进场。

首先召开了包括市政府、发行人、中介机构在内的项目启动会，会上详细介绍了企业票据产品的概况、各机构需承担的工作、项目整体计划及下阶段工作安排等。会后即按照关联度将发行人分为几个小组，每组由两至三个项目经理与组内各企业高管访谈，相关的审计机构负责人也列席会议，主要侧重于公司概况介绍、发展战略、优劣势等较为宏观的访谈，由于发行人审计报表及附注编制不严谨，未按照相关准则制度严格编制，因此某银行进一步对企业财务负责人及审计机构下一步的工作提出要求。

对企业有了初步了解后，某银行收集了重新审计的报表，进行再一次审阅。但是发现仍然相当不严谨。如重新聘请审计机构审计，不仅耽误发行时间，也会加大中小企业融资成本，于是，经与各方沟通后，聘请了对民营小企业审计颇有经验的审计机构作为本次发行的财务顾问，由其对发行人财务管理等相关方面进行全面辅导。经过多轮反复辅导后，企业财务报表已逐渐符合准则制度要求。

2. 开展深入尽职调查

至此，正式调查前的准备工作已基本就绪。某银行制作了访谈清单和进一步的尽职调查资料清单，并发至各发行人，准备进行深入访谈、实地调查等工作。为节省时间和人力成本，某银行与评级公司、律师事务所一同展开相关调查工作。项目组采用查阅、访谈、实地调查、信息分析、印证和讨论等方法，对发行人提供的关于本次发行的资料进行了查验，就有关具体事项向发行人主管人员或经办人员作进一步查证，深入了解发行人的相关情况。与大型企业调查相比，对中小企业调查需要更仔细，第一是对公司历史沿革、股权结构、资产权属、管理架构、信用记录、与当地各家银行的关系等方面的调查；第二对公司高管的访谈了解相当重要，高管是否有清晰的和切合实际的发展战略思路、是否有实干的精神、是否有带领团队发展的能力、是否有良好的信用等都非常重要；第三企业对上下游客户的依赖性及合作关系、产品是否在细分环节具有比较优势和良好的发展前景、内部生产经营管理是否有严格的内部控制、内部管理人员的素质及披露信息的能力和意愿等，都是某银行调查过程中非常注重的方面。在掌握了发行人的一系列情况后，对企业的还款意愿和还款能力作出判断。具体调查包括：

（1）尽职调查团队对发行人的主体资格、历史沿革、股权结构、控股股东和实际控制人情况、公司治理结构、信息披露能力、经营范围和主营业务情况、财务状况、信用记录调查、或有事项及其他重大事项情况等进行了审查、核对，并实地勘察了发行人的部分下属子公司的经营状况。

（2）尽职调查团队在对资料的收集及时进行整理和补充的同时，还以口头或书面方式向发行人提出有关意见和建议，协助发行人完成必要的工作。

（3）尽职调查团队对于无法独立查验的事实，如政府批文、财务会计报表、审计报告和资产评估报告等，某银行主要采用发行人、有关政府部门及其他有关单位出具的证明文件。在此基础上，某银行又对无书面材料加以充分证明的事实直接找有关人员进行调查，或要求发行人就有关事项出具书面说明或承诺。

整个调查过程始终贯穿对发行人的辅导，一是发行债券基本知识及意义，二是发行人为实现顺利发行应理顺的财务、人事、机构设置等内控管理，三是发行人应履行的义务特别是定期和不定期信息披露义务等。

3. 调查总结——出具尽职调查报告

最后，某银行根据尽职调查的结果、有关文件资料所反映的情况以及对发行人情况的理解，与各有关中介机构进行充分沟通后，在独立判断的基础上起草尽职调查报告。

4. 启示

（1）每个企业具有不同的特性，尽职调查的过程应该是根据企业实际经营管理情况进行动态调整的过程，调整的原则主要是围绕对企业影响重大风险方面的调查，如对某些方面存在把握不准的情况下，可以咨询专业机构的意见。

（2）不同企业判断标准不一样，如对中小民营企业，不可能按照大型的完全规范运作的公司标准来判断，企业在不同的发展阶段需要不同的发展模式。

（3）对于未发行过债券的企业，发行人辅导非常重要，这不仅影响整个尽职调查过程，而且对尽职调查后的发行及后续管理都有至关重要的影响。

（4）尽职调查可能是不断反复的过程，在调查的过程中发现问题、分析问题，为解决问题又需要进一步的调查，不断地循环往复，最终得出清晰的判断。

## 5.4 某证券公司债务融资工具业务尽职调查流程

某证券公司依据人民银行《债务融资工具管理办法》、《尽职调查指引》、《中介服务规则》等相关部门的管理办法和工作指引，结合公司多年尽职调查实践经验，制定了该公司业务工作流程，涵盖了项目筛选、立项、尽职调查、发行申请等工作环节。

### 5.4.1 尽职调查流程

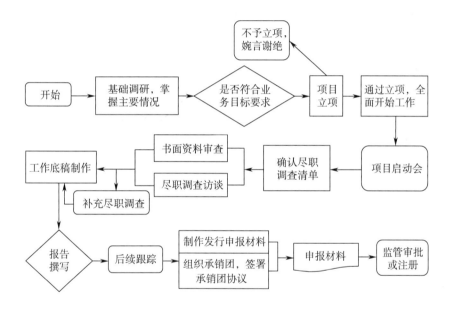

**图 5 - 2 某证券公司非金融企业债务融资工具业务工作流程示意图**

1. 项目准备阶段

（1）项目筛选和开发

对潜在客户进行梳理，根据企业所在行业情况、企业在行业中的排名、企业的业务情况、财务情况、未来发展潜力及企业的项目情况、资金需求状况等，初步选定发行人。

（2）项目立项

制作项目立项材料，上公司内部立项会。经立项会委员的多数通过后，准备正式进场开展工作，并根据立项会委员的建议和意见对下一步工作进行适当调整。

（3）提交项目建议书

在对发行人及其发债可行性进行充分了解的基础上，撰写项目建议书，主要包括公司发债的必要性和可行性、本期债券核心条款建议、宏观经济及债券市场环境的变化、发行方案建议及定价、发行方式以及该证券公司的优势、项目团队、报价等。

（4）确定中介机构

协助发行人确定参与债券发行的有关中介机构，包括信用评级、发行人律师等，并与发行人签订中介协议。

2. 项目尽职调查阶段

（1）项目启动会

准备项目启动的有关文件，如项目进度安排、项目有关人员联络方式等。召开项目启动会，介绍项目进程安排，明确项目各方权责，就有关重点事项进行沟通，统一各方意见。

（2）确认尽职调查清单

向发行人提供书面尽职调查清单，并就发行人关于文件清单提出的问题进行解释和说明。

尽职调查内容包括但不限于：主体资格；历史沿革；股权结构、控股股东和实际控制人情况；公司治理结构；信息披露能力；经营范围和主营业务情况；财务状况；信用记录调查；或有事项及其他重大事项情况。

（3）书面资料调查

审查企业提供相关资料；通过银行信贷登记咨询系统获得相关资料；通过工商税务查询系统获得相关资料；通过公开信息披露媒体、互联网及其他可靠渠道搜集相关资料。

（4）尽职调查访谈

向发行人提供尽职调查访谈清单，主要包括公司主要领导、核心业务部门，以及财务部、法律部、审计部、人力资源部等。由发行人安排访谈会。

（5）必要时还需进行补充尽职调查

在书面资料研究和尽职访谈的基础上，如各中介机构还对发行人有进一步的问题，则可将补充清单提交主承销商，由主承销商汇总后向发行人提交。发行人根据补充尽职调查清单中所列的文件或问题给予补充提供或反馈。

（6）尽职调查工作底稿制作

中介机构应当归类整理尽职调查过程中形成的工作记录和获取的基础资料，形成记录清晰的工作底稿。工作底稿至少应保存至债务融资工具到期后五年。

（7）尽职调查报告撰写

尽职调查报告应层次分明、条理清晰、具体明确，突出体现尽职调查的重点及结论，充分反映尽职调查的过程和结果，包括尽职调查的计划、步骤、时间、内容及结论性意见。

尽职调查报告应由调查人、审核人和审定人签字。

（8）后续跟踪

尽职调查人员应指派专人对已经注册的企业的情况进行跟踪，关注企业经营和财务状况的重大变化，并进行定期和不定期的调查。尽职调查人员于每期债务融资工具发行前，撰写补充尽职调查报告，反映企业注册生效以来发生的重大变化的尽职调查情况。

3. 发行申请阶段

（1）主承销商向发行人出具发行方案

根据发行人的债务结构、资金需求、与项目现金流匹配情况，结合发行时点的市场情况，向发行人出具发行方案，通过与发行人协商确定最终发行方案。

（2）组建承销团

前端项目组及时与资本市场业务线协调，由资本市场业务线牵头组建本期债券的承销团（如发行人对承销团有要求，前端需及时与资本市场业务线沟通）。

（3）撰写注册文件

根据尽职调查收集的发行人有关资料，撰写注册文件，主要包括推荐函、募集说明书、担保函、信用评级报告（由信用评级机构撰写）、法律意见书（由发行人律师撰写）等文件。

（4）发行文件讨论修改

待主要注册文件初步完成后，与发行人一道召集发行人律师、承销团律师、评级、审计机构就主要文件、协议的内容及条款进行商议，对注册文件的相应内容及条款进行讨论修改。

（5）注册文件定稿

经发行人、主承销商和发行人律师等项目各方一致通过后，全部发行申请文件定稿。将需加盖公章的定稿文件，交给项目有关各方分别进行签字盖章。

（6）向交易商协会提交发行申请文件

待全部发行注册文件由各方签字、盖章并装订成册后，由主承销商将正式申报文件上报交易商协会。

## 5.4.2　尽职调查内容

尽职调查内容应根据以往尽职调查经验，并结合被调查公司的自身行业特点，同时征询其他中介机构（评级机构、发行人律师、承销团律师）等各方尽职调查意见而确定。

1. 公司的基本情况

（1）改制与设立情况；（2）历史沿革情况；（3）发起人、股东的出资情况；（4）重大股权变动情况；（5）重大重组情况；（6）控股股东及实际控制人、发起人及主要股东情况；（7）发行人控股子公司、参股子公司的情况；（8）公司从事目前经营事项所需的所有有效的批文、许可证和资质证书等资质证明文件；（9）员工及其独立性情况；（10）资产权属及其独立性情况；（11）业务、财务、机构的独立情况；（12）商业信用情况。

2. 业务与技术调查

（1）行业情况及竞争状况；（2）采购情况；（3）行业和发行人生产模式的说明文件；（4）销售情况；（5）核心技术人员、技术与研发情况。

3. 独立经营及持续盈利能力调查

（1）同业竞争情况；（2）关联方及关联交易情况；（3）公司在调查期内存在的所有关联方关联交易的种类、交易金额及占同类总金额的比重、期末余额、价格及作价方式、关联交易毛利占总毛利的比重；（4）公司经营所必需的房产、土地、商标、专利及非专利技术的取得方式，所有权归属情况；（5）公司的技术、业务、利润来源是否过度依赖其他公司、相关政策及补贴收入；（6）公司生产经营模式、产品或服务结构、经营环境是否发生或将要发生重大变化；（7）公司对主要供应商及客户是否存在严重依赖。

4. 董事、监事及高级管理人员调查

（1）任职及任职资格；（2）简历及操守；（3）胜任能力和勤勉尽责；（4）薪酬及兼职情况；（5）报告期内变动情况；（6）持股及其他对外投资等情况。

5. 组织结构与内部控制调查

（1）公司章程及其规范运行情况；（2）组织结构和"三会"运作情况；（3）独立董事制度及其执行情况；（4）内部控制环境；（5）业务控制；（6）信息系统控制；（7）会计管理控制；（8）内部控制的监督；（9）股东资金占用情况。

6. 财务与会计调查

（1）对公司过去三年的财务数据分析，包括销售规模及收入、毛利率、净利润、现金流分析；（2）收入确认的具体政策，是否与会计准则相符，成本是否配比；成本核算政策及方法；（3）计算资产负债率、流动比率、速动比率、利息保障倍数等财务指标，对变化较大的指标和科目进行重点调查；（4）根据存货、应收账款、经营活动现金流量、主营收入的对比分析公司收入的质量。

7. 业务发展目标调查

对公司以下方面展开详细调查：（1）公司中长期发展战略；（2）历年发展

计划和年度报告；（3）公司未来三年业务发展目标。

8. 募集资金运用调查

对公司以下事项展开详细调查：（1）本次募集资金运用的相关资料；（2）历次募集资金使用情况的相关资料；（3）发行人关于募集资金运用对经营成果影响的分析。

9. 风险因素及其他重要事项调查

（1）既往经营业绩发生重大变动或历次重大事件的相关资料；（2）重大合同（包括已履行完毕但属于最近三年且对发行人有重要影响的）；（3）公司及其控股子公司涉及诉讼、仲裁、行政调查或处罚程序相关文件；（4）公司重大担保、贷款、资产抵押等情况；（5）环境保护文件及安全生产情况。

## 5.4.3　尽职调查文件的规范性

该证券公司会制定详细的《尽职调查清单》，清单中对发行人提供材料的规范性作出要求，发行人需按照清单的规范性要求提供相应文件。

1. 文字说明资料

在《尽职调查清单》的文字说明材料中，所有表述均须与报送发行人相关监管部门的报告，或公司历史公开披露文件保持一致，超过披露范围的数据可以采用管理层口径，但需注释说明。市场和行业统计数据需采用权威统计口径数据填报，并注明出处和截止时点。

2. 原件和复印件

提供原件和复印件要完整，不能少页、漏页；复印字迹需要清晰、可辨认。

3. 调查表

所有数据均优先与报监管部门的口径保持一致，超过披露范围的数据可以采用管理层口径，但需注释说明；数据单位按照调查表的规定填写。

4. 纸质资料的提交要求

发行提交的材料应设置统一的封面，按照《尽职调查清单》要求取标题，并在标题下标示"部门名称"。法律文件的每一个复印件均需加盖公司或部门的公章；其他资料的首页和末页加盖公司或部门公章。制作纸质文件提交清单。纸质文件具体格式按照相应的尽职调查资料归集要求所提供的模板进行编辑。

除书籍、彩页等印刷品外，所有文件原则上均需采用标准 A4 纸打印或复印。

5. 电子资料的提交要求

原则上，所有纸质版资料均要提供电子版文件，并与纸质版资料的名称、格式和内容等保持完全一致。对于没有电子版的，要进行扫描（书籍、彩页等印刷品的资料除外）。电子版的"文件提交清单"要求与纸质文件一致。

## 5.5　某证券公司关于债务融资工具尽职调查的专题报告

尽职调查是指主承销商及其工作人员遵循勤勉尽责、诚实信用原则，通过各种有效方法和步骤对企业进行充分调查，掌握企业的主体资格、资产权属、债权债务等重大事项的法律状态和企业的业务、管理及财务状况等，对企业的还款意愿和还款能力作出判断，以合理确信企业债券发行申请文件真实性、准确性和完整性的行为。尽职调查在债券发行前期准备阶段发挥着重要的作用，是主承销商及其他中介机构了解企业状况、判断潜在风险的主要途径，是判断项目可行性的基本依据，同时也为撰写债券注册文件提供基础资料，以及为债券成功发行奠定基础。

### 5.5.1　债券发行主承销商尽职调查的重要性

由于市场客观上存在着信息不对称，特别是我国市场规则的完善性、市场参与者的成熟程度、监管方式的先进程度等诸多要素都有着初级阶段的明显特征，在这种较为不成熟的资本市场体系下，尽职调查作为投资银行债券承销业务的重要环节，对于主承销商具有重要的意义及作用。

在债券的发行过程中，主承销商需要在其专业范围内开展专项尽职调查。主承销商可以通过尽职调查及时发现和解决潜在问题，挖掘债券投资价值。另外，主承销商尽职调查是债务融资工具尽职调查的基础和核心，且主承销商有义务协调其他中介机构，并对其他中介机构尽职调查的结果进行审慎核查。因此主承销商的尽职调查与其他中介机构的尽职调查存在着全面与专项、核心与辅助的辩证关系。由于主承销商尽职调查范围最广，更易于发现债务融资工具发行的关键点，有助于引导其他中介机构尽职调查的关注重点，可以为其他中介机构尽职调查提供方向性和全局性的参考。尽管其他中介机构尽职调查和专业意见的出具一般局限于某一专业领域，但若其无法获取关于发行人和债务融资工具的全面信息，其在本专业领域的判断也可能存在片面或失误的风险。主承销商尽职调查将获取与债务融资工具发行相关的全局性信息，其他中介机构以此为参考，可以更高效和准确地开展各自专业领域的尽职调查工作。另外，对其他中介机构尽职调查成果进行审慎核查也是主承销商尽职调查内容的一部分，这可以促进其他中介机构按时、按质完成专业报告和发行材料的撰写工作，提高尽职调查工作的质量。

### 5.5.2　债券项目尽职调查的实践及意义

市场经过多年的不断发展与积累，以及主管机构不断完善的尽职调查相关规定，目前已逐步形成了较为完整的尽职调查操作流程，各中介机构的尽职调查管理制度也在不断修正与完善。

就具体实践来看：

在每一个债券项目的开发及执行过程中以及债券发行的存续期间内，均需要组建专门的项目团队，制订详细的工作计划并据此对债券发行人开展全面的尽职调查工作。

在债券项目遴选过程中，应根据相关监管规则和中介机构相关内部管理及控制制度，通过尽职调查，对潜在发行企业的质量、潜在风险以及债券项目的可行性进行分析和研究。在完成初步尽职调查后，确定符合机构内部立项条件的企业，与企业签订合作协议。

债券项目正式启动后，应适时成立项目小组，对企业进行全面的尽职调查，并牵头协调律师、审计机构以及评级机构完成其各自的尽职调查工作。

在尽职调查过程中，主承销商应本着独立、全面、客观的原则对发行人的主体资格、历史沿革、股权结构、公司治理、信息披露能力、经营范围和主营业务情况、财务状况、信用记录调查以及或有事项及其他重大事项等方面情况进行全面调查。通过与企业的高级管理人员，以及财务、销售、内部控制等部门负责人员进行现场访谈和对话，掌握企业的最新情况。此外，在尽职调查过程中，还可以采用查阅、列席会议、实地调查等方式搜集基础材料，并通过信息分析对搜集的资料进行分析和验证，通过讨论对尽职调查中涉及的问题和分析进行多方研究，最终达成一致意见。此外，在此过程中，也应非常重视与律师、审计机构和评级机构等其他中介机构的配合，从而充分发挥各自优势，避免重复工作，提高尽职调查工作效率。

同时，在尽职调查过程中，各中介机构还应不断探索多种沟通方式，与发行人建立有效的沟通机制，使发行人充分了解尽职调查的必要性及重要意义，协助发行人搜集重要信息，提高工作效率，使发行人与中介机构在相互信任的基础上，建立更为紧密的合作关系。

此外，债券存续期内，主承销商也需要对发行人进行持续尽职调查工作，以确保发行人发生重大变化时及时向投资者披露，对发行人的偿债能力进行持续跟踪分析，最大程度上保护投资者利益，降低债券违约风险。

全面、客观、独立的尽职调查工作，将有利于包括主承销商在内的各中介机构了解和掌握更加准确和全面的企业信息，从而使得其对发行人的经营条件和经营前景作出客观评价。全面的尽职调查不仅能有效地减少中介机构的风险，而且为确定债券发行价格提供依据和奠定基础，此外，充分的尽职调查和后续的信息披露可以保证投资者的合法权益，维护债券市场的持续、健康、稳定发展。

# 5.6　某审计机构关于财务尽职调查的专题报告

## 5.6.1　财务尽职调查综述

财务尽职调查是指由针对目标企业的财务状况进行审阅和分析调查。由于财务尽职调查与一般审计的目的不同，因此财务尽职调查一般不采用函证、实物盘点、数据复算等财务审计方法，而更多使用趋势分析、结构分析等分析工具。

1. 财务尽职调查的重要性

（1）能充分揭示财务风险或危机；

（2）分析企业盈利能力、现金流，预测企业未来前景；

（3）了解资产负债、内部控制、经营管理的真实情况，是投资及整合方案设计、交易谈判、投资决策不可或缺的基础；

（4）判断投资是否符合战略目标及投资原则。

2. 财务尽职调查基本程序（见图 5-3）

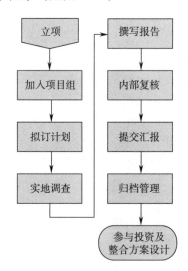

**图 5-3　财务尽职调查基本程序图**

（1）项目立项后财务专业人员加入项目组实施财务尽职调查；

（2）拟订的计划需建立在充分了解投资目的和目标企业组织架构的基础上；

（3）财务尽职调查报告必须通过复核程序方能提交。

3. 财务尽职调查基本原则

调查原则是指调查工作须遵循并参照执行的基本准则。根据实务经验，财务尽职调查工作应当遵循的基本原则包括目标导向原则、独立性原则、谨慎性原则、全面性原则和重要性原则。

（1）独立性原则

独立性原则，是指应当在形式上和实质上与目标企业和委托人保持独立。实质上的独立，是指调查者应当与目标企业之间没有直接的经济利益关系，在发表意见时专业判断不受影响，公正执业，并始终保持客观立场；形式上的独立，是指调查者应当避免出现这样的重大情形，使得拥有充分相关信息的理性第三方推断其公正性、客观性或专业怀疑受到损害。

（2）谨慎性原则

谨慎性原则，是指调查工作者在调查过程中，应当保持应有的职业谨慎态度，在有不确定因素的情况下作出判断时，应保持必要的谨慎，既不抬高目标企业资产或收益及其投资价值，也不压低目标企业负债或费用及其投资风险。

（3）全面性原则

全面性原则，是指调查工作应当在时间上、空间上涵盖所有委托方所关心的、与目标企业有关的各个重大方面，包括财务报表、重要财务数据等，还应当包括影响上述财务情况的重大内外部因素。

（4）重要性原则

重要性原则，是指在保证调查报告内容全面反映目标企业财务情况及其影响因素的前提下，应视财务情况及其影响因素的性质，以及对委托方决策的影响程序来确定调查重点。凡是对委托方的决策有较大影响的财务信息均应严格按照规范和程序进行单独、详细、精确的重点调查和报告，否则可以简化调查程序和方法，简单反映或合并反映。

## 5.6.2　财务尽职调查的主要内容

根据完成调查工作的时间顺序，财务尽职调查的过程一般可分为以下五个阶段：即项目准备阶段、项目计划阶段、项目实施阶段、项目汇总阶段、项目报告阶段。本文以 2011 年 6 月对国内某船运集装箱公司（即目标公司）所进行的尽职调查为例，按照调查工作的时间顺序阐述财务尽职调查过程中各个阶段的工作。

1. 项目准备阶段

项目准备阶段的主要工作包括：

（1）通过与委托方的洽谈和磋商，在了解委托方的并购目标等重要信息的基础上，初步确定服务费用的标准和总额，并详细介绍调查者的工作经验和服务能力等。

（2）初步确定调查目标、调查时间和调查范围等基本情况。因为本次尽职调查的目标公司主要收入来源为集装箱运费收入，因此将主要关注其主营毛利率的盈利分析，以及了解集装箱年运输量、单位运价（/箱）、单位运输成本（/箱）、集装箱周转天数等主要经营数据的变动对盈利能力的影响；同时，项目组也需要关注其存货水平（即船只耗用燃油）、应收应付账款的账龄及周转天数的具体情况。考虑目标公司的行业特点，项目组也将目标公司未来资本支出作为本次尽职调查的工作重点，包括采购/租赁船只及集装箱的财务影响和融资安排。在此基础上，项目组向委托方出具了《项目建议书》等文件，说明从自身角度理解的项目目标、项目工作过程、重点调查领域和预计调查费用等。最终，根据双方确定的《项目建议书》等相关内容，起草和与委托方签订《业务约定书》。

2. 项目计划阶段

项目计划阶段的主要工作包括：

（1）预备调查。这是进入目标企业所必须首先开展的工作，包括向目标企业说明调查目标和与委托方的委托关系、安排与目标企业管理层及各职能部门的访谈安排，编制和发放企业财务尽职调查资料清单等；通过各种渠道了解目标企业的历史沿革、组织架构、主营业务范围、股权结构和投资结构，以及未来发展趋势等。同时，应当根据项目需要，实地估计企业规模、分支机构数量、业务复杂程度等，为最终确定项目人员、工作进程和重点工作内容打好基础。

（2）编制调查计划。在进行预备调查后，项目负责人编制了项目总体工作计划，包括项目目标、调查程序、重点调查内容、项目人员（含小组负责人和普通员工）的组成、项目时间和地点安排、项目组联系方式等；同时，在总体计划的指导下，项目负责人还组织修订项目具体计划。

（3）收集和分析外部环境资料。在本次尽职调查中，项目组主要从以下三条基本途径获得关于目标企业的基本信息：一是从目标企业内部人处获得信息，即由企业管理层单方面提供正式材料并进行访谈。二是从专业性中介机构处获得关于公司的分析评价信息。三是通过互联网、司法和监管部门档案、税务部门、官方文件、各种征信系统等广泛的外围机构，搜集有关目标企业的各种侧面信息。通过取得目标企业的营业执照、验资报告、章程、组织架构图，调查人员可以了解目标企业全称、成立时间、历史沿革、注册资本、股东、投入资本的形式、性质、主营业务等。对目标企业的详细了解还应包括目标企业本部以及所有具有控制权的公司，并对关联方做适当了解。在获得上述信息之后，项目组还对目标企业的会计政策和税费政策进行全面了解：目标企业现行会计政策、近两年会计政策的重大变化、现行会计报表的合并原则及范围；近两年审计报告的披露情况。待材料信息充分取得后，即刻开始专门的分析程序，包括了解和分析目标企业所处行业概况、竞争对手情况和市场状况、公司法律法规环境和其他重要影响因素等，将其写入《尽职调查报告》。

3. 项目实施阶段

项目实施阶段的主要工作包括：

（1）召开目标企业本部及下属企业管理者的首次见面会，除了说明来意和工作目标外，更主要的是：了解前期下发的调查资料清单的准备情况，并确定与公司管理层及其他职能部门访谈的具体时间，以期在最短的时间内了解企业情况。

（2）实施调查程序，项目小组长根据详细调查计划和客户实际情况，合理分配项目小组人员的工作量并实施具体调查程序；在实施完成后，应当形成调查小结，上报项目负责合伙人审核。

（3）现场阶段重大问题的汇报。现场阶段发现的重大问题多是指与前期调查判断存在重大差异的情况和所发现的重大投资风险等，各小组负责人会将上述两类问题以项目情况周报或重大问题请示报告的方式上报项目负责合伙人。此外项目负责人也会每晚参加由委托方主持的电话会议，与委托方、律师、资产评估师等其他中介机构就项目内容及时沟通、交换意见。

（4）在撤离现场前，项目小组长应当全面审核本小组成员的工作，并向项目负责人汇总后统一向目标企业提交《未决事项清单》，清单中应注明提交时间、接收人姓名和限期补充的日期等。在经几方同意的情况下，将调查初步结论与目标企业交换意见。

4. 项目汇总阶段

在撰写调查报告之前，项目汇总也是现场调查阶段的重要工作之一。项目汇总阶段的主要工作包括：

（1）审核项目组小结。本次尽职调查中，小结采取了 PPT 的形式。项目小组在小结中描述了企业基本情况、调查中发现的主要问题及重大风险等，并对所述发现以图表、文字的方式作出具体分析。小组工作底稿（本次采用 data book 的形式）对项目主要发现及相关分析起证据支撑的作用。

（2）重大、异常事项讨论研究。对于各小组发现的重大、异常事项，项目负责人组织了项目组会议统一讨论，包括根据工作底稿研究重大、异常事项的内容、发生的原因和对委托方投资产生的各种影响。

（3）对补充资料的收集和沟通。在项目现场结束之前，项目负责人组织了各小组对重大未决事项进行汇总讨论，并根据讨论结果，向目标企业最高管理当局提交《未决事项清单》并报委托方备案；对能够在现场阶段取得的补充资料，进一步对工作底稿进行了补充并形成新的专业结论。

5. 项目报告阶段

项目报告的重要性是不言而喻的，它既是全部调查工作结束后形成的重要文件，也是全面调查机构工作水平的体现。项目报告阶段的主要工作包括：

（1）确定报告的主要内容。本次项目组出具的财务尽职调查报告的主要内容包括：重要提示、对报告中缩写的定义、目录、报告摘要、具体分析及附录。其中，被调查企业基本情况、影响财务结果的内外部财务环境、备考调整后财务报表的比较分析、调查中发现的主要问题及其分析、被调查企业主要投资价值和风险，以及最终调查结论等都体现在摘要及具体分析部分中。

（2）撰写初稿和复核讨论。撰写报告初稿的过程也是吸收各方面调查成果、形成最终专业意见的过程。

（3）出具正式报告。出具正式报告之前，项目负责合伙人组织并开展了与委托方的报告讨论会，并根据讨论结果组织修改了相关内容。

### 5.6.3　启示

财务尽职调查机构作出调查结论，一方面，要在很大程度上依赖于目标企业所提供资料的真实、准确和全面性程度；另一方面，调查机构的分析判断能力也对调查质量起到决定性作用。故此，受上述局限性的影响，财务尽职调查工作性质是在可能条件下的、对目标财务情况及其影响因素实施的"有限检查"，其主要结论为揭示目标企业的主要风险和潜在投资价值提供了较为全面的财务参考信息。

## 5.7　某律师事务所关于法律意见书的专题报告

作为非金融企业债务融资工具注册和发行的必备文件，债务融资工具发行人应当委托律师事务所就债务融资工具的发行出具法律意见书。法律意见书的主要作用是对债务融资工具的合法性与合规性作出专业判断，以保证发行人向投资人出售的债务融资工具是一个合法金融产品，投资人的合法利益能够得到法律保护。理论上，法律意见书既要对债务融资工具本身的合法性与合规性发表法律意见，比如，发行文件是否存在违反法律之处，也应当对债务融资工具发行过程或程序的合法性与合规性发表法律意见，比如，债务融资工具的发行是否需要向相关主管机构注册或备案。

根据《中介服务规则》第十五条规定，法律意见书应至少包括对发行主体、发行程序、发行文件的合法性以及重大法律事项和潜在法律风险的意见。该规定设定了法律意见书的基本内容，为撰写法律意见书提供了指导原则。根据该规定，结合近年来实践经验，我们认为，债务融资工具法律意见书应当至少对以下法律事项发表明确的法律意见：发行人的主体资格，债务融资工具的发行决议与批准，债务融资工具的发行注册与备案，债务融资工具的发行规模，债务融资工具的募集资金用途，债务融资工具的募集说明书，债务融资工具的承销、评级与审计，以及发行人的重大未决诉讼仲裁、债务违约行为与重大违法违规行为等重大法律事项和潜在法律风险。除此以外，法律意见书还应当对中国银行间市场交易商协会在注册或备案过程中提出来的、需要特别关注的其他法律问题发表意见。

为了协助大家更好地使用法律意见书，我们将在下文通过实例分析的方式对法律意见书各个组成部分的内容和法律意义作一个比较详细的解析。不过，特别需要说明的一点是，此处所援引的各个案例，只是为了帮助大家更为直接地理解法律意见书所针对的具体法律事项以及应当作出什么样的法律判断，实践当中，大家完全可以结合具体项目的实际情况以及中国银行间市场交易商协会提出的要求和建议，对所援引案例中的文字和表述作出完善和修正。

### 第一部分　标题

发行人应当委托律师事务所就每一期债务融资工具的发行单独发表法律意见，即使发行人同时发行两期或两期以上的债务融资工具也如此。因此，法律意见书的标题部分除了包含律师事务所名称和发行人名称外，还应当包含每一期债务融资工具的名称。

**案　例**

"致：××股份有限公司

北京市××律师事务所

关于××股份有限公司发行

××股份有限公司2010年度第一期短期融资券的法律意见书"

### 第二部分　委托人与委托事项

作为发行人提交给中国银行间市场交易商协会的注册申请文件之一，发行人应当委托律师事务所就债务融资工具发行的合法性和合规性发表法律意见。《中介服务规则》第三条规定"中介机构在银行间债券市场提供债务融资工具中介服务，应当遵守法律、行政法规及行业自律组织的执业规范，遵循诚实、守信、独立、勤勉、尽责的原则，保证其所出具文件的真实性、准确性、完整性。"根据该条规定，律师事务所应当对所出具法律意见书的真实性、准确性和完整性承担法律责任。不过，法律意见书只是对债务融资工具发行涉及的法律事项发表法律意见。对于法律意见书当中出现的非法律事项，比如财务数据，律师既不应发表意见，也不应承担法律责任。

此外，中国律师往往习惯于在法律意见书里标明发表法律意见所遵照的主要法律和法规。就目前的实践而言，规范债务融资工具注册、发行和交易的法律主要有《中华人民共和国中国人民银行法》，《债务融资工具管理办法》，以及交易商协会颁发的相关自律规则。

## 案 例

"北京市 A 律师事务所（以下简称 A 或本所）是经北京市司法局批准成立，有资格就题述事宜出具中国法律意见的律师事务所。根据 B 有限公司（以下简称发行人，有特别说明的除外）与我们签订的《聘用专项法律顾问协议》（以下简称《聘用协议》），我们同意担任发行人本次在银行间债券市场公开发行 2010 年度第一期中期票据（以下简称本期中期票据）并在银行间债券市场上市交易（以下简称本次发行或发行）的特聘专项法律顾问。

应发行人的要求，我们依据《中华人民共和国公司法》（以下简称《公司法》）、《中华人民共和国外资企业法》（以下简称《外资企业法》）、《银行间债券市场非金融企业债务融资工具管理办法》（以下简称《管理办法》）、《银行间债券市场非金融企业债务融资工具发行注册规则》（以下简称《注册规则》）、《银行间债券市场非金融企业中期票据业务指引》（以下简称《业务指引》）和《银行间债券市场非金融企业债务融资工具募集说明书指引》（以下简称《募集说明书指引》）及其他中国法律、法规和行政规章的要求，就本次发行事宜出具本法律意见书。

为出具本法律意见书之目的，A 依据中国律师行业公认的业务标准和道德规范，对发行人提供的相关文件（以下简称查核文件）进行审查，并就发行人本次发行及与之相关的问题向有关管理人员做了询问或与之进行了必要的讨论。在法律意见书中，A 仅就与发行人本次发行有关问题发表法律意见，而不对有关会计、审计及信用评级等专业事项发表意见。A 在法律意见书中对有关会计报表、审计报告和信用评级报告书中某些数据和结论的引述，并不意味着 A 对该等数据、结论的真实性和准确性作出任何明示或默示的保证，对于该等文件的内容 A 并不具备核查和作出评价的适当资格。"［《北京市 A 律师事务所关于 B 有限公司发行 2010 年度第一期中期票据的法律意见书》］

## 第三部分　声明与假设

《中介服务规则》第十五条规定，律师事务所应在充分尽职调查的基础上，出具法律意见书。就目前实践而言，律师的尽职调查工作主要是围绕债务融资工具发行人提供的材料展开，辅之以一些必要的高管人员访谈和现场调查。为了避免发行人提供虚假文件或隐瞒重要事实导致的法律风险，法律意见书通常会设定一些律师发表法律意见的假设前提。另外，同样是出于降低执业法律风险的考虑，法律意见书通常会作出一些限制其使用范围的声明。不过，律师不能够通过此类声明为法律意见书设定不合理的用途限制。

**案　例**

　　"A对法律意见书的出具特作如下声明：

　　（a）A发表法律意见所依据的是法律意见书出具日以前已经发生或存在的有关事实和国家正式颁布实施的法律、法规和行政规章，同时也是基于A对有关事实的了解和对有关法律的理解而发表法律意见；

　　（b）A已严格履行法定职责，遵循了勤勉尽责和诚实信用原则，对发行人的行为以及本次申请的合法、合规、真实、有效性进行了充分的核查验证，保证法律意见书不存在虚假记载、误导性陈述及重大遗漏；

　　（c）A同意将法律意见书作为发行人申请本次发行所必备的法律文件，随其他申报材料一起上报，并依法对本法律意见书承担责任；

　　（d）A已得到了发行人的保证，发行人提供了A认为作为出具本法律意见书所必需的和真实的原始书面材料、副本材料、复印材料或者口头证言；

　　（e）A已得到了发行人的保证，其所提供的文件和材料是完整、真实和有效的，并无隐瞒、虚假和重大遗漏之处，其中文件材料为副本或者复印件的，保证与其正本或原件是一致和相符的；

　　（f）法律意见书仅供发行人为本次发行之目的使用，未经A许可，不得用做任何其他目的。"［《北京市A律师事务所关于B有限公司发行2010年度第一期中期票据的法律意见书》］

### 第四部分　法律意见书正文

#### 一、关于发行人的主体资格

　　《债务融资工具管理办法》第二条规定，"本办法所称非金融企业债务融资工具（以下简称债务融资工具），是指具有法人资格的非金融企业（以下简称企业）在银行间债券市场发行的，约定在一定期限内还本付息的有价证券。"因此，法律意见书应当对债务融资工具的发行人是否为具备法人资格的非金融企业发表意见，即法律意见书应当对发行人具备企业法人资格且该法人资格持续有效，以及不是银行、保险公司、证券公司等金融机构作出明确的判断。

**案　例**

　　"1. 发行人是一家依据中国法律在中国境内合法成立并有效存续的股份有限公司，具有独立的法人资格，其股票在香港联合交易所和上海证券交易所上市；

发行人已通过 2007 年度工商年检。

2. 根据发行人经 2008 年 11 月 28 日在发行人 2008 年度第三次临时股东大会会议上审议修订的发行人的最新公司章程（以下简称发行人章程）及发行人向本所律师所作的书面说明，截至本法律意见书出具之日，发行人不存在任何中国法律、法规、规范性文件以及发行人章程规定影响发行人持续经营的情形，亦不存在有关终止或解散发行人的安排。

3. 发行人的经营范围为：'主营沿海、远洋、长江货物运输，船舶租赁，货物代理、代运业务；兼营船舶买卖、集装箱修造、船舶配备件代购代销，船舶技术咨询和转让（涉及行政许可的，凭许可证经营）'。发行人系依据中国法律在中国境内合法设立并有效存续的非金融企业。

4. 基于上述，发行人具备《管理办法》及其配套法规中规定的申请发行债务融资工具的主体资格，可以依据《管理办法》及其配套法规的有关规定申请发行本期中期票据。"〔《北京市 C 律师事务所关于 D 股份有限公司发行 2009 年度第一期中期票据的法律意见书》〕

## 二、关于本次发行的发行决议、批准与注册

《银行间债券市场非金融企业债务融资工具发行注册规则》第八条规定，"企业通过主承销商将注册文件送达办公室。注册文件包括：（一）债务融资工具注册报告（附企业《公司章程》规定的有权机构决议）；（二）主承销商推荐函及相关中介机构承诺书；（三）企业发行债务融资工具拟披露文件；（四）证明企业及相关中介机构真实、准确、完整、及时披露信息的其他文件。"根据我国《公司法》及其他相关法律的规定，有权作出债务融资工具发行决议的机构应当是公司或企业的最高权力机构，比如股东会、股东大会、企业的总经理办公会。对于国有独资公司而言，国有资产监督管理机构才是最终的有权机构①。

《债务融资工具管理办法》第四条规定，"企业发行债务融资工具应在中国银行间市场交易商协会（以下简称交易商协会）注册。"根据《银行间债券市场非金融企业债务融资工具发行注册规则》第十七条规定，"交易商协会向接受注册的企业出具《接受注册通知书》，注册有效期 2 年。"因此，法律意见书应当对债务融资工具的发行是否已经完成注册程序发表明确意见。此外，《银行间债券市场非金融企业债务融资工具发行注册规则》第十九条规定，"企业在注册有效期内需更换主承销商或变更注册金额的，应重新注册。"因此，对于注册有效

---

① 《中华人民共和国公司法》第六十七条规定"国有独资公司不设股东会，由国有资产监督管理机构行使股东会职权。国有资产监督管理机构可以授权公司董事会行使部分职权，决定公司的重大事项。但公司的合并、分立、解散、增加或减少注册资本和发行公司债券，必须由国有资产监督管理机构决定……"。

期内首期发行后的后续债务融资工具的发行，相关律师必须对发行人是否存在变更主承销商或变更注册金额的情形发表明确意见，可以采用以下表述："发行人已经于 2010 年［］月［］日取得了中国银行间市场交易商协会的《接受注册通知书》。根据我们的核查，截至本法律意见书出具之日，该注册通知书仍然有效，且发行人未变更该通知书载明的主承销商以及注册金额。因此，我们认为，发行人已经完成了本次发行的所必需的注册程序，在中国银行间市场交易商协会对本次发行进行备案后就可以在银行间债券市场上发行本期票据。"

## 案　例

### 案例 1　首期发行

"1. 发行人董事会已于 2009 年 3 月 27 日通过决议，同意提请发行人 2008 年度股东大会审议、批准发行人在中华人民共和国境内发行本金总额不超过 100 亿元人民币的短期融资券，可分次发行。根据有关法律、行政法规以及发行人公司章程的相关规定，该次董事会决议的内容合法有效。

2. 发行人 2008 年度股东大会已于 2009 年 5 月 26 日通过决议，批准发行人在中华人民共和国境内发行本金总额不超过 100 亿元人民币的短期融资券，可分次发行。根据有关法律、行政法规以及发行人公司章程的相关规定，该次股东大会决议的内容合法有效。

3. 根据《银行间债券市场非金融企业短期融资券业务指引》，发行人尚待就发行短期融资券在中国银行间市场交易商协会（以下简称交易商协会）注册。"［《A 律师事务所关于 B 股份有限公司发行 2010 年度第一期中期票据的法律意见书》]

### 案例 2　后续发行

"二、发行本期短期融资券的批准和授权

1. 发行人董事会已于 2009 年 3 月 27 日通过决议，同意提请发行人 2008 年度股东大会审议、批准发行人在中华人民共和国境内发行本金总额不超过 100 亿元人民币的短期融资券，可分次发行。根据有关法律、行政法规以及发行人公司章程相关规定，该次董事会决议的内容合法有效。

2. 发行人 2008 年度股东大会已经于 2009 年 5 月 26 日通过决议，批准发行人在中华人民共和国境内发行本金总额不超过 100 亿元人民币的短期融资券，可分次发行。根据有关法律、行政法规以及发行人公司章程相关规定，该次股东大会决议的内容合法有效。

3. 根据《银行间债券市场非金融企业短期融资券业务指引》，发行人已就发行短期融资券在中国银行间市场交易商协会（以下简称交易商协会）进行了注册，并已取得交易商协会 2010 年 3 月 10 日出具的中市协注［2010］CP31 号

《接受注册通知书》。根据《接受注册通知书》，发行人发行短期融资券注册金额为100亿元，注册额度自该通知书发出之日起2年内有效，发行人在注册有效期内可分期发行短期融资券，首期发行应在注册后2个月内完成，后续发行应提前2个工作日向交易商协会备案。发行人本期短期融资券尚待向交易商协会备案。"[《A律师事务所关于B股份有限公司发行2010年度第二期短期融资券的法律意见书》]

## 三、关于本次发行的发行规模

中国银行间市场交易商协会的相关自律规则均要求发行人的债务融资发行额度不得超过发行人净资产的40%。比如，《银行间债券市场非金融企业中期票据业务指引》第四条规定，"企业发行中期票据应遵守国家相关法律法规，中期票据待偿还余额不得超过企业净资产的40%。"根据该自律规定，发行人在向中国银行间市场交易商协会提交注册申请时待偿还中期票据余额不得超过其净资产的40%，法律意见书应对此发表明确意见。

## 案　例

"根据《募集说明书》，本次发行前，发行人待偿还中期票据余额为人民币560亿元，短期融资券余额为人民币600亿元，公司债券余额为人民币35亿元。根据A会计师事务所有限公司于2010年3月25日出具的A审字［2010］第10001号《审计报告》及经其审计的会计报表（《审计报告》），截至2009年12月31日，发行人经审计的净资产为人民币9 081.11亿元。本次发行完成后，并且若发行人同时申请的'B股份有限公司2010年度第二期中期票据'获得注册且发行完成后，发行人待偿还中期票据余额均未超过其净资产的40%，发行人所有待偿还债券余额亦不超过其净资产的40%，符合《业务指引》第四条的规定和相关法律规定。"[《北京市C律师事务所关于B股份有限公司发行2010年度第三期中期票据的法律意见书》]

## 四、关于本次发行的募集资金用途

虽然债务融资工具提供了比较灵活的募集资金使用方式，但是募集资金使用方式必须符合中国法律的规定，不得将募集资金用于非法目的或非法项目。比如，《银行间债券市场非金融企业短期融资券业务指引》第五条规定，"企业发行短期融资券所募集的资金应用于符合国家相关法律法规及政策要求的企业生产经营活动，并在发行文件中明确披露具体资金用途。企业在短期融资券存续期内变更募集资金用途应提前披露。"根据该条规定，募集资金的应用不仅应当符合国家相关法律法规的要求，还应当符合国家政策的要求。

**案 例**

"根据募集说明书，本期短期融资券募集资金50亿元，发行人计划用于'补充公司流动资金'和'置换银行借款'。发行人本期短期融资券的募集资金将用于本企业的生产经营，其用途符合《银行间债券市场非金融企业短期融资券业务指引》等国家相关法律法规中关于短期融资券募集资金用途的规定。"[《A律师事务所关于B股份有限公司发行2010年度第一期中期票据的法律意见书》]

### 五、关于本次发行的募集说明书

《募集说明书指引》第二条规定，"申请发行债务融资工具的非金融企业（以下简称企业）应按本指引的要求编制募集说明书。"因此，法律意见书应当对发行人是否已经按照该指引的要求编制的募集说明书发表意见。此外，如果募集说明书引用了法律法规或法律意见书的内容，法律意见书还应当对该援引是否准确发表意见。

**案 例**

"A审核了发行人为本次发行而编制的《募集说明书》。《募集说明书》关于本次发行条款的主要内容为：

名称：B股份有限公司2010年度第三期中期票据

本次发行金额：200亿元

中期票据面值：100元

中期票据期限：5年

发行对象：全国银行间债券市场机构投资者（国家法律、法规禁止投资者除外）

发行方式：组建承销团，面值发行，利率招标，使用簿记建档、集中配售方式

信用评级：经C综合评定，本次发行的中期票据信用等级为AAA级，发行人主体长期信用等级为AAA级；评级展望稳定

担保情况：无担保

兑付办法：每年付息一次，于兑付日一次性兑付本金。付息和兑付将通过托管人办理（到期日如遇节假日，则顺延至随后的第一个工作日兑付）

经适当核查，A认为，《募集说明书》包括了《非金融企业债务融资工具募集说明书指引》要求披露的主要内容。"[《北京市A律师事务所关于B股份有限公司发行2010年度第三期中期票据的法律意见书》]

## 六、关于本次发行的承销

《债务融资工具管理办法》第八条规定，"企业发行债务融资工具应由金融机构承销。企业可自主选择主承销商。需要组织承销团的，由主承销商组织承销团。"因此，法律意见书应当对债务融资工具的承销机构是否具备法定资格和是否具备中国银行间市场交易商协会的会员资格，发表明确意见。

**案　例**

"发行人已经与 A 银行股份有限公司、B 银行股份有限公司签署了承销协议，委任该两家机构担任本期票据的联席主承销商，并对本期票据承担余额包销义务。同时，A 银行股份有限公司担任本次发行的簿记管理人。

根据发行人提供的资料，A 银行股份有限公司、B 银行股份有限公司均已经取得了承销本期票据的合法资格，相关资质证书分别如下：1. A 银行股份有限公司已经完成 2009 年的工商年检工作，《企业法人营业执照》注册号为××××××××××3912。2005 年 5 月 25 日，A 银行股份有限公司取得了中国人民银行关于同意其从事承销业务的备案通知；2. B 银行股份有限公司已经完成了 2009 年的工商年检工作，《企业法人营业执照》注册号为××××××××××0600。2005 年 7 月 8 日，B 银行股份有限公司取得了中国人民银行关于同意其从事承销业务的备案通知；3. A 银行股份有限公司和 B 银行股份有限公司均为中国银行间市场交易商协会会员。

根据我们对上述承销协议以及证券承销资质证明文件的审慎查验，我们认为，承销协议不存在违反中国法律导致无效的情形，相关资质证明文件真实、有效。因此，我们认为，本期票据的承销安排合法有效。"[《北京市 C 律师事务所关于 D 有限责任公司 2010 年度第一期中期票据发行事宜的法律意见书》]

## 七、关于本次发行的信用评级

《债务融资工具管理办法》第九条规定，"企业发行债务融资工具应由在中国境内注册且具备债券评级资质的评级机构进行信用评级。"因此，法律意见书应当对债务融资工具的信用评级机构是否具备债券信用评级资质和是否具备中国银行间市场交易商协会的会员资格，发表明确意见。

**案　例**

"1. 为发行本期中期票据之目的，发行人聘请了 A 为发行人提供信用评级服务。A 是一家依据中国法律在中国境内合法成立并有效存续的有限责任公司，具有独立的法人资格；根据国家工商行政管理总局于 2006 年 11 月 7 日核发的《企业法人营业执照》（副本）（注册号：企合国副字第×××31 号），A 已通过 2007 年度工商年检。

2. 根据中国人民银行于 1997 年 12 月 16 日下发的《关于 B 证券评估有限公司等机构从事企业债券信用评级业务资格的通知》（银发［1997］547 号）和中国人民银行办公厅于 2000 年 4 月 3 日下发的《关于 A 信用评级有限责任公司承接 B 证券评估有限公司信用评级业务的函》（银办函［2000］162 号），A 取得了企业债券信用评级业务资格。经本所核查，A 是交易商协会的会员。

3. 根据 A 出具的《信用评级报告》，发行人的主体信用级别为 AAA 级，本期中期票据的信用级别为 AAA 级。根据 A 出具的《关于 C 股份有限公司 2009 年度第一期中期票据的跟踪评级安排》（以下简称《跟踪评级安排》），在本期中期票据存续期内，A 将进行跟踪评级。

4. 根据发行人向本所律师提供的书面说明，上述《信用评级报告》和《跟踪评级安排》将在中国货币网和中国债券信息网披露。

5. 基于上述，A 系交易商协会的会员，具有从事企业债券信用评级业务的资格；发行人的主体信用级别为 AAA 级，本期中期票据的信用级别为 AAA 级；相关评级文件的披露安排符合《银行间债券市场非金融企业债务融资工具信息披露规则》的规定。"［《北京市 D 律师事务所关于 C 股份有限公司发行 2009 年度第一期中期票据的法律意见书》］

## 八、关于本次发行的审计

《中介服务规则》第十四条规定，"会计师事务所应依据相关规定对企业进行审计，并出具审计报告。会计师事务所应对出具的非标准无保留意见进行说明。"因此，法律意见书应当对为债务融资工具发行提供审计服务的会计师事务所是否具备法定执业资格和是否具备中国银行间市场交易商协会的会员资格，发表明确意见。

## 案 例

"发行人已经委任 A 会计师事务所有限公司对其最近三年的财务报表进行审计。2009 年 4 月 15 日，A 会计师事务所有限公司出具了关于发行人 2006—2008 年度财务报表的标准无保留意见审计报告（A 专审字［2009］第 1361 号）。

根据发行人提供的材料，A 会计师事务所有限公司已经取得了从业资格，相关资质证明文件如下：（1）A 会计师事务所有限公司《企业法人营业执照》，注册号××××××××××××929，北京市工商行政管理局颁发；（2）A 会计师事务所有限公司《会计师事务所执业证书》，批准设立文号：财协字［1999］153 号，会计师事务所编号：11000159，北京市财政局颁发；（3）A 会计师事务所有限公司《会计师事务所证券、期货相关业务许可证》，证书号：

006，中华人民共和国财政部与中国证券监督管理委员会联合颁发。

我们认为，A 会计师事务所有限公司是交易商协会的会员，上述资质证明文件真实、有效。因此，我们认为，上述审计报告合法有效。"[《北京市 B 律师事务所关于中国 C 有限责任公司 2010 年度第一期中期票据的法律意见书》]

### 九、关于发行人的重大法律事项和潜在法律风险

实践当中，关于发行人的重大法律事项和潜在法律风险主要体现在发行人或其重要子公司面临的重大未决诉讼仲裁、行政处罚或其他已经进入法律程序，发行人的债务违约事件，以及发行人的重大违法违规行为三个方面。比如，如果发行人已经发生了未按期偿付已经到期的公开发行债券的情形，则可能面临遭到投资人起诉，甚至主要财产遭到法院查封的法律风险。除此以外，实践当中还可以根据各个发行人的实际情况或中国银行间市场交易商协会在债务融资工具注册和备案过程中提出的要求对一些特定事项发表法律意见。比如，发行人或其主要子公司的担保、金融衍生交易、海外投资是否存在违约或其他法律纠纷，以及发行人在建项目是否符合国家产业政策等。

### 案 例

1. 关于发行人的未决诉讼、仲裁及法律程序

"1. 本法律意见书所指的重大诉讼、仲裁或行政处罚，是指截至本法律意见书出具之日，发行人所涉的金额在人民币 1 000 万元以上、未决的或可预见的重大诉讼、仲裁或行政处罚案件。

2. 根据发行人提供的材料和向本所律师所作的书面说明，2005 年 12 月 28 日，发行人所属的'大庆 91'轮的船壳在渤海湾出现约 4.5 米的裂缝，其装载的部分原油外泄。交通部海事局经过调查，认定'大庆 91'轮船壳开裂、原油泄漏造成渤海湾海域污染事故。上述污染事故发生后，烟台市渔业协会等十一位原告分别将发行人、A 股份有限公司及其他被告诉至法院，要求有关被告共同赔偿因上述污染事故造成的损失及其利息。截至本法律意见书出具之日，相关案件正在法院审理过程中。

根据发行人向本所律师所作的书面说明，在'大庆 91'轮原油泄漏事故发生前，发行人已为'大庆 91'轮向英国的 UK 保赔协会投保，保险的责任限制为人民币 3 600 万元。

3. 根据发行人提供的材料和向本所律师所作的书面说明，2007 年 12 月 20 日，发行人所属的'福州'轮与 B 有限公司（以下简称'B'）所属的'中昌 118'轮在上海吴淞口水域发生碰撞，造成'中昌 118'轮进水下沉，'福州'轮受损。上述船舶碰撞事故发生后，B 将发行人诉至法院，要求发行人赔偿因碰

撞事故造成的损失及其利息。'中昌118'轮上货物的货主 C 股份有限公司也将发行人和 B 诉至法院，要求二被告赔偿因碰撞事故造成的损失及其利息。截至本法律意见书出具之日，相关案件正在法院审理过程中。

根据发行人向本所律师所作的书面说明，在上述船舶碰撞事故发生之前，发行人已为'福州'轮向 D 保险股份有限公司投保沿海内河船舶一切险。

4. 根据发行人向本所律师所作的书面说明，上述案件不对发行人的正常经营以及发行本期中期票据构成重大影响。截至本法律意见书出具之日，发行人不存在涉及发行人的尚未了结的或可预见的对发行人的正常经营以及发行本期中期票据构成重大影响的重大诉讼、仲裁或行政处罚。"[《北京市 E 律师事务所关于 F 股份有限公司发行 2009 年度第一期中期票据的法律意见书》]

2. 关于发行人的重大违法违规行为

"根据发行人向本所律师所作的书面说明，发行人近三年未发生重大违法、违规行为。"[《北京市 E 律师事务所关于 F 股份有限公司发行 2009 年度第一期中期票据的法律意见书》]

3. 关于发行人的债务违约行为

"根据《募集说明书》，发行人出具的书面说明并经本所适当核查，发行人发行的债券及银行间债券市场非金融企业债务融资工具（以下简称'债务融资工具'）的情况如下：

1. 发行人控股股东 G 集团于 1999 年 9 月 8 日发行了 13.5 亿元，八年期的'98G 企业债券'。'98G 企业债券'发行完成后，G 集团独家发起设立发行人，根据相关重组方案，'98G 企业债券'的债务人相应变更为发行人。

2. 发行人于 2003 年 10 月 28 日发行了 15 亿元、十年期的'2003 年 A 股份有限公司债券'。

3. 发行人于 2006 年 10 月 23 日发行了 20 亿元、五年期的'2006 年 A 股份有限公司债券'。

4. 发行人于 2009 年 1 月 13 日发行了 150 亿元，三年期的'A 股份有限公司 2009 年度第一期中期票据'。

5. 发行人于 2009 年 3 月 19 日发行了 150 亿元，三年期的'A 股份有限公司 2009 年度第二期中期票据'。

6. 发行人于 2009 年 5 月 26 日发行了 150 亿元，五年期的'A 股份有限公司 2009 年度第三期中期票据'。

7. 发行人于 2009 年 9 月 29 日分别发行了 300 亿元，期限为 330 日的'2009 年度第一期短期融资券'及 300 亿元，期限为 300 日的'2009 年度第二期短期融资券'。

8. 发行人于 2010 年 2 月 5 日发行了 110 亿元，七年期的'A 股份有限公司

2010 年度第一期中期票据'。

截至本法律书出具之日，发行人已按时兑付上述第 1 项债券，其余债券或债务融资工具尚未到期。根据发行人出具的书面说明并经本所适当核查，发行人发行的债券或债券融资工具最近三年不存在延期支付本息的情形。"［《B 律师事务所关于 A 股份有限公司发行 2010 年度第三期中期票据的法律意见书》］

4. 关于发行人的国家产业政策

"6.1 关于发行人在建、拟建项目的产业政策

1. A 市生物质发电项目

A 市生物质发电项目总投资 5 亿元，计划用三年时间完成建设。该项目计划利用 A 丰富的生物质原料进行发电，项目建成后预计年发电量 3.9 亿 KWH。截至本法律意见发表之日，该项目正开展项目立项前期工作，尚未进入审批程序。根据我们的查验，该项目为生物质发电项目，属于可再生能源开发利用项目，为国家产业政策支持的发电类项目。

2. B 县湾头水利枢纽

该工程位于广东省 A 市 C 区与 B 县大桥镇交界处，工程以防洪为主，兼顾发电、航运、灌溉等综合利用。该工程的水电站总装机容量预计为 30MW。工程施工总工期为 28 个月，总投资 7.2 亿元，由当地政府委托发行人进行建设，资金由政府防洪专项资金划拨。项目建成后，将由发行人收购其中的发电部分，预计投资总额为 3.55 亿元，已经支付定金 3 400 万元，项目竣工验收后支付剩余部分。截至本法律意见发表之日，该工程正在施工建设，预计在 2010 年 6 月第一台机组开始发电。根据我们的查验，该项目已经获得广东省发改委的核准（粤发改农［2008］189 号），属于国家产业政策支持的综合利用水利枢纽工程和水力发电项目。

3. D 余热发电项目

该项目是发行人正在建设的日产 2 500 吨新型干法水泥熟料生产线配套余热发电工程，总投资预计 2 859 万元。项目设计年发电量 2 962.5 万 KWH，节约标准煤 10 137 吨。计划于 2010 年 4 月投产。项目投产后可以有效提高能源利用效率，提高公司盈利水平。根据我们的查验，该项目已经通过 A 市环保局批准和 E 县经贸局备案（备案文号：08028131113001425），属于国家产业政策支持的节能减排的余热发电项目。

4. F 齿轮异地迁建项目

发行人下属子公司 F 齿轮有限公司为配合 A 整体规划，选择在 A×× 工业园新建厂房并迁入生产。搬迁完成后，F 齿轮有限公司仍以生产变速箱齿轮为主营业务。根据我们的查验，变速箱齿轮产品属于国家产业政策支持的汽车关键零部件的产业领域。

5. G 纸业特种纸项目

G 纸业特种纸项目计划总投资 2 亿元，以当地可重生竹资源作为生产纸浆和特种纸的主要原料。根据我们的查验，该项目已经通过 H 市经贸局备案（备案文号：09028222213002151），符合国家产业政策。

6. I 公司新生产线项目

发行人下属子公司广东 I 公司计划未来三年内新建生产线 8 条，用于环保纸餐具的生产，预计总投资 1.17 亿元，建成后产能达到 1.4 万吨，将实现销售收入 2.1 亿元。根据我们的查验，广东 I 公司计划生产的环保纸餐具属于可再生资源综合利用项目，符合国家产业政策。

6.2 关于发行人水泥业务的产业政策

发行人的水泥业务由下属子公司 J 水泥厂有限公司运营，该公司拥有一条日产 2 500 吨的新型干法熟料生产线，水泥年产能 100 万吨。除该生产线以外，截至本法律意见发表之日，发行人没有运营和建设其他水泥生产线。根据我们的查验，该水泥生产线不属于国家产业政策要求予以淘汰之列的落后产能，其产能和工艺符合国家水泥产业政策。"[《北京市 K 律师事务所关于广东 L 集团股份有限公司 2010 年度第一期短期融资券发行事宜的法律意见书》]

## 第五部分　结论性意见

## 十、结　论

虽然法律意见书的各个具体部分已经对债务融资工具发行所涉及的法律事项的合法性和合规性分别作出了判断，但为了形式上更加完善，仍然需要从整体上对债务融资工具的发行作出一个判断，即结论性意见。

## 案　例

"综上所述，我们认为，本次发行符合中国人民银行相关规定以及中国银行间市场交易商协会相关业务规则的要求，本次发行已经取得了合法授权与批准，发行程序合法，发行文件也不存在违反中国法律之处。因此，当发行人在中国银行间市场交易商协会完成发行注册之后就可以合法实施本次发行。"[《北京市 A 律师事务所关于 B 有限责任公司 2010 年度第一期中期票据的法律意见书》]

## 第六部分　法律意见书的签署

法律意见书应当由律师事务所加盖公章，并由具体经办律师签字。根据中国银行间市场交易商协会的要求，发行人通过主承销商提交债务融资工具的注册申请材料时应当同时提交加盖律师事务所公章的律师事务所的最新执业许可证明文件和签字律师执业许可证书的复印件。

## 案　例

（略）

# 5.8　某评级机构关于债务融资工具尽职调查的专题报告

评级机构作为非金融企业债务融资工具的重要中介机构，主要职责是向投资者揭示债务融资工具面临的风险，并将风险的大小以简单的符号明确表示出来。因此，评级机构对发行人及债务融资工具的各种条款的调查十分重要。

## 5.8.1　评级调查的前期工作

### 1.项目审查

在接受评级项目委托前，评级机构对债务融资工具评级项目需要进行合规性审查。如果评级机构与评级对象存在利害关系，可能影响到评级机构按照有关监管要求和职业规范独立、客观、公正地对评级对象进行评级的，则评级机构不能接受项目委托。对于通过合规性审查的项目，方可开展评级工作。

### 2.成立评级项目组

评级机构根据评级对象特点成立评级项目组，并指定符合条件的项目组负责人。评级人员应具备相应的专业知识和一定的评级业务经验。项目负责人应具备较强的组织协调能力和沟通能力，曾参与至少5个以上信用评级项目且报告质量良好，并具有评级分析师及以上技术职称。项目组人员与评级对象不得存在利益冲突和关联。原则上评级项目组由2～3人组成，形成知识和经验等的互补，以构建比较全面的评级知识结构，从而保证评级质量。一般情况下，项目组至少包括一位熟悉评级对象所在行业的分析师和一位熟悉财务的分析师。

### 3.制订工作计划

评级项目组组建后，根据与委托方的洽谈结果制订评级工作计划，工作计划中明确信息的初步收集与整理、拟定评级资料清单和访谈提纲、实地调查、评级分析、级别评定、结果反馈等各个业务环节的时间安排和人员分工。

### 4.信息的初步收集与整理

信用评级所需的信息包括评级对象的内部信息和外部信息两大类。内部信息包括评级对象的财务信息、非财务信息（股东、公司治理与管理、经营情况、未来发展计划等）、拟发行债务融资工具信息等。外部信息包括宏观经济环境、行业地位和发展周期、行业竞争格局、行业成本结构、产业政策和监管环境等信息。

资料收集完成后，评级人员对资料进行消化吸收，同时对信息的可靠性进行初步评估。通过对比不同渠道收集的信息、对比分析经营数据和财务数据等方式，审查收集的信息是否存在矛盾和异常之处，若存在，则在后续实地调查中进一步核实。

5. 拟定资料清单和访谈提纲

评级机构一般有自己的通用资料清单，为债务融资工具发行人准备和提供。

以下是一份债务融资工具发行人信用评级较通用的资料清单：

（一）基础资料

1. 公司历史沿革情况，包括成立时间、注册机关、注册地、批准机关、批准文件、股东、隶属关系、改制、购并、主营业务、上市、资质等历史与现状。

2. 公司最新的股权结构图、组织架构图，各部门主要职责、下属子公司基本情况（包括注册资本、持股比例、业务范围等）。

3. 公司营业执照副本、贷款卡号及机构代码证复印件。

4. 最新公司章程。

5. 历任公司董事长、总经理情况。公司现任高级经营管理人员（副总以上）的学历、年龄、工作经历及行业经验，并提供最新公司员工情况。

6. 公司的研究开发能力，研发队伍、科技投入、重大技术成果、专利、研发计划等情况。

7. 公司厂房面积或营业面积，生产工艺及设备技术含量、先进程度，与国内外同行业相比所处的水平。

8. 公司控股股东基本情况，控股股东的经济实力、资信状况，对企业的支持。

9. 公司拥有的资源、交通、能源等条件，以及来自政府政策等支持。

（二）经营管理

1. 公司法人治理结构，股东大会、董事会、监事会、管理层的产生及实际运作情况。

2. 公司的管理体制、组织结构、职责分工，企业经营决策的独立性。

3. 公司管理体制和管理水平情况，包括生产质量管理、人力资源、安全生产、环境保护、内部审计考核、财务管理、资金控制、现金管理、投融资管理、对外担保等方面的主要制度及执行情况。

4. 集团公司本部的资金管理办法、资金调用能力和可支配资金额度等情况；集团内企业的交叉持股情况、关联关系等。

5. 公司与股东、公司与子公司之间在投资决策、业务经营管理、关联交易等方面的有关情况。

6. 公司所处行业（主要行业）基本情况及发展前景分析：行业现状、行业管理体制、行业内竞争状况、市场容量等；公司所在地区行业发展情况；公司在行业内的地位、有关排名等。

7. 公司前三年的年度经营计划、总经理工作总结或年度报告。

8. 公司主要经营领域或主导产品名称、生产能力，以及生产能力的变化及配套情况，能力利用情况；前三年主要产品产量、销量、市场价格及公司产品销售价格等情况。

9. 公司主要产品的市场竞争力，包括市场占有率、市场增长率、市场的分布区域、产品的产销情况、成本构成、成本控制、产品价格敏感度、市场前景预计等。

10. 公司主要产品的销售渠道、价格政策，营销策略，销售网络的拓展，对主要客户的依赖程度等。

11. 主要原材料的供应情况，包括市场供应状况、市场价格变动状况、采购渠道、采购政策、信用额度、对主要供应商的依赖程度等。

12. 集团内企业经营业务的关联程度、同业竞争或相互支持等情况。

13. 公司目前重大经营项目或在建项目的基本情况，包括产能、投资额、资金来源、建设期、进度情况、预计收入及盈利等。

14. 公司未来发展战略、发展规划、年度计划、发展规划。未来三年经营预测及预测的主要依据。

15. 未来三年的经营预测，主要包括主要产品的产能、产量、销量、价格等。

16. 未来三年的投资计划。根据重大经营项目或在建项目以及拟建项目情况，分年度分析投资额及其他资金需求。

17. 未来三年的筹资计划。根据投资计划及其他资金需求，分析股权、债权及其他筹资安排、渠道等。

18. 企业的获奖记录；企业不良经营记录、不良纳税、假冒伪劣及质量处罚等情况；主要领导经营兼职情况、有无违法处罚记录；现有的诉讼或其他重大经济纠纷情况。

（三）财务

1. 公司前三年经审计的财务报告（包括合并报表和母公司、下属子公司报表）。

2. 审计报告附注说明中应包括：短期投资、应收账款、其他应收款、存货、长期投资等科目的明细，固定资产中的不良资产、长期投资及无形资产的质量等情况。

3. 截至上年底，公司现有债务情况，包括长、短期借款的借款银行、起始时间、年利率及还款计划。

4. 银行信贷登记系统的本息逾期等不良记录。

5. 截至目前，公司对外提供担保等或有负债情况，被担保企业的经营情况和财务实力。

6. 截至目前，公司及子公司（合并口径）银行授信情况。

7. 未来三年现金流量预测表及其编制依据。

（四）其他资料

1. 调查过程中，评级小组提交的补充资料清单。

2. 公司认为可能影响自身信用水平的其他资料。

由于评级对象所处的行业不同以及自身的管理体制、经营方式等不同，评级小组人员还应结合收集的行业资料和企业信息进行初步分析，有针对性地制定资料清单和调查提纲。制定针对性的调查提纲，就是根据已经掌握的企业信息，列明需要深入调查了解的重点内容，以便透彻了解企业的风险特点和重点。这是评级机构调查工作能否深入有效的基础。

制订有针对性的调查提纲的基本方法，一是根据企业的部门设置，针对部门的职责来调整调查提纲，这是最基本的方法；二是收集到的公开资料和评级机构掌握的信息以及企业提供的信息出现矛盾的地方，如企业宣传资料中经营业绩与财务报表中的业绩不相符合的地方；三是有关企业的不良信息，特别是市场传闻，应作为调查的重点之一；四是一般企业应该提供的资料，而该企业不积极提供或未提供的，这部分可能是企业不愿意提供或其中有可能造假的，应研究制订不同的调查方法来相互核对；五是不同的部门与人员介绍的内容差别较大的方面；六是与同行业相比，感觉明显有差异的地方，如收入的增长率、成本结构、资产结构；七是企业各年度经营业绩和财务数据出现较大变动或波动的地方；八是从材料分析中发现的风险比较突出的地方，如企业的股权结构混乱、高管人员变动频繁、大量人员流失、盈利模式不清、财务管理不规范、关联交易复杂、组织管理混乱等。

一般来讲，评级小组每个人都应系统研究企业的资料，并提出认为应重点关注的调查要点，大家经过讨论，集思广益，共同来拟订有针对性的调查提纲。

## 5.8.2 实地调查

1. 实地调查的一般要求

实地调查一般包括评级访谈和现场查看等工作。评级访谈是了解一家企业的重要方式，它决定了评级调查的深度和评级观点的准确性等。访谈不仅可以了解企业的情况，还可以观察员工的精神面貌、管理人员的工作态度、企业的管理水平并可以了解到企业提供的资料之外的很多信息。评级人员中应有专人负责记录访谈内容并在当天整理完毕。一般地，对于单一被评企业，现场考察和访谈总体时间不少于 3 个工作日，集团类企业不少于 4 个工作日，项目组评级成员均应参加实地调查。

2. 评级调查对象

访谈的一般对象包括企业内部和企业外部相关人员。企业内部人员主要包括企业的主要负责人、评级联系人、财务部门负责人、市场负责人、项目负责人、采购负责人、人事部门、综合部门等。有的企业部门设置可能很多，要根据实际情况，按照重要性原则来安排访谈的部门和人员，优先安排重要的部门和已经制订调查提纲的部门，同时兼顾企业的要求。原则上除了财务和企业主要负责人及评级联系人外，一个部门的访谈应该一次完成，而且时间一般应控制在 2 个小时左右。企业负责人原则上应进行两次访谈，第一次主要是请企业负责人概括介绍企业的发展历史和重大事件及企业经营概况，为评级人员总体把握企业提供基础。第二次应安排在调查的后期，主要是沟通调查的基本情况，并对其他部门未能解释清楚的问题和敏感问题进行澄清，解决资料提供的疑难问题，交流对企业的基本看法等。由于很多资料需要财务部门提供，因此往往要多次访谈和见面。

企业外部人员主要包括与企业关系密切的股东、重要客户、监管部门、子公司和分公司、开户银行、同行业主要竞争对手、税务部门、海关等，必要时应向有关专家进行专项咨询。

3. 评级调查方法和内容

访谈一般按部门分别进行。由评级人员按照前述有针对性的调查提纲提出问题，随后由相关部门负责人进行介绍。中间评级人员原则上不要插话，待介绍人介绍完相关内容后，评级人员再根据介绍的情况就不完全理解或应进一步探讨的问题进行提问。评级访谈除了要进行充分的准备外，现场的及时反应也很重要。比如不同介绍人提及的内容存在矛盾，介绍人提及了新的以前评级人员未曾了解的内容，这时评级人员要及时反应，进行进一步了解或核实。有的介绍人可能不善于谈话，只就提出的问题作非常简单的回答，这时需评级人员进行引导，及时提出能够让介绍人提供更多信息的话题，以了解更多的情况。对于访谈中介绍人提及的资料，如有必要，评级人员可在访谈接近尾声时索要。访谈时评级人员需带好相关资料，以便现场进行核实和确认。

现场考察主要是评级人员对企业厂房、设备、仓库、施工现场、办公场所的查看以及对相关人员的询问。查看厂房、设备等固定资产时，评级人员关注其新旧程度、厂房面积、设备开工率、设备维护情况、厂房内部卫生环境、职工数量和其工作时的精神面貌、生产秩序等，对设备的技术水平进行现场询问，并与其他人员的介绍进行对比。

对于在建项目，评级人员向相关人员了解项目的形象进度和投资进度，然后现场查看进度情况，并与了解到的信息作对比；查看施工现场的秩序，落实项目建成时间。

评级人员对存货的实地查看主要是了解企业对存货管理水平，询问进出货的程序和存货盘点情况，关注存货的数量和存货的保管状况。

在实地调查过程中，评级人员应同时进一步核实资料可靠性。评级人员对比访谈和现场调查中了解到的信息和企业提供的资料，如存在矛盾之处，则进一步进行核实。

资料的补充与落实是评级小组在企业现场调查的最后一项工作，这项工作对于评级的后续工作有重要的影响，特别是对于评级工作的进度会产生很大的影响。评级小组应尽量在现场落实完成资料的收集工作，之后评级小组在现场的工作就结束了。

从一般的评级经验看，很多资料在现场可以比较便利地得到，但离开现场后资料收集难度就会增加很多。这包括不能便利地联系到企业人员；企业认为评级调查已经结束，不愿意继续提供资料；企业发现有些资料不适合提供等。在实地调查最后阶段，评级人员须认真细致地核对资料清单，把相关的资料落实完整，如果企业确实无法立即提供部分资料，与企业有关评级负责人明确资料提供的时间，尽可能避免由于资料提供不及时而影响项目进度。

评级机构的调查工作与主承销商、审计机构、律师等中介机构有很多相似之处，其中人们认为评级机构与审计机构工作很像。其实，评级调查工作与审计工作相比，审计机构可能更关注与财务报表可靠性相关的原始凭证、实物资产和内部控制等，评级机构则更关注对企业信用水平有重大、重要和较大影响的因素，涉及到行业、经营、管理、财务、人员、外部支持等各个方面。此外，评级机构还非常关注企业的未来发展方向和状况，在评级分析时应对企业未来发展状况作出合理评估。

### 5.8.3 评级调查后续工作

1. 评级分析工作

现场调查结束后，进入评级分析阶段。该阶段主要工作包括数据处理、基本观点的形成、撰写信用评级分析报告、提出初步信用等级等。资料收集齐全以后，评级项目组根据与评级对象相适应的评级指标体系和评级方法，对评级资料进行深入分析。评级人员对评级对象的经营环境、基础素质、管理水平、运营状况、财务状况、评级对象风险因素及抗风险能力等方面进行评价。对于债项评级，评级人员还应分析发行人募集资金投向、到期偿付能力等与债券资金流向及收益相关的因素，如存在担保或抵押，还需评估担保或抵押等情况。

项目组对评级对象的定性指标和定量指标进行综合评估后，再综合考虑其他各种因素，对信用等级进行总体定性判断，给出初步信用等级。

2. 级别评定

评级小组成员完成评级报告并且观点基本统一之后，将评级报告提交信用评审委员会。信用评审委员会是评级机构对信用评级体系进行审定、对各类信用评级对象的信用等级作出最终决定的最高决策机构。

3. 结果反馈

评级报告草稿完成后，评级人员将草稿发送至被评企业，征求企业对评级报告的看法，主要是由企业确认评级的事实依据是否有出入、保密处理是否得当等，企业也可以提出对评级报告的修改意见。

在信用评级委员会审定评级结果后，评级人员还要和企业进行有关的反馈工作。

4. 其他工作

之后，评级机构按照有关合同和监管规则，开展发布评级结果、资料存档、跟踪评级等后续工作。

# 后　　记

　　《非金融企业债务融资工具尽职调查》由中国银行间市场交易商协会主持编写。主编时文朝同志设计了全书的整体框架，并多次召集主要撰写成员对核心问题进行探讨；副主编刘珺同志主持召开专家审稿会并提出了宝贵修改意见。本书由中国光大银行牵头，中国工商银行、中国光大银行、中信证券、中金公司、中国建设银行、兴业银行执笔，中国农业银行、环球律师事务所、联合资信评估有限公司、毕马威华振会计师事务所提供了部分编写素材。各章撰写者如下：

　　第1章，债务融资工具尽职调查概述（中金公司：李航）；

　　第2章，债务融资工具尽职调查的方法和工作流程（中金公司：李航）；

　　第3章，债务融资工具尽职调查内容及案例（中信证券：王超男、王宏峰、赖嘉凌；工商银行：王佳、俞礼玢，许振军、赵蔚华、李威）；

　　第4章，债务融资工具尽职调查报告（光大银行：王薇）；

　　第5章，尽职调查专题报告（农业银行、工商银行、中信证券、毕马威华振会计师事务所、环球律师事务所）。

　　本书在写作阶段，王薇、刘鹤扬、张妍、胡挺、王超男、王宏峰、李航、李振宇、左毅、马韧韬、王天奇等同志参与审稿和校对；王薇、王宏峰和李文浩对全书进行了统稿，中国金融出版社为本教材的编辑出版做了大量细致入微的工作，在此一并表示感谢。

　　由于编写时间紧迫，书中难免存在疏漏、错误和不当之处，恳请广大读者批评指正。

中国银行间市场交易商协会
2011 年 11 月